U0031256

前瞻與決斷

國土規劃

政策環評與民眾參與

爲「國土規劃──政策環評與民衆參與」研討會引言

⊙余範英（時報文教基金會董事長）

今年七月二日，受到敏督利颱風西南強烈氣流帶來的豪雨，造成台灣中部地區大規模的土石流，西南沿海地區的海水倒灌，受創程度並不亞於五年前的九二一震災。時隔不到兩個月，艾利颱風又於八月廿四日登台，重創北台灣，造成新竹地區多起土石流災難，以及台北縣三重地區近三分之一市區淹水，桃園地區則因石門上游集水區沖刷過度嚴重，原水濁度過高，停水超過十幾天。

台灣原本地處颱風、地震、水災等天然災害較為頻繁的地帶，加上地質脆弱、地形陡峻，每有颱風豪雨往往一雨成災，水災、山崩、土石流等災害成為台灣地區頻率最高的天然災害。這幾年台灣可說是悲情與災難不斷，一連串的天災所帶來的傷痛記憶，讓全民對國土復育有著急如燃眉的迫切需要。

時報文教基金會從民國七十九年成立河川保護保護小組以來，經常針對特定主題舉辦研討會或是座談會，只為的是關懷河川與環境。在這痛定思痛的今天，對國土規劃提出具前瞻性的體檢，就至為重要，經過幾個月來的緊密籌備，今年研討會的主題訂為：「國土規劃——民眾參與與政策環評」，邀約內政部、交通部、經建會、環保署、經濟部水利署等單位與長期關懷台灣自然生態之民間團體共同參與此研討會，希望產、官、學代表都能就國土規劃問題周詳的討論，期待能為行政院推動之國土復育策略方案集思廣益，作積極的溝通，致力於追求台灣的永續發展。

感謝幾個月以來，一路與我們共同思索突破困境的幾位學者，包括計畫總主持人溫清光教授、河川保護小組的成員於幼華、歐陽嶠暉、歐晉德、夏鑄九、馬以工、陳鎮東、李鴻源、黃金山、汪靜明、柳中明、李永展等教授和基金會林聖芬、呂理德、袁世敏的參與，更要感謝受邀專題演講、主談和與談的四十餘位學者專家，在繁忙工作中，秉持關心國家、社會的熱誠，以及豐富的知識和經驗提供建言，謹代表時報文教基金會向各位致以最高的敬意和謝意。

價值決定政策　永續觀念決定台灣未來

⊙游錫堃（行政院院長）

余董事長、各位學者專家、各位女生先生，還有各位媒體朋友們，大家好。今天非常高興參加時報文教基金會所舉辦的「國土規劃——政策環評與民眾參與」研討會，在此要向各位表達感謝，尤其站在行政院的立場，如果沒有社會各界、沒有學者專家、沒有公益團體共同來關心我們的國土規劃及環保、生態，行政院再怎麼努力也沒有用；同時，對於各位奉獻了這麼多的心力與時間，投入台灣的環保、生態以及國土保育，我也要一併表達敬意。

行政院非常重視永續發展，這是不容置疑的。因此，行政院不僅成立永續發展委員會，本人也親自擔任召集人，大約在二年之內，陸續完成了永續發展一些較制度面、計畫面的部分，而後則交由葉俊榮政務委員接手推動。雖然現在沒有擔任召集人，但我對於永續發展依然非常重視。事實上，在「挑戰二〇〇八」國家發展重點計畫中，大家可以看出來，不論是水利計畫，或者是其他相關計畫，政府一直相當重視永續發展的課題。

我在這裡舉兩個例子，提供各位參考，也與大家共同勉勵。第一個例子是大甲溪。大甲溪在台灣水利方面，無論發電、防洪或飲水等各項，都是最重要的河川。在九二一大地震之後，由於中部地區的高山土石鬆軟，加上全球氣候異常，當地幾年來經歷了多次災害，包括今年的七二水災，或者是敏督利颱風、艾莉颱風等，皆使土石一再嚴重崩塌。學者專家估計，在大甲溪流域的集水區上面，包括大甲溪的河床以及在山上的土石，已有一至五億立方公尺，而山下河床的土石則約有一千萬立方公尺。現在台中地區民眾非常緊張，因為在谷關地區，大甲溪的河床比原本高出二十五公尺左右，將近八層樓高，人民生命財產已經受到威脅，因此紛紛要求政府改快疏濬。疏濬絕對是政府的責任，我們也不推卸，但是現在算一算，疏濬來得及嗎？一部卡車一趟只能載十立方公尺，大約十三噸土石，即使一天工作十七小時，也就是一千分鐘，一分鐘一車次，一天一千車次，一天一萬立方公尺，一年也才三百六十五萬立方公尺，換算下來，一億立方公尺的土石，需要疏濬三十年，倘若山上的土石繼續崩塌，時間還要再乘上五倍，也就是要一百五十年。各位想一想：人能勝天嗎？所以現在台中縣市民眾對政府當然會有怨言，抱怨政府為什麼不趕快疏濬？台八線為什麼不趕快搶通？然而，政府從九二一大地震之後，即已開始搶通台八線，一直到今年的五月完工，原本預定在七月十日左右要通車，孰料竟發生七二水災，十億元花費全部泡湯。現在台八線從谷關到德基二十五公里，如果還要搶通，經費需要上百億元，然而在天災難料的狀況下，誰能保證一定能夠搶通呢？現在碰到的許多困難，並不是政府努力就能解決，我們了解民眾的期待，也要請大家體諒現實的問題。

第二個例子是九一一水災。將這次水災狀況與過去比較，證明基隆河花了二年時間整治，確有其功效，但在汐止地區淹水減少、民眾生命財產損害降低的同時，我們還是有所遺憾。我們遺憾的是，過去的價值觀念偏向「束洪」，沒有先進國家或永續發展的導洪、治洪、分洪的觀念，所以現在對於基隆河的整治，無法擺脫舊時制度造成的限制，不能重新以生態工法的方式，讓問題獲得更完善的解決。

我用這兩個例子和大家共勉。行政院不是沒有想法，行政院更願意遵循永續發展的原則，繼續推動相關工作。我們現在要建立新的價值觀念，讓觀念變成政策，政策再形成法令與制度，而所謂新的觀念，即是要尊重自然。現在行政院內部已經慢慢形成一些新的價值觀念，尤其七二水災過後，大家更能體認永續發展的重要性。我想，再經過一段時間，透過專家學者的指教，以及社會各界關心環保人士的支持，行政院一定能夠改變。此外，國土計畫法等相關的制度，我們也會大力促成通過，進而將永續發展的精神，內化到行政組織。我在這裡和行政院的同仁互相打氣，同時也感謝余董事長、各位學者專家的的支持與協助，謝謝大家。

國土規劃需要政策環評與民眾參與

⊙溫清光（成功大學環境工程系教授／計畫總主持人）

時報文交基金會自十六年前成立河川保護小組後，每年舉凡水源保育、我愛河川、河川生態之旅、為河川而跑、砍檳榔救河川等河川保育宣導活動，推動不遺餘力，對政府重視河川保護與促進社會愛護河川的觀念，有很大的貢獻。近年來，余董事長感到河川保護，僅靠上述的河川保育活動是不足夠的，因為以往以經濟掛帥為導向的發展，漫無節制的開發，將耗光國內所有自然資源，因此更進一步策劃、舉辦許多座談會、研討會，希望喚起社會共同的關切，並且提供政府部門建言，而這份熱情也確實感染了許多人！

大家都知道，經過九二一地震和今年的敏督利颱風、艾利颱風等幾次大災難後，台灣國土遭受嚴重的創傷，如洪水緩衝區、山區道路、土石流緩衝區等，都面臨難以回復的破壞，似乎過去許多不當的開發和對大自然地區的侵佔，現在都回頭對我們發出警告。大自然似乎在警告我們，不能為所欲為。雖然大小天災自古即有之，但在這樣高度緊張的環境下，使我們不得不思考，應該如何與大自然取得和諧？過去許多開發政策是否適當？怎麼面對未來更為多變的狀況？為了國家的永續發展，我們認為必須提出周延的「國土規劃」；為了防止不當政策執行後對環境資源產生的衝擊，我們主張相關計畫必須事先經過「政策環評」；為了確保在地民眾的權益及政策推動的順暢，我們強調必須積極促進「民眾參與」。有鑑於此，時報文教基金會特地舉辦本次研討會，期盼各界菁英貢獻智慧，使我們的國土計畫能取得共識而更臻完備，政策環評與民眾參與能升高層次而付之實施。

「國土規畫——政策環評與民眾參與」的命題，凸顯出三大主軸：「國土規畫」包括國土計畫與國土利用，國土計畫分成全國、都會區域、特定區域和直轄市縣市四種計畫，分屬中央與地方政府權責；土地利用分為國土保育地區、農業發展地區和城鄉發展地區三種。國土計畫與利用範圍非常廣泛，非一次研討會所能畢竟全功，因此本次研討會重點在於國土規畫的願景、民眾的參與、規劃與管理體系的再造三部分。又因為交通計畫與水資源利用影響環境至鉅，所以會中亦特別探討交通（包括生態旅遊）政策與水資源管理體系的再造。另一方面，環境影響評估雖然已推行多年，但影響最大的「政策環評」卻未見實施，如影響建設經費與速度的污水下水道建設BOT案等，便應通過政策環評的檢驗才是。期望藉由本次研討會，能督促行政院早日推行「政策環評」的機制，訂定「民眾參與」的辦法，讓社會各界能夠共同關注並檢驗我們國土的未來。

◆行政院院長游錫堃，在開幕式發言指出，為真正落實國土規劃，須建立新的價值觀念，讓觀念變成政策，政策再形成法令與制度，而所謂新的觀念，即是要尊重自然。目前政院內部已經慢慢形成一些新的價值觀念，尤其七二水災過後，更能體認永續發展的重要性，進而大力促成通過國土計畫法等相關的制度，而今日，多位各領域學者專家對國土進行了全面體檢，並提出具體建議，望透過專家學者的指教，以及社會各界關心環保人士的支持，更能據續推動相關工作。

◆研討會計畫總主持人、成功大學環境工程系教授溫清光提出報告時表示，有關國土計畫與利用範圍非常廣泛，非一次研討會所能畢竟全功，是否真能對台灣國土規劃提供具體幫助，取決於全民建立共識的意願以及付諸實踐的決心。

◆經過四個議題的討論，與會人士衷心期許，我們不只要解決過去所累積的重重弊病，更要需要面對轉折，為台灣的國土規劃願景，研討會的閉幕，不應視為功德圓滿，而是付諸行動的開始。

楊 重信

李偉文
李 偉文

李 鴻源

◆面對自九二一震災後，已受破壞之台灣大地，及過度開發所形成的災害，望透過本次研討會經產、官、學代表就國土規劃問題周詳的討論，提出以生態思維主軸的國土規劃，並期能為行政院推動之國土復育策略方案集思廣益，作積極的溝通，致力於追求台灣的永續發展。

◆現任七二水災勘災復建專案小組召集人、台灣大學總務長陳振川，於專題演講提出精闢的見解。

◆左上：中央研究院副院長劉翠溶、時報文教基金會董事長余範英、中國時報社長林聖芬等，於現場所展出水水台灣相關空照圖前合影。

◆左下：現場展出「水水台灣」系列空照圖。

目錄

【序】

【專題演講】

【議題一】與世界接軌──國土規劃與永續發展願景

【議題二】國土規劃體系檢討（上）

【議題三】草根行動——國土規劃與民眾參與

【議題四】水水台灣（上）水資源組織再造

【綜合討論】

國土規劃

專題演講一

洪災、國土規劃與工程復建

演講人

陳振川

美國西北大學土木工程博士。現任七二水災勘災復建專案小組召集人、台灣大學總務長、土木系所教授。專業領域為公共工程建設政策、營建工程、橋樑工程、特殊混凝土材料與力學等。重要經歷有台北市政府捷運工程南港線、淡水線等土建組委員兼召集人、行政院「高鐵南科振動問題評估專案小組」工程評估組召集人。

洪災、國土規劃與工程復建

《專題演講一》

⊙陳振川

前言

台灣四面臨海，中有高聳中央山脈，陡峭河川散佈全島，高密度人口與經濟活動集中於西側平原區，並以台北、台中、高雄形成大都會，農漁牧活動逐漸往高山區與濱海地區發展。而台灣所處環境，又存有地盤抬昇、崩塌、土石流、洪水流、地震、颱風、豪雨、淹水等各種動態自然現象，是一個動態活躍之環境，是一個最嚴峻之生活環境，也是最困難與高建設成本之工程建設環境。

過去五十年，延續著日本殖民時代公共基層建設基礎，台灣由農業轉型以經濟奇蹟方式快速發展，政府在各項水、電、交通基層建設投資開發與都市發展，支持著工商經濟成長與國人生活品質提升。那是我國由專業技術官僚體系領導於較有規劃及效率下推動建設與發展之重要階段。政治民主後，中央與地方政府分權，科教、文化、社福、國防、建設等多元化施政目標導引與資源分配日益困難，加上民意高漲失衡與民代爭取區域利益，以及管理體系日益切割與運作複雜，因此在缺乏上位國土計畫引導、區域各求發展、政策整合與管理能力良莠不齊情況下，隨著國際化競爭與天然環境之變遷，自然產生不少新問題。國土規劃與使用失控、天災頻繁、公共基層建設系統脆弱等，就是其中之一些問題。

二〇〇四年七月二日敏督利颱風引進強烈西南氣流，重創台灣中、南部地區，引發嚴重洪災、土石流與坡地崩塌，造成嚴重生命財產損失。經濟建設委員會在行政院核定下，委託中國土木水利工程學會成立「七二水災災區調查與復建策略研擬專案小組」（以下簡稱專案小組），由作者召集，結合台大、交大、中央、中興、成功、屏科大、國家災害防救科技中心等專家學者近五十位，針對大甲溪、大安溪與烏溪、濁水溪、荖濃溪（高屏溪）等四大流域進行調查分析。本文之部分內容即由該專案小組報告中摘述。

氣候變遷 洪災不斷

由於全球氣候變遷，台灣近年來氣候有相當變化，並對國土天然環境造成相當衝擊。一九九六年七月賀伯颱風豪雨最大累積雨量一九九四公釐，造成台灣三十五年來最大災情。一九九九年，九二一大地震使台灣中部為主地區受到重創，斷層延伸，土石破碎崩落，道路橋樑建築與人命財產損傷無數，對大地環境留下長遠影響。其所造成破裂鬆動土石淤積山谷河域，再經二〇〇一年七月桃芝颱風、九月納莉颱風，造成另一波大洪災。二〇〇四年七月敏督利颱風與七二水災持續襲台，進一步造成淹水、土石流、道路橋樑崩損及無數生命財產損傷（表一）；同年艾莉颱風過境，西南氣流豪雨同時對新竹縣之五峰、尖石等區域，造成山崩、土石流，尤其在石門水庫上游，因土石崩落致淨水場無法運作，造成嚴重缺水長達數週，張顯公共設施之脆弱，亦可謂驗證了「日本關西大地震後，國土需三十年至四十年始達穩定」的說法，亦即：大地震後岩土鬆動，在豪雨及河水沖刷下，會導致環境不穩定之長期影響。

就大台北地區而言，近年來水患頻傳，諸如：一九九九年琳恩颱風、二〇〇〇年象神颱風均造成基隆河上游嚴重水患，二〇〇一年九月納莉颱風造成汐止等地區淹水與捷運中斷，二〇〇四年八月艾莉颱風為北台灣地區帶來豐沛雨量，而三重地區因捷運施工等因素造成嚴重淹水，另二〇〇四年九一一西南氣流引進豪雨，對內湖等地區造成淹水。

台灣地區現只要有豪雨即造成淹水災害，並視其所降雨地區造成不同區域之影響，主要災害區包括：（一）彰化、雲林與高屏等沿海地層下陷區，（二）山區，（三）都會區。各地區之致災近因啟始於豪雨，導致洪流量大，河川及區域排水系統無法渲洩，這也是大自然與人造設施環境在互動功能上產生嚴重失衡的問題。沿海地區地層下陷，主要原因是超抽地下水，養殖業問題無法解決。山區是因高山農業經濟活動，水土保持、地震、颱風所造成土石流與河道淤積湧高等問題。都會區則因人口密集，建築與開發過度，致有缺乏疏洪區域，及防洪成本過高等問題。目前豪雨雨量經常超越一百年、二百年洪水重現期降雨，若政府要投入兆億經費改善，絕非短期財力可負擔，即使從事建設，亦須十數年時間，因此面對經常淹水之殘酷事實，要改善眼前問題務必有近期方案。再者，在平原區是否採築堤防堵外水與抽排內水等昂貴方式，或採其他疏導作法，亦須仔細斟酌。至於在地層下陷區，無論採威尼斯水上都市方式生活、荷蘭填土造地或築堤搭配抽排方法，均應從整體面考量，妥善規劃籌措經費，或以變更經濟活動方式辦理。

地震與豪雨洪災之互動

依中央地質調查所提供松鶴地區近年幾次災害發生前後之衛星影像（圖一），顯示一九九六年賀伯颱風並未造成明顯崩塌產生，然一九九九年九二一集集大地震造成上游廣域之大量崩塌，而二〇〇一年桃芝颱風後，區內新增崩塌地不多，但集水區土石已向下游運搬，部分堆積於谷口區域。二〇〇四年七月敏督利颱風後，七二豪雨觸發大量溪谷土石流動，於河口形成沖積扇（圖二），造成嚴重災變。這是九二一大地震後，颱風豪雨與破碎山坡互動之災況，其所造成的崩塌土石流與環境惡化，仍持續擴大中。

另從國家災害科技中心應用水保局與林務局對九二一震後崩塌地與七二水災坡地災害點之分佈觀察進行比較，可見兩者之間有密切相關性（圖三）。惟本次降雨高峰區除台中、南投地區外，南部高屏山區亦為另一降雨高峰區，例如高雄縣桃源鄉幾天內均達到二一四二公釐最大累積雨量。在南部荖濃溪與高屏溪流域，上游南橫公路土石崩落致路基沖損，中下游則因土木水利設施發揮功能與工程維管單位處理得當，雖亦已超過二百年降雨頻率，幸未發生潰堤斷橋重大災害與人命傷亡事件，其坡地災害相較於中部地區可謂輕微。但就整體而言，依然可見九二一大地震對坡地災害之重大影響（圖四）。

基層建設、研發與國土規劃之強化

在公共建設方面，過去多著重公路交通建設與電力開發。近年來，政府投入公共建設之經費日益衰減，所佔GNP比例早在個位數以下。公共建設投資是支持長期經建發展與提升人民生活品質之保證，若無合理建設推展，勢必影響長期發展與子孫利益，且隨著老舊公共設施日益增加，後輩將得承擔維護管理使用及更新設施之沉重負擔。和歐美先進國家與鄰近之日本、韓國、香港、新加坡相較，在污水下水道、國土保育、河川整治與水資源等生命支撐系統（lifeline system）、高齡無障礙空間、都市更新、低耗源公共運輸系統、防救災設施等方面，我們皆有很大空間要努力，特別是老舊與末區域系統化之脆弱生命支撐系統，其實已難面對未來天災之挑戰。

日本很早便成立了國土廳，從事國土調查與規劃工作，並已成立研究所，加上建設省之土木研究所、建築研究所等單位，日本國土發展與基層建設規劃，以及法規政策研擬之技術規範制定等研究，早已運作多時，亦使其政策推展執行有所依循；其於二〇〇二年合併為國土與基層建設管理國家研究院，二〇〇三年再以四十五億台幣經費從事前述之相關研究。韓國則是在建設與運輸部下成立有韓國營建科技研究院（KICT），長期從事國家建設與發展之科技研究，僅以其所推動之十年期（二〇〇一年至二〇一一年）永續水資源研究計畫而言，經費即達四十三億台幣，內容包括地表水、地下水、水資源管理與替代水資源之研究與實務化執行，以因應全國水資源短缺危機、改善河川環境品質，並擬增進水產業之科技競爭力。

反觀台灣，國土規劃僅在內政部營建署與地政司有少數專案計畫研究，而建築研究所則僅從事建築相關研究；此外，依據國科會統計，在土木科技領域，二〇〇四年度包括交通部、工程會、內政部、國科會之總研究計畫金額僅約三・三億元。然而國土規劃、發展與國家建設，均須仰賴長期專業人力有系統之基本資料調查、分析、研究，以憑制定各種綱要、規範與政策，供政府行政部門執行，並據以檢討改善，因此絕對需要更多的投入，以及更多的重視。

遺憾的是，政府在國土規劃研究與執行上，做的並不夠，公共建設資源不當投入所造成之浪費，亦遠遠超過先期所應進行之研發基本投資。過去政府偏重經濟發展科技研發，但在成立「環境資源部」與「交通與建設部」後，盼能進一步整合發展研究機構，積極從事民生科技研發，以做為政府智庫。

國土規劃與永續發展

我國先期國土規劃均著重土地開發與利用，如經建會在一九七九年完成之「台灣地區綜合開發計畫」，及在一九九六年完成之「國土綜合開發計畫」。政府目前成立國土規劃推動委員會，完成「國土計畫法」草案，此草案係以讓土地資源永續發展為目標，全面檢討現行土地使用分區劃定與土地使用管理制度。

國土規劃應以永續發展理念，即「在不危及未來世代發展的前提下與現今需求下進行開發」，並能兼顧環境保護、經濟發展與社會公義。至於確切執行原則，則需充分考量前述之天候變遷、天然環境特質、九二一大地震後影響經驗與近年來頻傳之洪災現象，針對各項災變所需投入之救災與工程復建資源，進行合理有效分配，以免影響國家社會合理發展。國土規劃與管理至為重要，其不當執行將造成國家珍貴公共建設之災損，及增加長期維護管理成本。例如：坡地土石崩塌將縮減水庫使用壽命及沖毀橋樑道路，地層下陷將影響高鐵設施、維生管線與公路橋樑使用安全，河川過度淤積或沖刷將對橋樑與堤岸設施之功能及安全造成損害等。

據此，建議政府應進行各種災害潛勢區長期之調查與劃定，公布且經常檢討並納入國土計畫中，使其成為動態具風險管理考量的「國土計畫法」與動態之執行機制，以妥善處理類如九二一大地震後之中部地區國土使用，建立台灣國土保安指導原則。專案小組認為對於地質及生態敏感區之土地，亦應以國有為原則，不應再放領，而不適合人居處，應徵收其土地作為永久性國土保育與防災用地。

工程復建作法之再思

九二一大地震後，政府成立災後重建推動委員，並會編列特別預算，全民共同投入災區重建工作，以積極快速方式，使中部災區在幾年後重現繁榮風貌，有顯著貢獻。然而，部分重建工程推動，卻未盡考量大地震後區域之長期不穩定性問題，以致陸續傳出大小狀況。以中橫谷關至德基段復建工程為例，自九二一大地震以來，本路段經過多年施工，已投入十億餘元的經費進行搶修與復建，原本二〇〇四年預定於七月初開放通車，但因七二水災之故，又是多處中斷，即使再次投入更龐大的復建經費，也未必能保證下次颱風來時的安全。由於本路段目前仍處於非常不穩定狀態，考量現有工程技術所能改善之幅度有限而維持不易，專案小組建議於現階段應採緩建策略，待地質穩定狀態改善後，再予妥善評估規劃。另大甲溪河床自九二一地震後持續昇高，七二水災更因土石流及坡地災害，造成河床淤高、河水漫淹，嚴重影響沿線各台電公司電廠之效能，專案小組建議須作深入調查研究，從整體流域環境考量整體河域長期變動情形、後續維管與防災計畫，審慎進行整體評估，再分階段據以復建。

松鶴部落原於九二一大地震後，經重建整理並被列為示範社區，但七二豪雨觸發大量溪谷土石流動，造成四十三戶房舍受損、八人傷亡，及近千人受困，之後又因艾莉颱風再次重創該地區，造成二人死亡。專案小組指出，該地區有長期高風險性，工程復建與居民棲居應充分考量環境現況，以能適應未來環境變遷帶來之嚴峻挑戰。九二一大地震後，大甲溪等四大流域整治計畫的推展，與水災前正執行之重建工程，亦應就七二水災災害影響層面與災情程度，務實評估實施績效，並就治理成敗原因確實檢討，使其能順應後續動態環境挑戰。

在七二水災後，社會大眾已感受國土不當利用、道路建設過當、環境變遷無常等情勢，救災重建經費之執行尤應妥善評估。經建會也首先制定復建原則與政策，供執行復建工程審議依據，擺脫以往民代與地方盲目爭取快速重建經費之作法，考量社會公義與計畫合理性，避免浪費政府投資，並在部分地區採取不復建與緩建決定，可說已有進步。

工程復建執行策略

公共設施建造之目的係為服務國人，以提高生活品質，增進安全，並達到特定之需求。公共建設應依循上位國土規劃配置，並在政府有限財力下做最有效投資。公共建設之興建由工程人員為之，其係依據工程規範與經驗，並配合天然環境構建。然而，工程師並非萬能，在不穩定工程環境（例如：河道變化大不穩定，時有土石沖淤之河口沖積扇，或地質破碎且路基嚴重崩毀之陡坡等）投入大量工程經費，可能引致更多生態環境問題，且須面對時遭破壞情況。因此，盲目提高工程設計標準，像是改變防洪頻率、增高堤防等，並因此大幅提高工程建設經費，亦難面對隨時再來之土石與豪雨。在此情況，復建應俟天然環境穩定時，再考慮工程建設之施作。

在建築與橋樑耐震設計上，基於成本考量與大地震難擋，國內經由風險管理觀念，已在工程設計規劃引入「中、小地震不壞免修繕；大地震允許局部損壞但應加以修繕；超大地震須避免結構崩塌以利人員逃生」的重要理念，更進而透過主動與被動之減震消能機制，使結構物承受大地震傳播的破壞能量降低，或設計吸能保險安全裝置，使破壞集中於易於替換之局部構件上。在地震頻繁的台灣，面對時而襲來之外力，土木結構工程師於國內建築及橋樑結構物中，已發展並應用成熟之科技，來確保安全及減少大地震所導致之生命財產損失。

洪災或土石流所牽涉區域面積常較廣泛，影響人數眾多，惟其工程設計仍可依據前述建築與橋樑耐震設計作法，達到防減災目標。專案小組提出「順應原則」復建策略，包括：（一）「阻、擋」策略改為「疏、導」策略；（二）「一次大量發生」改為「多次小量發生」；（三）「選擇性破壞」策略；（四）「無害通過」策略；（五）在環境不穩定地區，採用造價低、工期短之「輕型易建」工程設計，並可「即壞即修」。

除此，也據以將復建工程分成三類供據審查，即：（一）可立即辦理重建者；亦即指單純之個案，重建無爭議且不致與環境衝突者。（二）可能需重建，但不宜立即辦理者；亦即指環境已有大規模改變，工程復建方法明顯不可行，且需否重建有重大爭議者；或需進一步辦理系統性或個案性的調查規劃及可行性分析，才能決定工程方法或非工程方法據以執行者。（三）人力不可抗爭，相當長時間內不宜辦理重建者。

結論

國土保育並提供國人安全優質生活，一向是政府之職責，惟在政府財務資源有限、天候多變與地質環境複雜等情況下，如何加強風險管理觀念、強化防救災機制與體系，是必要之做法。七二水災提供了我們更多之省思與策勵，由此前瞻合理之國土規劃與管理，加上有效率之系統基礎建設投資與維護管理，始能支持台灣往前永續發展，以符合二十一世紀永續發展理念。

參考文獻

1 陳振川、鄭富書、林銘郎等（2004.09），「七二水災災區調查與復建策略研擬」，經建會報告，中國土木水利工程學會。

2 林銘郎、鄭富書、王景平（2004.10），「松鶴地區災區調查及復建策略研擬」，內部報告，台大土木系。

3 林銘郎、鄭富書（2004.10），「破碎山河的永續經營是土木工程師嚴峻的挑戰」，《大地工程學會會訊》。

4 陳振川（2004.08），「七二水災的衝擊與省思：不成熟社經環境是災害推手」，《土木水利學會會刊》，第三十一卷第四期。

5 陳振川（2004.06），「土木工程師對永續發展的努力與承諾」，《土木水利學會會刊》，第三十一卷第三期。

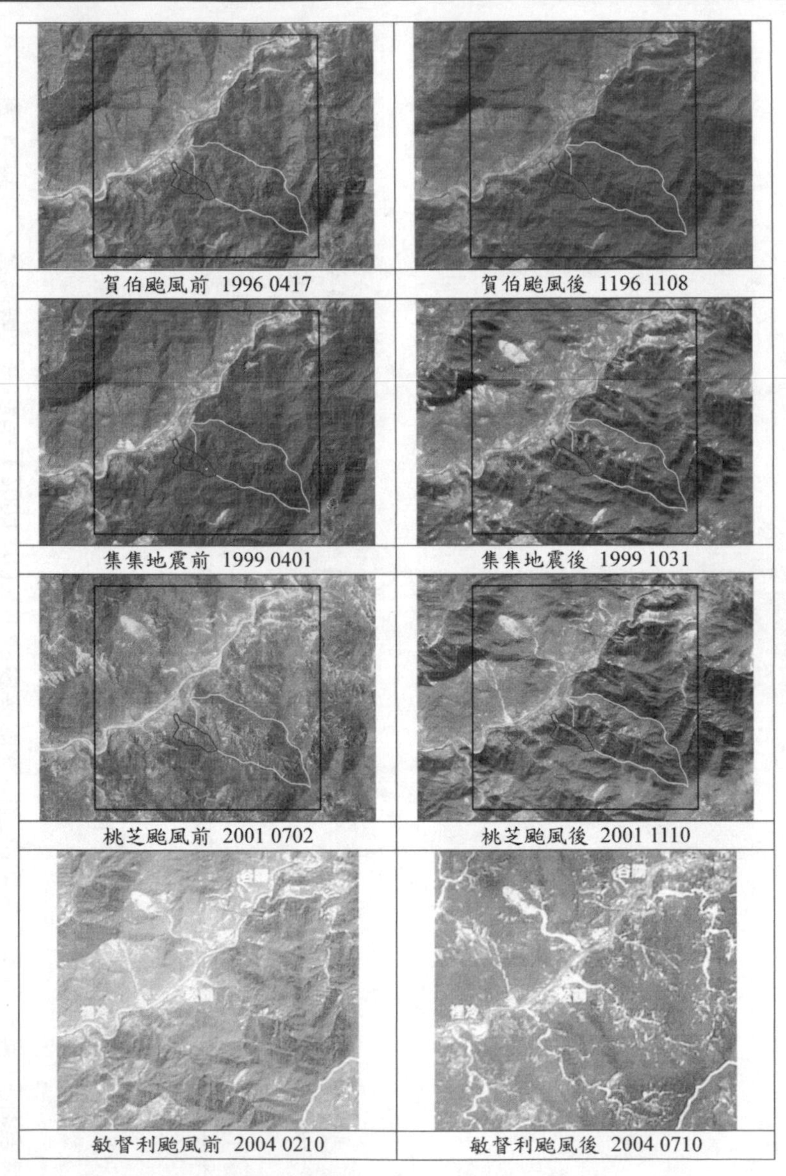

圖一：歷年災害前後松鶴地區之衛星影像

【註】資料來源為中央地質調查所。

(a) 集集地震後 (林銘郎攝)

(b) 敏督利颱風後 (齊柏林攝)

圖二：災後直昇機空拍照片比較圖

圖三：坡地災害分佈與九二一集集地震崩塌區域比較

【註】資料來源為水保局、公路總局、陳天健。

圖四： 總累積降雨量與坡地災害分佈（陳天健）

【註】資料來源為中央氣象局、水土保持局（截至七月十七日）、公路總局、林務局、國家災害防救科技中心與本勘災小組等。

表一：敏督利颱風與七二水災與賀伯、桃芝及納莉颱風災害比較

事件	最大降雨強度 (mm/hr)	總累積雨量(mm)	死亡	受傷	失蹤	道路中斷	農業損失
85.7.29 賀伯颱風	**112.0** 嘉義奮起湖	**1994.0** 南投縣阿里山鄉阿里山站	51	465	22	---	147.8 億
90.7.28 桃芝颱風	**146.5** 花蓮縣光復鄉光復站	**757.0** 南投縣信義鄉神木站	103	189	111	111	77.8 億
90.9.17 納莉颱風	**142.0** 宜蘭縣大同鄉太平山	**1462.0** 宜蘭縣大同鄉古魯站	94	265	10	100	41.7 億
93.6.30 敏督利颱風與 0702 水災	**166.5** 07/03 0830 南投縣國姓鄉九份二山站	**2142.5** 6/29-7/4 1930 高雄縣桃源鄉溪南站	29	16	12	134	97.0 億

【註】最大降雨強度為時雨量，總累積雨量為整場颱風事件。資料來源為消防署、公路總局、主計處、國家災害防救科技中心。

專題演講二

台灣國土環境的變遷：歷史的回顧

演講人

劉翠溶

美國哈佛大學遠東歷史與語言組博士。現任中央研究院副院長。專業領域：經濟史、人口史。重要經歷：美國加州大學洛杉磯校區歷史系訪問教授、中央研究院經濟研究所研究員、中央研究院台灣史研究所籌備處研究員兼主任、經濟研究所研究員（合聘）、中央研究院副院長、台灣史研究所研究員（專任）、經濟研究所研究員（合聘）。

國土規劃

台灣國土環境的變遷：歷史的回顧

《專題演講二》

⊙劉翠溶

人類對自然環境的改變主要是透過經濟活動。自然環境大致上包括植被、動物、土壤、水域、地貌及氣候等方面。在工業革命以前，人類活動所造成的環境變化多半是局部的，但到了二十世紀，變化的強度、規模與速度都是空前未有的，而且由地方的關懷變成全球性的關懷。台灣的環境變遷也是這種變遷趨勢中的一環。大致而言，在二十世紀以前，台灣國土環境的變遷主要是由於漢人拓墾的活動。拓墾活動的展開雖不能說全然無組織，卻難以說是有規劃的。今天，我想從歷史的角度來和大家談談台灣環境的變遷。首先談漢人的拓墾，其次談中部地區山坡地的開發。

漢人的拓墾

十七世紀以前，漢人到台灣以捕魚和貿易為主要的活動。當時台灣近海已是國際貿易航路所必經，台灣也成為閩南漁戶的漁場，商船和漁船經常到此從事貿易和捕魚。漁人大多半漁半商，有些漁人可能漸定居下來，在漁期之外經營農業。這些商人和漁人與台灣原始景觀的改變不能說毫無關係，但肯定不如後來到台灣拓墾的移民那樣重要。在十七世紀上半，漢人開始比較大量的移入台灣。第一波移民潮可能與天啟末年（一六二一至一六二七）末年漳州發生饑荒有關。第二波移民可能是在崇禎年間（一六二八至一六四三），因福建大旱，鄭芝龍曾載運部分饑民到台灣。

在荷蘭人領台時期（一六二四至一六六二），為執行荷蘭東印度公司的商業目的，以獎勵農業作為主要手段。由於當時土著民族的農業技術仍極為原始，為解決農業勞動力的問題，荷蘭人乃招納中國大陸、尤其是福建漳泉一帶的人民前來台灣，使之開墾土地。一六三四年，已有相當多的中國農民在荷蘭東印度公司的保護下，進行農業生產。已開墾的土地，大致上以今日的台南為中心，向南北延伸；北至北港附近，南至阿公店（岡山）附近；面積據稱總共約有一萬甲。

隨著一六六一年鄭成功入台，漢人在台灣拓墾的歷史也展開新的一頁。鄭氏為解決軍糧的問題，在登陸不久隨即命令軍隊展開屯墾。鄭氏曾頒訂墾殖條款，其中值得特別注意，略帶規劃意義的有二點：（一）文武各官及大小將領可隨人數多少圈地，永為世業，但不許混圈土民及百姓現耕的田地；（二）在圈地內的山林及陂池，具圖定稅後，即由所屬之人掌管，但須愛惜，不可斧斤不時，竭澤而漁，庶後來永享無疆之利。

鄭氏領台期間（一六六一至一六八三），台灣土地開墾之地雖南至恆春，北至淡水基隆，然除台南附近以外，其他各地仍然多是點狀的存在。不過，規模已較荷領時期為大，開墾的田園面積合計約一萬八千餘甲。至於漢人人口，據估計以十二萬人較為合理。值得注意的是，在鄭氏末期，因抽丁作戰，農作受到影響，有些已開墾的土地又淪為荒野。

就環境變遷的角度而言，十七世紀漢人在台灣固然已經墾成一些田園，但人口較集中或聚落所在之地，主要仍在西南沿海一隅，台灣原始景觀的改變仍然有限。最好的證據可能是康熙三十六年（一六九七）郁永河的觀察。郁永河由福建到台灣來採硫磺，將其見聞撰成《裨海紀遊》一書。由鹿耳門登陸，然後採陸路北上，一路旅行的過程和見聞，可作為十七世紀末台灣自然和人文景觀的見證。據郁永河的觀察，當時台灣自然環境大多未經人為的改造，使人難以避免風土性的疾病，長途旅行備嘗辛勞，而在關渡附近所見的原始居住環境則極為不便和危險。

十七世紀發生在台灣的自然保育課題，主要的是鹿的保護。在十六世紀中葉以後，鹿肉和鹿皮是來台閩南漁船和商船的重要回程貨。十七世紀初，鹿脯和鹿皮的貿易可能尚未構成鹿群減少的問題。例如，陳第於一六〇三年遊台灣後，曾撰文記述當時台灣土著的風俗和生活。他提到千百為群的鹿，並且說土著有限制私捕的辦法，故雖「窮年捕鹿，而鹿亦不竭。」到了十七世紀上半，荷蘭人壟斷鹿皮貿易，大量從台灣將鹿皮運往日本。

當時荷蘭人允許漢人領證納稅後入山捕鹿。荷蘭人向土著和漢人收購鹿皮，每張只付四辨士，運到日本，則至少以三先令出售，為原價之九倍；利潤雖高，然貿易量卻不能持續成長，主要的原因是鹿的數目減少。據統計，在一六四一年至一六六〇年間，運到日本的各種鹿皮大多每年五至十萬張。從生物學的角度來看，鹿是一種繁殖力不強的動物，每年僅產一胎，每胎只有一隻；年年大量的捕捉，鹿的數目很自然地銳減。荷蘭人為維持鹿皮的貿易，在一六四〇年曾決議，暫禁漢人使用罠阱混用的大量捕鹿法，為期一年。

一六四五年又採取兩年狩獵，第三年休息的保護法，並禁止使用大量捕鹿的陷阱法，但這些辦法的實際效果顯然很有限。十七世紀末，台灣南部鹿群已經稀少，北部雖然鹿群尚多，但十八世紀以後，由於漢人移民漸多，鹿場漸被開闢成農田，清廷也曾禁用陷阱法捕鹿，卻也是無效。

十八世紀時，渡海來台的移民日多，土地開墾亦逐漸由點而面，農田逐漸取代鹿場，漢人終於把台灣開墾成安居的地方。一六八三年，清廷取代鄭氏統治台灣，最初採取的政策傾向消極的禁止。在移民方面，除禁止無照渡台外，對於攜眷入台的問題一直無定策，但一七九〇年以前，嚴禁移民攜眷的年數多於弛禁。雖無法禁止偷渡，然而在十八世紀台灣人口的性別比率極不平衡，人口的增加主要是由於移民，自然增加的比率可能不會太高。如果以一八一一年保甲調查的數字和一八九二年至一八九四年間進行的一次較全面的人口採訪結果加以比較，可知在八十二年間，台灣漢人人口由一百九十萬人增加為二百五十萬人，年成長率是〇．三％。這顯示十九世紀時，移民的增加有限，而天災和動亂頻頻發生，則影響人口的成長率。

有關土地方面，清廷頒封山令，禁止人民入山；一則防止人民據險為亂，二則防止人民侵佔「番」地，三則防止「番」人出山。封山令的具體表現就是在沿山要地設立可以識別的界線（土牛溝），並設隘防守。不論是清代台灣方志的作者或現代的學者，大致都認為土牛溝或任何界線並不能限制漢人越界開墾，但是土牛溝確實存在，而且無疑是清代台灣顯著的一項人文景觀。就環境的角度來說，如果沒有這些界線的存在，台灣山區遭受破壞的速度可能更快。

至於拓墾的過程，在十八世紀上半以前，虎尾溪以南是漢人聚落相對較多的地區。今日台南地區，當時稱為台灣縣，土地大都是開墾於鄭氏時期，到十八世紀初年，經過大約一百年的利用，自然的地力已經耗竭，解決的辦法就是施肥，這是人類利用自然不得不面臨的問題。在鳳山縣，移民的村落大多在下淡水溪和東港溪流域。隨土地開墾所興建的水利設施，在十八、九世紀也有增加。此外，魚塭的數目也有增加。

諸羅縣（縣治在今嘉義）設縣之始，縣治草萊，流移開墾之眾，極遠不過斗六門。到了一七二〇年左右，今日彰化以南平原易墾之地大概已經開墾，彰化以北則除了一些據點外，還多平林曠野。朱一貴之亂後，清廷才於雍正元年（一七二三）分諸羅縣，設彰化縣，管轄虎尾溪以北之地區。雍正九年（一七三一）又設淡水同知，管轄大甲溪以北之地區。

雍正年間（一七二三至一七三五），彰化還是一個「民番雜錯」的地方。但隨著移民到來，聚落數目也迅速增加。在水利方面，與彰化平原開拓關係密切的八堡圳（時稱施厝圳），早於康熙四十八年（一七〇九），就由南部移來的施世榜開始修築。就引用的水源觀之，彰化縣的水利設施南引濁水溪，北引大甲溪，東引南投溪、烏溪和大肚溪，各處之山泉也多利用於灌溉，只有濱海之地，水利未盡。由地理學家重建的拓墾路線顯示，彰化平原上有些聚落就是沿著灌溉渠道呈線狀延展。

今日台中縣市所轄的範圍，大體在大肚溪以北、大安溪以南，在清代大部分的時間屬彰化縣。光緒十三年（一八八七），台灣建省，同時分彰化縣設台灣縣於今台中之地。大批漢人到此區開墾是康熙中葉以後的事。當時閩粵移民漸到此區開墾，在時間上最初並無先後之別，在空間上亦無閩人居平原、粵人居山區之分。

這種分野是乾隆四十七年（一七八二）以後，分類械鬥頻頻發生所造成的結果。台中地區之開墾由海岸平原延伸至山區，並無一定的順序。大致上，盆地、海岸和台地先墾，山區後墾。乾隆年間，除山區外，可墾之地大抵都已經開墾。在移墾初期，移民選擇墾地，優先考慮的是地勢高而近溪澗取水容易之地點，而這種地點往往早有土著的聚落，故漢人如何與原住民溝通和相處，是土地順利墾成的重要因素。最著名的例子是通事張達京聯合六館業戶，與岸裡等四社訂約鑿圳開墾。

雍正九年（一七三一）增設淡水廳，管轄大甲溪以北之地。廳治設於竹塹（今新竹），但淡水同知的公館初設於彰化縣，乾隆二十一年（一七五六）才建廳署於竹塹。淡水廳初設時，所轄範圍約當今苗栗、新竹、桃園、台北、宜蘭等縣和台北、基隆兩市之地。清代間，淡水廳所轄的範圍有四次變動，逐步分設噶瑪蘭廳、基隆廳、新竹縣和苗栗縣。十八世紀初，淡水廳轄區內的土地仍多未闢。郁永河在一六九七經過竹塹南嵌一帶時，曾見成群的鹿，卻不見一人一屋。

一七一〇年以後，移民漸漸來到日南、後龍、竹塹、南嵌等地。一七一五年，台灣北路參將阮蔡文曾作「竹塹」一詩，其中一句是：「鹿場半為流民開」。一七二二年，黃叔璥任巡台御史，他曾記述道：「昔日近山皆土番鹿場，今則漢人墾種，極目良田，遂多於內山捕鹿。」據施添福的研究指出，黃叔璥所描述的情形，其適用範圍不是竹塹地區，而是大甲溪以南，或更保守一點，是大肚溪以南的地區。阮蔡文所吟詠的對象，僅是竹塹或竹塹附近，而不是竹塹埔全部。竹塹附近的始墾者是王世傑，時間大約在康熙五十年（一七二一）前後，至於竹塹埔的開墾，則多在雍正以後。

一七三五年以前，舊新竹縣轄區內開墾之地仍多在沿海平原。乾隆年間（一七三六至一七九五）是移民最盛的時期，幾乎每年都有移民入墾之紀錄；開闢之地大多原是荒埔，而移民大多與當地的土著合作。在嘉慶（一七九六至一八二〇）以後，移民漸入山區開墾，最初進度稍緩，但在道光（一八二〇至一八五〇）以後，規模較大的開墾組織紛紛成立（最著名的是金廣福），除開墾之外，也取樟樹汁以熬製樟腦，採樟木以作戰船之材料，於是山區之開發頗有突破性的進展。

同治年間（一八六二至一八七四），除內山外，新竹縣轄區內山區可墾之地大都已經開闢。而光緒年間（一八七五至一八九五），清廷致力於「開山撫番」，在「生番」出沒要衝之地設撫墾局，民間也有武裝拓墾之行動，以及大墾號之出現（最著名的如廣泰成）；在官民合作之下，頗收聯墾之效。

在淡水縣轄區內，鄭氏時期雖可能已有少數漢人的據點，然而台北平原的開墾，現存最早的文件可能是康熙四十八年（一七〇九）陳賴章墾號的大佳臘墾荒告示；此後，大小墾號陸續前來開墾，有文件可考者不下二十餘個。開墾的土地有的原是草地，有的原是林地。墾號之間有競爭、有合作、有互控、有讓渡，然其挾資而來，辛勤的「企業化」經營，則為拓墾成功之要件。

乾隆年間（一七三六至一七九五），台北平原可墾之地幾乎都已開闢，移民開始拓墾至附近山區，如石碇、大嵙崁等地。光緒十二年（一八八六），設撫墾局於大嵙崁，墾田、伐木、熬腦，內山居民日多；光緒二十年（一八九四），又在大嵙崁附近設南雅廳，其轄區為海山堡。至於台北平原的商業中心，乾隆中期以後是在新莊，至嘉慶末，才由艋舺（萬華）取代。今台北市北門一帶在光緒年間還是「市肆樸陋」的地方。

中央山脈以東的地區，在清代文獻上常稱為山後或後山。漢人到此區開墾，最早有林漢生於一七六八年招眾入墾，但被土著所殺，以後入墾者皆未成功。一七九六年，居於三貂嶺而與土著有通市經驗的吳沙，因蛤仔難的土地平廣而肥沃，乃決定入墾。清廷在一八一〇年設廳，才定名為噶瑪蘭，而一八七五年再改為宜蘭縣。道光年間（一八二一至一八五〇），蘭陽溪南北的肥沃原野大多已經開墾，新來的移民只好向近山推進。近山地區的開墾由陳輝煌率領，至同治十三年（一八七四）已墾土地八百餘甲，大抵在今三星以東、大埔以西之地。三籍移民之中，以漳人最多，故蘭陽平原中間比較易墾而且肥沃之土地多屬之，泉人開墾平原兩側，粵人則多在近山。

宜蘭以下的後山地區，遲至十九世紀末年才開始開墾。同治十三年（一八七四）牡丹社事件後，在沈葆楨的建議下，清廷決定「開山撫番」。光緒元年（一八七五）先設卑南廳，十三年（一八八七）昇為台東州。此前，漢人到此地區者，只有康熙年間的陳文、林侃和賴科等人留下一些事蹟。嘉慶道光年間，漢人開始小規模的移墾到東部，開拓的地點只限於今花蓮市與台東市附近。沈葆楨奏明的開山辦法是一面派軍隊為前導，開路守衛，一面募民隨往開墾。首先分三路修築道路，在光緒元年（一八七五）完成。開墾的工作最初只是募民隨往。

光緒十二年（一八八六），設撫墾局，分為三路，南為卑南、中為璞石閣、北為花蓮港，由總兵吳光亮負責辦理；除此並在廈門、汕頭、香港等地設招墾局，凡應募者，日給口糧，人授地一甲，助以耕牛、種子、農具，墾成之地，三年免租。然而，因當時閩粵移民多赴南洋，故應募來台者較少。於是，恆春知縣黃延昭建議，招募在台之農民前往後山開墾，同樣給予口糧、農具和三年免租的待遇。

在一八八〇年前後，台東移民人數漸多，開拓之地從拔子、水尾、新開園、里壠等莊推廣到鹿寮、知本等地，但因水土不服，有的病故，有的離去，墾戶留下者不多。光緒二十年（一八九四）左右，台東州的漢人聚落分別在南鄉、新鄉、奉鄉、蓮鄉和廣鄉，共計三十二個村落，其戶數少則二、三戶，最多八、九十戶。東部開發之緩慢，主要是因為「航運難通」，「瘴癘尚盛」，交通和風土性疾病是尚待改善的環境問題。至於離島澎湖，據宋代文獻可知，約在十二世紀就有漢人移居。入清以後，澎湖先是隸屬於台灣縣，在一七二七年分設澎湖廳，這個行政地位一直維持至清末。澎湖的聚落單位稱為澳，「其屋宇俱結於山凹之內、水隈之處，故名曰澳。」康熙年間，澎湖只有九澳。雍正以後，又增四澳。乾隆時有十三澳共七十五社。光緒時也是十三澳，但分為八十二社。這八十二社之中，只有媽宮社人煙稠密。據康熙年間的文獻記載，澎湖的居民多是泉人僑處。

據族譜之紀錄，自明末至清初，移民多來自金門。乾隆以後，澎湖人口激增，而饑荒瀕仍，例如在一七六二年至一八九二年間，平均每四．一年一次，故澎湖居民有的外遷到台灣。據尹建中的研究，大約在十九世紀中葉以前，移民多為季節性，大多是到恆春一帶從事開墾或做木炭；十九世紀下半，多數遷到台南地區經商或學工藝；二十世紀以後，則多數遷到高雄地區。要之，澎湖已不再只是十六世紀時葡萄牙人所見的漁人之島。

拓墾與聚落型態的問題，學者已有概論。一九三三年，日本地理學家、曾任教於台北帝大的富田芳郎發表田野調查的結果，指出台灣農村聚落的型態南北不同，南部多集村，北部多散村，南北的差異大致以濁水溪為界，而濁水溪以北大肚溪以南則為過渡地帶。一九五一年，任教於台灣大學的地理學家陳正祥也在南北各地進行調查研究，以一村中主屋數目的多少，作為村落分級的標準，再度證實台灣農村聚落型態南北不同。至於造成台灣南北農村聚落型態差異的原因，學者都認為是自然與人文條件相互作用的結果。他們指出的因素大致上可歸納為四點：水源的限制、原始的景觀不同、防禦上的需要，以及土地開墾組織的影響。

總之，十七世紀以後，漢人移民在台灣建立的聚落，成為日後開發的基礎。十八世紀以後，不論清廷採取消極的禁止政策，漢人在台灣拓墾的活動還是積極而快速的進行，村莊街市迭增，田園灌溉益廣。至十九世紀末，清廷割讓台灣給日本以前，西部和東北部的平原、丘陵及近山可耕之地，大致都已開墾，台東縱谷的開墾也已初現端倪。在十九世紀末，總耕地面積約六十萬公頃，為十七世紀末的三十三倍。

山坡地之利用——以中部地區爲例

自一九四六年起，台灣人口快速增加，而耕地增加遠遜於人口的增加。每一農戶平均耕地面積由一九四九年的一・四一公頃，降為一九八一年的一・〇六公頃。為應付人口增加之需要，積極開發山坡地土地資源，並作合理的利用，乃成為施政及規劃之目標。

台灣土地總面積為三五九萬八九七六公頃。以標高分類，海拔在一百公尺以下的面積占二十八・四%；海拔一百至一千公尺的地面積占三十八・八%；海拔一千至一千五百公尺的面積占十一・八%；海拔一千五百公尺以上的面積占二十一%。

依據一九七六年公布的「山坡地保育利用條例」第三條規定，山坡地是指國有林事業區、試驗用林地及保安林地以外，標高在一百公尺以上，及標高未滿一百公尺而其平均坡度在五%以上之土地。早在一九五四年，農復會首先倡導推行水土保持，以利用山坡地。台灣省政府於一九六一年成立山地農牧局，專司防止山坡地濫墾及有計畫的開發。根據農復會於一九五三年至一九五四年間舉辦之台灣土地利用航測調查顯示，台灣土壤沖蝕至極嚴重地區達六十萬公頃以上，其中絕大部分為已開墾之山坡地。農復會與山地農牧局曾於一九七四年至一九七八年間，合作調查山坡地土地利用情形，結果發現合於山坡地保育條例規定的山坡地，共計九十七萬三七三〇公頃（占總面積之二十七・〇五％），其中宜農牧地四十五萬八一五八公頃，已有二十九萬六四一八公頃（占宜農牧地六十四・七％）早經開墾，而在宜林地四十二萬五二七六公頃中，也有五〇二四五公頃（占宜林地十一・八％）已被濫墾，即所謂超限利用。

據同一項調查，山坡地超限利用以南投縣最多，有一一七九一公頃（占總數的二十三・四七％）；其次為屏東縣，有七四五八公頃（占十四・八四％）；再次為高雄縣，有四六四六公頃（占九・二五％）；台中縣居第四位，有四五五七公頃（占九・〇七％）。

另據林務局農林航空測量所一九八八年編印的《台灣地區山坡地土地可利用限度分級與土地利用現況調查報告》，則當時超限利用的面積約五八三三〇公頃。此一數字較諸十年前宜林地超限利用的面積增加了八千餘公頃，可見在一九七八年至一九八八年間，濫墾持續擴大。

中部各縣旱田較多的鄉鎮，大致上是在一九七〇年代前後進入旱田面積擴張期，而台中縣和平鄉與雲林縣古坑鄉甚至到一九九四年至一九九五年才達高峰。在此，舉台中縣和平鄉、南投縣仁愛鄉與信義鄉等位於高山地區的個案，以及台中縣東勢鎮、南投縣中寮鄉、國姓鄉、集集鎮等位於丘陵地區的個案為例，來說明山坡地利用及其環境變遷之涵義。以上和平鄉、仁愛鄉及信義鄉等個案，共同的問題是高海拔地區的土地利用，也就是種植落葉果樹、高冷地蔬菜與高山茶。

據陳憲明的研究指出，休眠時數較短的李、梅、柿、烏梨等落葉果樹，在清朝時就曾自福建、廣東引進台灣。在一九四一年至一九六六年間，落葉果樹的面積仍只占果樹總面積的五%左右。自一九七〇年代以後，落葉果樹的種植面積迅速增加，至一九八一年達二六七四一公頃，約占果樹總面積的二十%。台灣落葉果樹主要產地在中部山區，這與中部地區的自然條件及橫貫公路與山區產業道路的開通，有密切的關連。

土地利用的改變對環境衝擊至為顯著。在果園經營的過程中，必須剷除植被，加上中耕除草施肥，天然覆蓋大減，使得表土裸露，增加逕流對表土的沖刷能力，造成水土流失。一九七四年德基水庫完成後，隨即發現水庫淤沙比原先估計更為迅速得多，而水庫的壽命可能由一百二十年縮短為七十年左右。此外，果農使用肥料與殺蟲劑隨雨水沖刷流入水庫，而梨山地區居民與遊客排放的污水亦無嚴格管制，這些都是水污染的來源，更有非法濫墾問題，也造成森林火災頻頻發生。地理學者張長義曾指出，也許從德基水庫集水區經驗所學到的最重要教訓，是如何不要開發台灣的山地資源。

以上丘陵地區的個案，透露出山坡地利用若無水土保持措施配合，則對環境將造成嚴重的影響，更何況早已存在的是相當嚴重的超限利用現象。據一九七四年至一九七八年間調查的結果，全台灣超限利用的作物主要有樹薯、柑桔類、梅李桃、茶葉、龍眼、香茅、香蕉、荔枝、梨、鳳梨、蘋果。在這些作物中，樹薯、香茅、茶葉、香蕉、柑桔、龍眼、蘋果、梨、梅等正是上述鄉鎮個案中的主要作物。而且，在各鄉鎮這些主要作物面積，合計也都超出旱田，或甚至發生超出耕地面積的情形，易言之就是隱含了超限利用的現象。

作物的特性與水土保持的關係，也是需要考慮的因素。

以檳榔為例，在一九六三年，台灣種植檳榔的面積為一一七五公頃；一九九九年達到高峰，為五六五九三公頃；至二〇〇〇年略降為五五六〇一公頃。直到一九七〇年代末期，台灣檳榔大約有一半產於嘉義縣。當時學者認為不宜推廣檳榔的主要考慮是國民健康，而不是水土保持的問題。自一九八一年以後，屏東縣成為台灣最大的檳榔產區，南投縣次之。屏東縣以稻田轉作檳榔，對水土保持的負面影響可能較小；而南投縣的檳榔多種在山坡地，對水土保持關係甚大。

據林業專家的實驗，檳榔對水土保持不利之要點有四：（一）七年生之成齡檳榔，有六片羽狀複葉，其樹冠覆蓋度極低；（二）檳榔的根系為團網型之鬚根，主要分布在五十公分之表土層內，但在土壤乾燥，立地條件不佳的地區，鬚根也有部分可伸展至二公尺深處；（三）由於檳榔栽植前之整地，植生破壞，地表擾動嚴重，降雨易產生逕流與沖刷，檳榔區之水土流失大於草生區與杉木區；（四）栽植檳榔之山坡地土壤比一般林地土壤之抗蝕性小。水土保持專家也在屏東技術學院東面坡度高達三十度的坡地上建立試區，以實驗來觀察栽植檳榔的水土流失量，結果發現在檳榔淨耕區產生之土壤流失量，每年每公頃為一一四公噸，比當地土壤容許流失量每公頃二十公噸，大五．七倍之多。由於台灣山坡地新植檳榔，大都採機械化大規模刨除地表覆蓋物的方式，故其地表狀況勢必較試區的情況惡劣，所以可能產生更嚴重之沖蝕。

更值得注意的是，檳榔淨耕區的地表逕流問題比土壤沖蝕問題嚴重許多。造成此一現象的原因，可能在於檳榔的根系是淺層鬚根，而且不易腐爛，以致在檳榔成長過程中，根系擴張而導致表土夯實，降低入滲率。因此，森林學家從水資源的角度來看問題，指出中南部一帶的檳榔園，每公頃每年約消耗十萬噸水量，大部分是蒸發散及地表流失。以檳榔種植面積四萬公頃計算，一年流失的水量竟達四十億噸，是全省一年地下水滲透量的四十%，等於全省水資源需要量的五分之一，故檳榔是近年台灣旱澇之災的原因之一。

山坡地利用最重要的是要有良好的水土保持措施。政府於一九五五年開始注意水土保持問題，在農復會與農林廳合作下，示範並推廣水土保持工作，包括平台階段、山邊溝、單株平台、石牆、草帶法及綠肥覆蓋等工法。省政府並於一九六一年在農林廳下設置山地農牧局，以專責推動水土保持等工作。據統計，一九六一年至一九八〇年間，完成水土保持之面積共有十五萬六〇六六．七九公頃。不過，據中部各縣市的統計資料，完成水土保持處理的面積，自一九七〇年以來呈現下降的趨勢；在台中縣與南投縣水土保持面積，與兩縣旱田的增加，顯然不成比例，而且其趨勢幾乎背道而馳。

在集集大地震前，山坡地土石流現象就已常常發生。土石流之自然因素是颱風暴雨與地質地形特性，而人為因素則是山坡地過度開發與超限利用。據農委會於一九九六年完成的調查顯示，台灣共有四八五條土石流危險溪流，其中危險程度最高的前五名依次是台東縣、花蓮縣、南投縣、宜蘭縣和苗栗縣。在集集大地震後，土石流成為威脅災區的二次災害。據學者在現地調查發現，地震後土石流災害情況較為嚴重的地區，包括南投縣國姓鄉、埔里鎮、水里鄉及信義鄉，以及雲林縣古坑鄉。再者，土石流也成為修復中部橫貫公路的隱憂。因此，近年來中部地區山坡地茶、蔬菜、果樹及檳榔種植面積大量擴張的結果，透露環境惡化的警訊也就更值得關切。今年七月和九月的水災更提醒我們，重新檢討山坡地開發問題，已是刻不容緩之事。

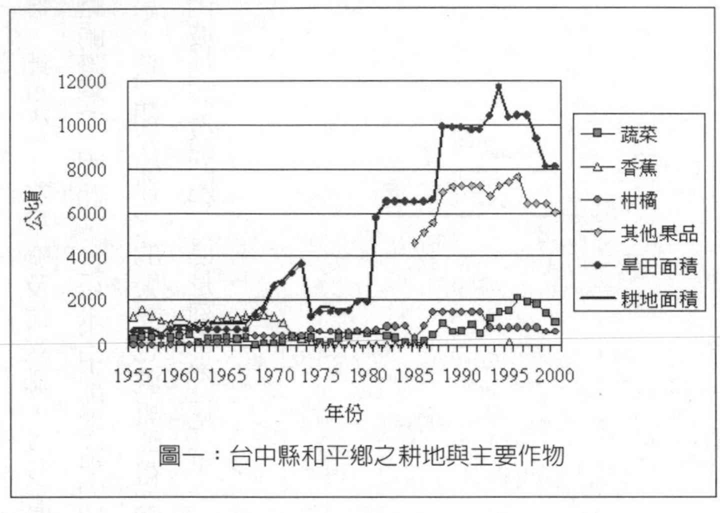

圖一：台中縣和平鄉之耕地與主要作物

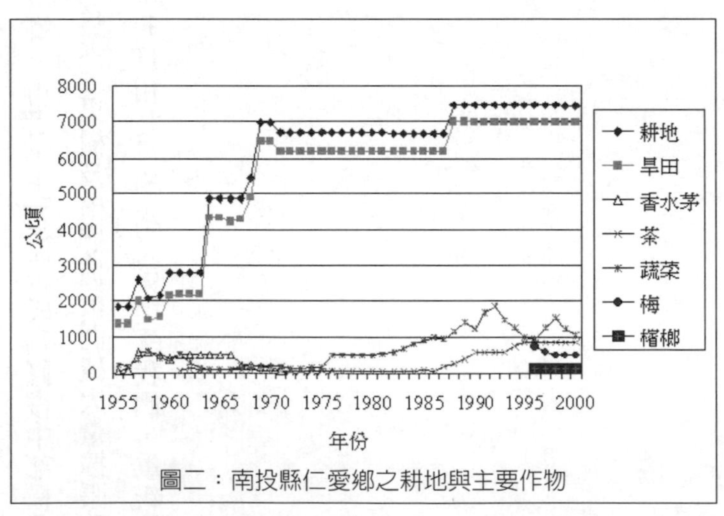

圖二：南投縣仁愛鄉之耕地與主要作物

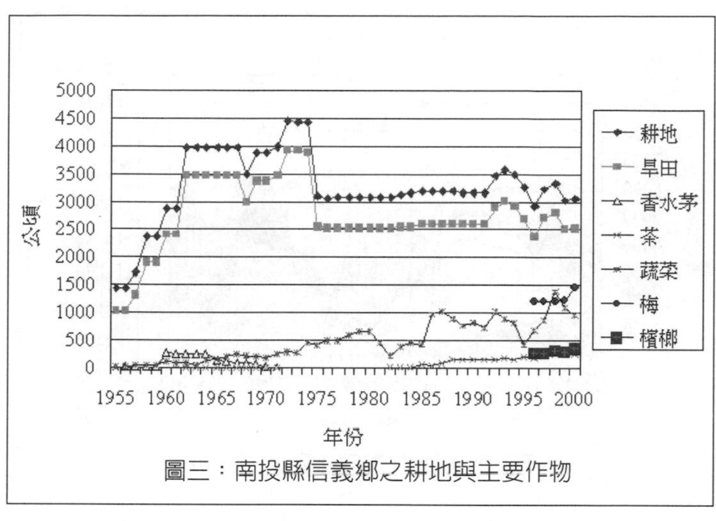

圖三：南投縣信義鄉之耕地與主要作物

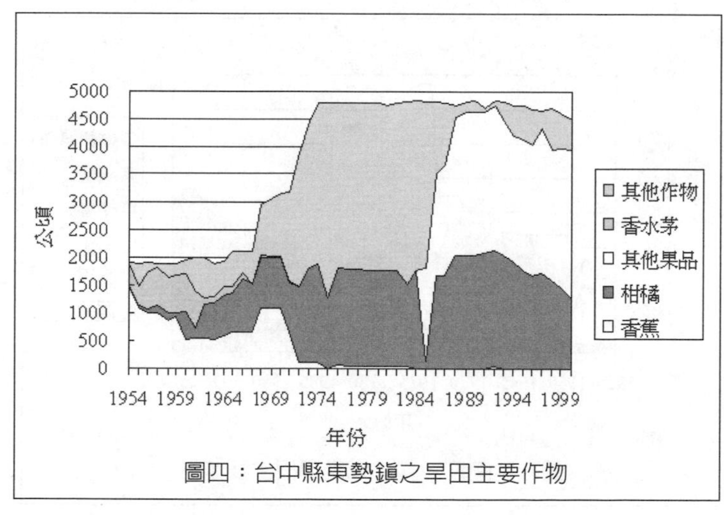

圖四：台中縣東勢鎮之旱田主要作物

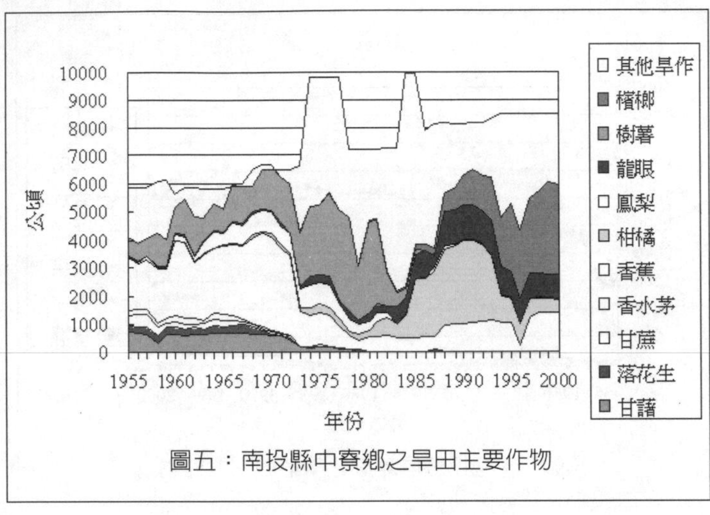

圖五：南投縣中寮鄉之旱田主要作物

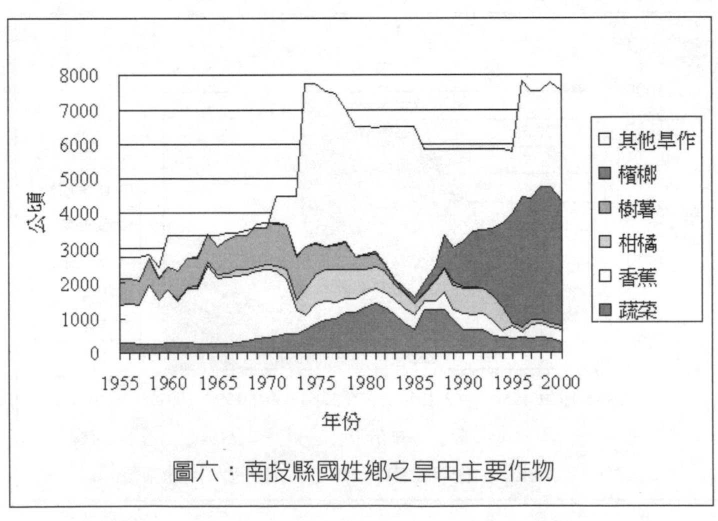

圖六：南投縣國姓鄉之旱田主要作物

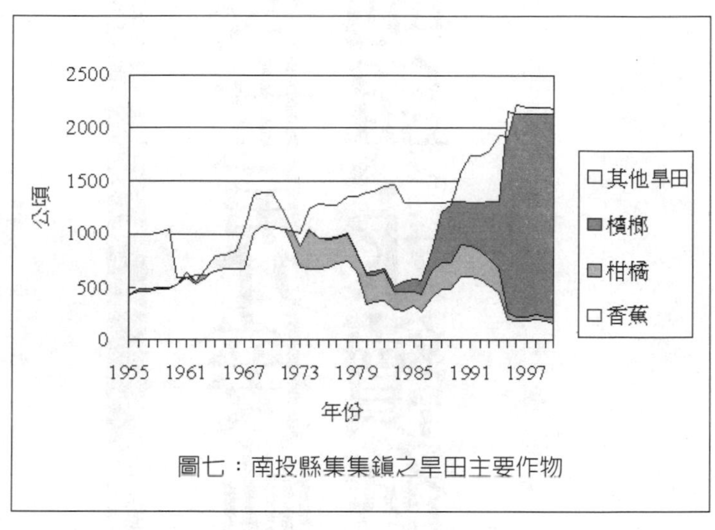

圖七：南投縣集集鎮之旱田主要作物

議題一

與世界接軌——國土規劃與永續發展願景

- 從全球二〇一二年永續發展談國家發展
- 永續發展是海島台灣要走的不歸路
- 邁向永續台灣的「路」與「橋」
- 知識份子還須努力
- 永續發展的幽靈在台灣遊蕩

主持人 劉兆漢（中央研究院院士、時報文教基金會董事）

發表人 於幼華（台灣大學環境工程研究所教授）
蕭新煌（中央研究院社會學研究所研究員）

回應人 葉俊榮（行政院研究發展考核委員會主任委員）
朱雲鵬（中央大學台灣經濟研究中心主任）
夏鑄九（台灣大學城鄉所教授）

發表人

於幼華

美國聖路易華盛頓大學環境工程博士。現任台灣大學環境工程研究所教授。專業領域為臭氧於水處理之應用、環境影響評估之理論與應用、環境規劃與管理、環境基本科學。重要經歷有台灣大學環境工程研究所教授、台灣大學土木工程系教授、美國史丹福大學土木工程學研究所環境規劃與管理研究室傳布萊訪問學者。

發表人

蕭新煌

美國紐約州立大學社會學博士。現任中央研究院社會學研究所研究員、中央研究院亞太區域研究專題中心執行長、台灣大學社會學系教授、總統府國策顧問。專業領域為環境社會學、發展社會學、東亞與東南亞研究等。代表著作有《台灣與東南亞：南向政策與越南新娘》（主編）。

回應人

葉俊榮

耶魯大學法學博士。現任行政院研究發展考核委員會主任委員。曾任行政院政務委員、行政院組織改造推動委員會執行長、行政院國家永續發展委員會執行長。專業領域為憲法變遷、環境法、行政法、管制理論。代表著作有《環境政策與法律》、《全球環境議題—台灣觀點》、《環境行政的正當法律程序》、《環境理性與制度抉擇》。

回應人

朱雲鵬

美國馬里蘭大學經濟學博士。現任中央大學台灣經濟研究中心主任。曾任中央研究院社科所所長、行政院公平交易委員會委員。專業領域：經濟發展、國際經濟學、一般均衡模型。代表著作有《台灣二〇一一年》（合著）、《台灣經濟的探索》《亞洲金融風暴之社會衝擊》（英文）一書。

回應人

夏鑄九

美國柏克萊加州大學建築博士。現任台灣大學建築與城鄉研究所教授。曾任台大土木系／建築與城鄉研究所副教授、台大土木系講師、東海大學建築系助教。專業領域為建築社會學與都市社會學、規劃與設計理論、建築與都市史、古蹟保存、建築設計、都市設計、都市規劃。代表著作有《空間的文化形式與社會理論讀本》、《公共空間》等。

讓學術與專業成爲永續發展的中堅力量

⊙劉兆漢

「永續發展」是二十一世紀不分國度必須面對、必須解決的議題，「國土規劃」則是落實永續發展非常重要的一環。過去六、七年以來，許多學者參與了國內非常大的永續發展學術研究計畫，這些研究計畫對台灣而言是創新的，在國際之間，基本上也是相當前瞻的。透過這個計畫，我們確實做到了「與世界接軌」，而且在東南亞地區的永續發展學術研究上，我們也處於領先的地位。其中最重要的，也值得驕傲的是，任何一個國家，無論是學術界或研究界，從事永續發展研究的最終目標，就是讓政府制定政策時，能夠審慎參考研究的成果，甚至加以執行，而台灣在這一點上，成績非常的良好，我們有許多研究結果，正一步步地落實。因此，這次研討會對於永續發展課題的討論，相信也會促進台灣在國土規劃方面的進步。

在「台灣永續發展的危機與轉機：永續台灣的願景與策略」整合計畫報告中，我們曾經指出，台灣永續發展的轉機，在政策建議上共有九項指標，包括：（一）明確樹立環境保護與自然資源保育政策；（二）具體規劃污染防治制度；（三）強化資源管理政策；（四）建制「永續發展指標」評估國家施政成效；（五）積極推展環境教育，提升全民環境素養；（六）均衡「經濟活動」與「社會公平」價值，建構海島永續基礎；（七）健全政府部門中永續發展政策執掌之分工及執行機制；（八）加強國際參與以及國際交流合作；（九）建立「永續發展知識庫」，強化環境資訊品質。在大自然反撲的種種警示下，我們必須了解，國家未來經濟發展宜以「永續發展」理念為依據，強調經濟發展應不損及後代生存之福祉。因此，面對現況與可能的變化，台灣若欲站穩永續發展的有利位置，應思考專業的經濟與環境決策，必須儘可能獨立於政治部門及政治影響以外，並且積極檢討不合時宜的環境保護法令與政策，誠實面對問題以謀求解決之道，落實國土利用計畫，建立確實的本土環境資訊管理系統，這些均為刻不容緩的任務。

《發表》

從全球二〇一二年永續發展談國家發展

⊙於幼華

前言

選二〇一二年為永續發展的前瞻基準來命題，想來必是與一九九二年的地球高峰會議有關。確是在該年的彼次會議上，「永續發展」一詞才真被叫響，而詞義中最為全球所關懷的焦點——「下世代」的發展機會，大概就擬以二十年為一世代的時空來推估的罷。

迄今止，全球首強美國，仍毫無簽署京都議定書以控管其國家溫室氣體總量的意願；據報載，俄羅斯近雖已為打算簽約，有加緊內部作業跡象，但最後究是會簽還是不簽，似仍難判。另外，報角更小的一則國際新聞曾報導，在歐洲首創「無車日」的法國，自其今年九月二十二日的全國表現觀，人民配合度已愈形乏力且怨聲四起。

從上述諸國所呈現的國家或百姓行為觀，顯得「永續發展」理想的落實，實在「知易行難」；而更進一層的分析則應能讓我們體悟到：當每個國家、每個個人都只肯為己身近利著想，那麼無論國際公約的標的或國家發展的願景，將全是海市蜃樓，僅可觀賞但絕無達成的希望。

當然，在幾案負面顯例外，全球仍有許多國家以及非政府組織，繼續十分堅持地在為此人類新理想而打拼，何況，年復一年且愈形嚴重的各地氣候災害，實已不容任何地球村的成員，再有任何理由而因私害公了，否則，且別談發展，連大夥兒的下世代能否在地球環境裡苟存，都將難料！

確實也是在後人興亡，僅繫於當代一念之間的這種急迫狀態下，筆者藉本研討會時機——尤其是全體與會為台灣的「前瞻與決斷」建言者中，還有許多都與小弟一般，曾或正忝為我們行政院永續會的委員代表時——提出一些對我國未來發展的拙見。

回顧永續會的成立與作爲

事實上，若將我國永續發展委員會的前身組織「全球變遷政策指導小組」亦算在內，今年應恰逢十週年慶。從機構設立的早晚比較，我們僅在地球高峰會議後才兩年即起跑，這種跟進，絕不能詬之以怠慢或拖沓。然而，若以「十年樹木」的標準來檢驗這個許多您與我皆在內的國家組織作為——且慢一點，讓我們在進行自我評斷前先也謹守「名實相符」的原則吧——這個實際上只能算七足歲大的政府稚木，其有史以來的表現是否也與它的誕生一樣，稱得上是「不怠慢」或「不拖沓」的呢？

「你們的永續會究竟是在幹嘛的？」或者，更激進得多的評語：「災難一年比一年多，一年比一年重，老兄，我看那個總有你在內的委員會還是正名為『永續災難』才妥切！」是的，已經問世七年了，與筆者相熟的朋友中卻還有近半數以上搞不清什麼叫國家永續發展委員會，除此疑惑外，最刺耳且令人希望冰涼的是那句「你們的」區隔——是嗎，國家的永續會是自幾時起讓會外人劃清了所有權上的界限？

說真的，筆者與其樂聞於像「永續災難委員會」這類的奚落、嘲諷或調侃，它們卻僅代表委員會外朋友們那份恨鐵不成鋼的心焦，所以才會一股腦將對災難的恨意全栽至永續會身上，尤其筆者稱得上是個老委員，老賊自當更無條件地承受口伐。反而，藉一句話就分清了彼此，這正是永續發展理想能否落實人類、落實國家與落實地方鄰里的要害所在。說真的，若再多聽上幾次這種你我間的劃分，個人向不向永續會說拜拜的進退事小，但顯然表示永續會還繼續在關起門做事，並沒大力向外爭取認識與認同。所以，我認為未來三年的首椿要務就該努力向全國百姓打認知與認同度。

當然，回顧七歲「稚木」的其他表現，則實應給個離滿分不遠的成績。給此高分並非自賣自誇，而是極有根據的。根據是：國家之間比較，我們台灣在永續發展相關文件的產出速度上，實在有夠快。比方國家版的二十一世紀議程、生物多樣性報告、永續發展行動計畫、永續發展宣言、台灣永續指標系統、乃至於十個縣市近期所完成的地方版永續發展計畫，這些成就在在皆可謂有目共睹。只是，敘及此，卻又得提一提老問題了。這些厚薄不一，充滿了多方汗水與腦力的國家重籍，是否能在未來三年成為或坊間暢銷書，或更年輕點朋友的熱門網訊、甚至KTV勁歌唱詞、轟趴聚會的研討主題？

別忘了，「下世代」才是永續劇主角

提KTV，提轟趴，筆者並沒開玩笑的意思。因為說來慚愧，這七年來當筆者自己也一旁幫忙，例如幫忙永續會產製上述某些文件以來，每在絞腦汁做計畫、提意見或寫文章之際，許多次會有突然警覺到似有什麼不對了的經驗，在這悚然一驚中，現在回想，乃每與「年輕世代」常被自己拋諸腦後有關。因為自己只顧夸夸發言或洋洋疾書，但應被我們充分服務或代言的永續主人翁們，卻經常像被擺在戲外，像與永續劇本劇情完全無關似的。

可不是嗎，在全球各版的永續發展理論裡，「下世代」的福祉與發展機會正才是各方同冀的唯一公約數，而確實也只有為了他們這一群，才值得並已經引發了您我間的關懷了，但為什麼當大家多年來在分頭作文，在集會討論，或者常常在心急卻又無奈地聽取官方那些冗長的、充數的、等因奉此的工作報告時，您我卻像都只顧著自己的用心或分心，而讓沒代表席次可言的大戲主角，自我們的集體意識裡消失呢？這些言重處，說來盼只是筆者的自責而已，與各位無關。

所以，若能「有錯即改」，第一，永續會的既成作品首需向我們的年輕下世代輸誠，輸誠前自當先去試探試探咱當代青年的胃口。當然，俟小爺們嚐完後，自會有評分的，就像我們這群教書匠，多年來現已很能為學生所給的教學評分而或悲或喜、或在悲喜交集中求進步了。第二，可否藉此也建議永續會未來應有下世代年輕委員們的保障席次，另亦宜再多舉辦如青年論壇等的類似溝通場合。

說來邪門，樂於且最擅於將寶物傳承給下世代者，明明就是我們國人「齊家」時的獨門技巧，為何卻偏偏每當擴至「治國」層次時，竟常連接棒者在哪兒都會渾忘？誠然妙哉。

令人難堪的義利之辨

時報基金會歷年來所主辦的「社會公與義」研討會，其累計次數之多，實已可與由河川小組年年所必推出的「水患檢討研討會」頻度媲美。後者，只消台灣該年多雨或少雨就必有會要開，相信許多在場貴賓、先進都與在下一樣，能為我們年年的堅持而有所費心後的會心。果然，月前我們同樣又為今年的水患行禮如儀，但在一再摸黑炒冷飯中，竟真也盼到了遲來的曙光，那便是我們的游揆終於成功地將「永續發展」這尊最具新人類公義或公益價值的信念，導入了政府改造方案，其中有擬設出能為整合水、土、林及空氣等資源作整合式管理的「環境資源部」這一環。

其實，在部會整併上所呈的多年困境，應溯因於所謂近代「化約式分工」下所必生的本位主義的遺害，而，即便是公部門，其營私遠勝過秉公處理的本位心態反而更所在多是，像更理所當然似的。以國家尺度言，如老美為其自己近期利益而遲遲不肯簽署國際協議，同理，或如小至個人的諸多見利忘義行徑，其實一樣都肇因於習慣也拿慣了分工的好處，自就把合作的意義、需求以及條件全給忘乾淨了。

確也正因如此，筆者才特將時報基金會亦每鍥而舉辦的「社會公與義」研討會提在前面，因為筆者深信：唯有先在人類社會裡能再復育出今日幾已瀕絕的義利之辨來，否則，要我們擴大地去尋回「環境的公與義」，那豈非還不會走就想飛？

實頗有感觸的是：這幾年在參與永續會的工作中，筆者經驗到官方的本位主義的確障礙至鉅，尤其每當分工愈細之時，則互不搭理或各不相讓的表現總愈形彰顯，這時候，雖也算得上是對統籌管理者能力提出了考驗的機會，但終究上司的每天也一樣是二十四小時，若下屬只顧出題測試，而自己卻毫無總量約制的概念，那麼最後難怪只有再回到組織或職位擴增的惡性循環裡去。真要歸咎起來，負責訓練出各個官員的學校搖籃，正是本位主義獨大的污染點源；談到分工，我們的老師與學生們個個都是翹楚，但是談到合作——例如系所合併，大家立刻要不然臉紅脖子粗，稍文明一點的話，則是外扮君子內演小人，進行各種抗拒。所以說，稱此「能獨」而「不能群」的現象為現社會義利難辨上的不堪，確也屬筆者個人側身學界的經驗談罷。至於上文所提的「公與義」研討會，我當然認為應持續辦下去，因為就在機構合併曙光才出現時，相關研討會當都有助於我們未來新部會的內部磨合的。

附帶為環資部內容，筆者想一提的疑問是：在風、火、水、土四大生命要素中，現時環資部僅獨漏了對能源（火）的統籌管理，試問這種出讓可是別有含意？

前瞻二〇一二年夠遠嗎？我們應有所決斷

前文嘗提及以西元二〇一二年作為本文設題的前瞻性時限，乃因它離一九九二年地球高峰會恰好二十年，而二十年彷彿是個還不錯的對一個世代年程的抓數。而且，每逢二十年即召開一次的全球環境大會，確可溯至一九七二年在瑞典斯德哥爾摩所創下的先例。

然而，因鑑於現時年青男女的延婚趨勢與趨勢走向，筆者認為選取三十年為一個世代的間距，恐怕將是個更實切的整數。那麼，筆者是指我們應以二〇二二年為期，來對台灣的永續發展前程造景與許願？不，不是，因為單一個世代可不是永續發展定義裡的原意，它的原文，generations，是多數，指的是二、三、四、五都可以，但就是比一多且不含一。據此，那麼我們究該挑那個多數來乘三十？並把積做為策劃年限來加以遠眺，加以為未來子孫預測他們的環境／社會／經濟發展機會，而後即從速從實來修正咱當代的發展作為，直至可以確保——為子孫群所留下的各種資源保育機會、公平分配機會，以及有效利用機會，皆至少不比我們現所享持者少或差。

這道選擇題，當關係接踵而來的龐大的機會換算、政策評估等等繁雜作業，可真不容易就貿下決斷。況且，年輕世代主角們的意見都還留白著哪！所以，在此向我們還差三年才真算是成「樹」的永續會報告：在這項「世代」數的決斷上，我們宜暫予緩議。不過，以個人對數字的偏好與迷信言，筆者按「三」乃係生萬物的易之理，認為該選三。雖說，在我們的諺語中也有「富不過三代」或「貴不過三代」的不吉祥的意味，但對永續發展的追求言，恐怕就需有視富貴如浮雲的意識才行罷？所以，只消守得住這三代的平淡，相信未來的地球環境，其永續延展才當真有望了。

真巧，三個世代應是九十年，外加已投入永續努力的近十年，正好也合了我們的另一個說法，所謂「百年樹人」……

結語

絮絮道來竟也差強人意地湊足了基金會所頒的五千字內的準則，筆者境界雖離文字高手太遠，據聞方家們在文章結尾時常生狂喜之情，想來那必是因傑作完成後的必然感應。反觀自己此時卻只有懊惱的份，因為有些話講得太白，說不定要害苦了本文的評論人了。

《發表》

永續發展是海島台灣要走的不歸路

⊙蕭新煌

前言

本文的立論有二，一是追溯全球的視野，將「永續發展」概念放置在戰後世界發展目標的演變和移轉脈絡之中去理解，並視之為一種劃時代的新典範。台灣在九〇年代末期終於認真地有意在國家發展思考中納入永續發展新典範，進行某種程度的「典範移轉」，可謂「吾道不孤」。二是採取在地的論述，將永續發展理念放置在台灣的海島脆弱生態特性上去思考其迫切性，並視其落實為一種「今天不做明天一定後悔」的唯一補救之道。台灣在九〇年代末不幸經歷諸多自然天災之難後，益發凸顯了台灣此一致命的海島特性，因此非得立即痛下決心全心全意力行和落實海島永續發展新典範的政策大方向。

質言之，不論是呼應全球新典範移轉的號召性和正當性，或是因應在地海島脆弱特性的補救性和迫切性，永續發展都是台灣在未來非得走的不歸路。

戰後全球發展目標的演進

戰後的五十年，以聯合國作為主力機構，對世界人類發展願景，曾經歷了以下的幾次大轉變，而每次轉變均呈現出程度不一的典範移轉態勢和意義。

一、復原：一九五〇年代

戰後伊始，許多國家紛紛都進入「復原期」，視復原為最迫切目標，希望能恢復到戰前的水平，或是甚至超越戰前的建設。以下分列復原、成長、發展、福利和生活品質、永續發展五個階段作為說明。

二、成長：一九六〇年代

「復原」之後，以聯合國為首的國際發展組織乃以「成長」作為號召世界各國群起追求和奉行的圭臬。當時最主要的典範代表作，即是W. W. Rostow的「經濟成長階段論」，做為各國——尤其是新興第三世界國家政府師法的對象和依據，紛紛要超越傳統社會，過渡、起飛，而進入成熟社會，甚而最終的大量消費時代，此一又稱為「非共產主義宣言」的經濟成長願景，在一九六〇年代可說是支配了半邊天的官方施政和民間思維。成長的願景或典範以經濟成長率、工業化、都市化等具體指標作為測量工具，捨此無他，迄今也仍有其遺緒。

三、發展：一九七〇年代

成長目標帶來成長率的提高和農工轉型，但卻也導致所得分配惡化、社會不公，和城鄉移民的失業。因此，一九七〇年代中期後的新典範乃是蘊含保障社會公平目標的發展願景，更有所謂「發展十年」的倡導。一時之間，國家社會發展乃被奉為超越經濟成長，且具有倫理意涵的各國家政策新標的。測量發展目標的諸多廣義指標更是從此取代狹義的成長率指標。至今，此一發展願景仍未完全達成，也依然有它的價值。

四、福利和生活品質：一九八〇年代

發展的國家目標，在八〇年代更細緻化而成為測量「誰分享？誰獲益？如何分享？如何獲益？」等個人和集體（群體）福利和生活品質目的。發展指標乃又進一步調整為「經濟福利指標」、「淨社會福利指標」、「客觀生活品質指標」和「主觀生活品質（快樂幸福）指標」等。至此，全球目標已從「量」轉為「質」，也從「要多」變為「要好」。從一九六〇年代到一九八〇年代三十年來的典範移轉，已可謂是顯著而巨大。

五、永續發展：一九八〇年代末，一九九〇年代初迄今

從一九八〇年代中後期之後，另一全球性的典範移轉又開始形成，最大的典範地位意義在於針對前四十年來的四個舊典範的基本性挑戰，因為不論是成長、發展、福利或生活品質，均是漠視「維生基礎」，全然視「環境生態」為理所當然的「人類特殊主義」（Human Exeptionism），以致在追求前述四個舊典範的時代，環境和生態便成為無聲的代價和無償的犧牲。

因此，以環境、生態、自然資源及其不可取代價值為取向或基礎的「永續發展」新典範，乃儼然成為半世紀以來全球人類追求的最新目標和願景。

回顧起來，過去四十年來的前面三次全球目標變化，並不全然具有顛覆和革命的性質，與其說是「典範移轉」，不如說是「典範修正」而已。但是第四次出現的永續發展，目標卻是具有十足的新典範架式，因為它直接挑戰了前四個目標的「泛人類萬靈輕視環境生態」和「一代發展分享」核心價值，而揭櫫了「人類與環境共生共榮」和「跨代發展性」這兩個新世界觀。

不過，永續發展的願景（目標），並不應被誤解成「輕福利」和「輕生活品質」或是「反發展」和「反成長」，而是主張「可永續」的「發展」和「成長」，以及可保護環境生態基礎的「福利」和「生活品質」。

永續發展的願景和內涵

永續發展此一願景成為全球正式的「流行」概念，始於一九八七年聯合國四十二屆大會，世界環境的發展委員會（WCED）所公佈的「Our Common Future」報告書，其定義是「能夠滿足當代的需要，且不致危害到未來世代滿足其需要的發展過程」。此一原始構思轉換成淺顯的話就是「任何發展唯有關照到環境生態和資源的考量，才能固本和持續，也才能照顧到未來世代的福利和生活品質。」如果能做到這，就算是永續發展。

進言之。永續發展此一新典範的建構，有以下三項不可取代的關鍵性典範轉移內涵：

一、永續發展的先決條件是必須觀照到環境、生態、資源等維生因素，因此任何發展計畫、作為和政策，都該嚴肅而認真地考量到特定環境／生態體系的「承載能力」以及它的「極限」，淺言之即是要自忖生態負荷量和能承擔的環境壓力。所必須進行的典範移轉，即是從「無極限的成長」價值觀和心態移轉到對「成長的極限」之深切體認。

二、永續發展的目標是必須要照顧到下一代的福祉和生活品質，絕不能為了滿足這一代的發展需求而犧牲了下一代，因此任何發展行為和相關政策都該考慮到是否只有這一代成長的短視和自私，而無「跨代共享發展」的道義和責任，所必須要有的典範移轉即是從「一代的自私」到「跨代的正義」。

三、永續發展的過程既然涉及一段從舊典範引領到新典範的典範革命，那麼就不能只寄望於片面或單純的科技解決途徑，而該是訴諸全面的整體的制度「全改造」，如特定開發計畫或單一經建政策的取捨，長期產業政策的優先順序，城鄉和區域綜合發展策略的制定，河川、山林、海岸保護政策的堅持，或是國民生活方式的改變，環境意識的提升，以及民間社會環保運動的勃興和持續等，均屬於這裡所指的「整體改造」。所必須目睹的典範移轉，即是上述所論及的從「個別科技解決論」到「全面制度改造解決論」。

台灣發展經驗與典範移轉的對照

台灣半世紀來的國家發展歷程和相關發展策略思考的變化，相當程度也反映了上述全球發展目標的蛻變和更替。

一九五〇年代的戰後台灣沒有「長治」打算，只有「偏安」心態，只為「反攻大陸」。一九六〇年代的進口替代工業發展政策，以農業培養工業，再以工業壓擠農業；推動具現代化目標的工業，無疑即是台灣成長典範的濫觴。到了一九七〇年代，成長掛帥的台灣仍持續其「經濟優先、不顧環境」的意識型態。一九八〇年代，台灣被譽為「東亞四小龍」和「亞洲新興工業國」，但是它所創造出來的「經濟奇蹟」，也開始暴露了環境後遺症和生態傷痕，以及所得不均和社會不公平。

在一九八〇年代裡，台灣開始了長達十年的「社會運動年代」，進行反支配、爭自主、求公平、民間社會力訴求，其中反公害自力救濟、生態保育和反核四之三流合一的環境運動，也是極為重要社會力。政府於一九八〇年代到一九九〇年代的種種回應中，以「人本為核心」的福利和生活品質政策考量還是遠多於環境和生態政策改革。

直到一九九〇年代後期，台灣的整體政策改革思維，才逐漸依序引進環境保護、生態保育、全球變遷、二十一世紀議程和永續發展等概念。二〇〇〇年以來，永續發展的理念更開始有了進一步落實的契機，也才開啟了戰後台灣步入永續發展新典範的首部曲。從以上的台灣經驗來看，在過去五十年內，我們所追求的國家社會總目標中，「成長」是極端優先和具有高度支配力的指標，次為「發展轉型」、「福利」和「生活品質」，嚴格的永續發展理念，迄今只能說是仍在呼籲、倡導和政策宣示階段，尚未跨越典範移轉的混亂期。

但值得大書特書的則是台灣典範移轉的經驗與全球目標的演進之間，呈現了同步且不落人後之態勢，也可謂是「吾道不孤」。

建構台灣的海島認知和認同

台灣既是全球經濟發展典範的一個成功的後進，如今在新舊世紀之交，又有心要跨入永續發展新典範的門檻，走永續發展，除了可以從全球視野去理解和肯定這種「吾道不孤」的知性之外，更應該從台灣本身的海島生態特性去思考和確認這種「走永續發展，為迫切所需」的理性和邏輯。

一言以蔽之，台灣因自然條件而來的「海島性格」，就是它必須儘快走上永續發展這條不歸路的理由，也是它比其他「大陸性格」國家，更迫切需要成功移轉到永續發展新典範的道理。

活在台灣這塊土地上的二千二百萬人民，平時不太記得自己賴以安身立命的社會是處在地震帶、有活斷層，也常遭颱風等天然災害侵襲的大海島，這個非常特殊的生態基礎和維生系統，卻往往被高度都市化、工業化以及富裕等社會經濟表象所遮蓋，許許多多有關台灣生態環境的海島性格因此就被遺忘了。

在諸多海島性格當中，它的生態脆弱性是最突出的，但是它也是最容易在平時最被漠視。所謂海島的脆弱性，指的就是它在自然環境生態條件上既開放又孤立、善變不穩定，以及對各種天災的高度被侵性和低度防堵性，這些特殊性的綜合結果就是它的生態脆弱性，而伴隨這種生態脆弱性的，是海島經濟的脆弱性。

海島經濟往往經不起來自經濟外部的太大打擊，因為它高度依賴開放的對外貿易，更嚴重依靠進口能源，也缺少足以做為外來經濟衝擊緩衝的腹地。

任何海島都難逃上述這兩種脆弱性格，但可能有高有低，如果一個海島的生態脆弱程度和經濟脆弱程度都偏高，那麼這個海島社會體系就注定時時都可能有危機的侵襲，而且一旦遭到災難和危機之後的恢復和重建能力，也往往很成問題。

台灣是海島，是一個大海島，它命定的生態脆弱性，因為過去數十年的不當開發和天然資源被濫用破壞，而愈來愈嚴重。至於它命定的經濟脆弱性則因為科技、工業的提升轉型和外貿的多元化，而愈趨緩和，甚至有日益強韌的發展。不過，日益惡化的生態脆弱性，若不及時想辦法紓解、挽救和改變，遲早會有朝一日拖垮好不容易才日漸成熟的經濟強韌性。

為了不讓原本就有些脆弱的海島經濟由強轉虛，也為了不使海島社會看似強韌的經濟與民心不堪一再被打擊，我們必須記取過去幾年來諸多天然災難的血淚教訓，立即採取永續發展策略來重建海島，台灣萬萬不可再任由海島生態脆弱性繼續惡化。

總之，「永續發展」概念對海島台灣的國家發展的確有它特殊的啟示，以及不容再因循苟且的迫切性。

跨出共築海島台灣國家永續發展願景的第一步

台灣走上永續發展之路，既是跟上全球化之風潮，又有落實在地化的迫切性。所以說它是不歸路，並不為過。

台灣走這條永續發展的不歸路，以政府的相關政策宣示為指標，說來只有短短不到五年歲月，最早是二〇〇〇年五月發佈的「二十一世紀議程：中華民國永續發展策略綱領」，全綱領分二十二章，內容涵蓋層廣泛，無所不包，事實上已超出「永續發展」的範疇，許多政策改革建議之可行性也頗成問題。

其次是二〇〇四年五月修訂完成，訂於十一月公布的「台灣二十一世紀議程：國家永續發展願景與策略綱領」，此為大幅修訂前述舊綱領的新內容，不但凸顯永續海島台灣的總目標，也具體擬訂「永續環境」、「永續經濟」和「永續社會」三大願景範疇和明確之相關策略綱領。此一新綱領意圖成為今後指引台灣走上永續發展之路的藍圖。

第三是二〇〇三年底到二〇〇四年中所執行的「地方鄉市永續發展策略」規劃，目前已完成了十縣市的初步規劃。說它是半世紀以來的創舉，似乎也不為過，它為上述國家層級的永續發展政策邁向地方化，又多走出了第一步。

上述跨出的這兩步，一是全國性海島永續發展藍圖的擬訂，二是鄉市級地方永續發展計畫的嘗試，在長期的典範移轉脈絡下看，是值得被肯定的。如果能將海島藍圖落實為具體政策和策略，再將地方永續發展計畫擴大到所有不同類型縣市地方一一去實踐，應當是有助於在數年內牽引台灣在走這條不歸路時，更能穩健地走出永續發展典範移轉的混亂期。

《回應》

邁向永續台灣的「路」與「橋」

⊙葉俊榮

前言：不歸路與反省心

今天題目是「邁向永續台灣的路與橋」。之所以會寫這個題目，是看完於教授的文章之後，受到感染，因為我本來以為這是一個非常硬梆梆的評論，但是現在如果我還硬梆梆評論的話，那就沒有辦法引起共鳴。

我想，如果有五個人被於教授的文章感動，裡面一定包括我在內。於老師在台灣的環境學界，甚至於環境的公共政策領域，參與相當久、相當深，其實我參與的很多部分都和他重疊，所以我做的許多工作，他都看得很清楚，我也有很多機會，和於老師一起推動事情。在過程之中，至少能夠體會他的一些想法，而他的狂喜或憂慮，大概多少我都能夠體會。所以，將會利用這個評論進行對話。

提到「路與橋」，為什麼說「路」呢？因為蕭教授的題目是「永續發展的不歸路」。從這個題目可以清楚得知，他認為永續發展就是台灣要往前推進，文中呈現著信心與期待，但是於老師則充滿反省，因此我才提出「不歸路與反省心」。

永續台灣的路徑與心情

過去，在永續發展的這條路上，我曾經參與兩次國際會議；一九九二年的巴西大會，我是以學者身份和NGO一起前往，二〇〇二年的約翰尼斯堡大會，卻變成官方的團長。二次參與的心境截然不同，唯一相同的是：台灣是用一個與其他國家完全不一樣的角度，出席這些國際盛會。對於這個狀況，我有非常多的反省，也有蠻多的懊惱，因為我們無法與其他的國家一樣參與永續發展的議題研討，儘管我們十分熱情，但也常是滿腹挫折。

我認為，永續發展是一個無所不在的話題。事實上，今天有好多問題都要用「永續」來承載，這代表著永續發展的觀念，自從一九九九年由國外引進之後，迄今好像真的發揮了作用；但從另外一個角度也可以看到，很多人急切地期待政府，或以此評判政府的所有作為，譬如說：「這個政策不永續！」「那樣一個工程不永續！」若跳到另外一個層次，則是說：「為什麼不永續的政策還是存在？」「永續發展委會到底在做什麼？」這樣的思考邏輯，時常造成永續會委員不可承受之重，於教授在文章中，也約略提到了這些詰難。

「永續發展」推動到現在，我們可曾想過究竟要它做什麼？是要用它作為終極標準，判斷事情的對與錯？還是另有其他意涵？我們對於永續發展的期待，其方向、做法是否正確？就我個人感覺，永續發展能夠得到社會的共鳴，包括政治界、企業界人物均競相主張永續的觀念，其實十分令人高興，只不過我們把「永續」當成「永遠繼續（continuation）」並不妥當，它的原意應為「足以撐持（sustain）」，意指可以撐持起來、繼續撐持下去，但不必然一定要延續。「永續」的背後，包括觀念與做法，都有改變的必要，如此才能達到「sustain」的要求。換句話說，我們用一個觀念去評判每項政策時，自然會發生認同上的落差。

「永續發展」所承受的四大落差

雖然我們時常快速地論斷哪些東西永續或不永續，但是社會在很多基礎對話上，還有許多地方並未釐清永續發展的真正意涵，以致於造成了許多負擔，結果全部丟去永續會。今年，民間團體嗆聲要和永續會對話，部分朋友喊出：「永續會根本沒有做事，否則為何還建蘇花高？為何無法保護八色鳥？乾脆裁撤算了！」此一指責讓許多委員心情沉重，也有些委員私下和我說：「我必須表態，因為人家說我當了永續會委員，卻沒辦法擋住蘇花高，沒辦法處裡好八色鳥的問題；如果我還不說話，我會對不起這些民間團體，所以我要在會場上公開宣布退出永續會。」而我與林盛豐政務委員當時心中最大的感受是：「為什麼在這個會場，大家都是同路人，共同在推動永續發展，但耳邊的聲音不是『永續會加油！』『永續會硬起來！』卻是『永續會一點都沒有用！』為什麼要把它打死？」其實，在現實的環境下，永續會真的有許多地方是需要大家共同努力去經營的。

一、環境生態與經濟發展的對話落差

一般認為，環境生態與經濟發展存在著落差。我們的產業結構、經濟部門是否已經準

備好迎接一個必須管制碳排放及用水量的時代？台灣的用水量不斷成長，需求不斷增加，但產業結構、農業結構，以及整個民生用水，是否已經準備好迎接一個國民所得仍能提高，但耗用天然資源的總量必須下降的時代？

二、自然生態與制度政策的連結落差

眾所周知，到現在為止，若要推動「永續」，地方的治理能力非常重要。如果我們的公民社會還不能健全地討論問題，如果我們的糾紛解決機制還不受大家信任，如果我們的資訊公開與民眾參與程序還不夠健全，卻只強調工程該不該興建，把造成過去制度面的許多問題，全部丟到永續這個議題上，要它概括承擔，那就會形成自然生態與制度政策的連結落差。

三、市民社會與政府治理能力的期待落差

很多事情不是只有政府的問題，而是市民社會未能同步發展的問題。為什麼政府要那樣去反應選舉？為什麼會有一個我們認為不永續的政策？民間的期待與政府的政策方向，其實是一種互動關係，假使它造成了惡性循環，我們必須有智慧地把它打破。

四、內在主體需求與全球發展脈絡的溝通落差

最後一個落差表現在台灣的需求與全球觀點之間，亦即有些永續發展的需求，應從台灣的角度來看，有些則要配合國際。試想，美國為何迄今仍不簽署京都議定書、巴塞爾公約、生物多樣性公約？恐怕並非「美國不永續」，而是另有美國利益的考量。事實上，我們也面臨了全球需求與台灣需求的落差，因此當「永續發展」觀念引進之後，立刻被賦予非常多的任務，真是一則以喜，一則以憂。永續發展應該是一個過程，應帶動我們逐漸走上好的發展方向，而不停在某個時點，就宣稱台灣進入永續發展的境界；即令我們做得不錯，未來還是要繼續努力，所以，永續發展不會走到終點，它是一個不斷努力的過程，不斷從各種面向來強化我們的環境治理能力。倘若真是這樣，我們都是生活在動態過程中，就要有能力去處理永續發展的議題。這是市民社會與政府部門應該共同努力的事情。

結論：永續公民社會

最後，我希望與各位分享的，其實是永續會的作為。曾經二次應邀到馬來西亞及泰

國，談台灣的永續會如何運作。坦白說，在那次的經驗上，我看到了充滿羨慕的眼神，像是在說：「為什麼你們永續會能做到這樣？」譬如三分之一政府官員、三分之一學者專家、三分之一民間團體代表的「三三三比例制」順利運作，又如官方永續發展指標的順利發佈，這些都讓馬來西亞與泰國相當吃驚。我要進一步向各位報告，永續指標發布之後，經建會、研考會已經開始拿它作為評判施政的基準，而且包括環保署、農委會等，也將永續指標作為中程施政計畫的績效指標，這是台灣非常進步的成績。也許這套指標不是非常完美，但卻是非常進步的做法。此外，永續會訂定了幾百項計畫，全面性地推動，也許有些無法馬上看到結果，然而公務員不斷討論、接觸，直到現在為止，沒有一個部會官員不知道永續發展的重要。因此若以「操兵」的角度來看，儘管結果尚未達成，但是這個機制一展開來，再加上與民間的互動，我們不難發現，永續發展的理念其實已經在許多地方生根。雖然現狀沒有多麼好，但是也沒有那麼不好，關鍵在於我們如何繼續往前走。我們期待一個永續公民社會的出現，讓我們不僅把永續當成議題、方向，也要將永續當成力量，以及修養。

《回應》

知識份子還須努力

⊙朱雲鵬

於教授說：「以國家尺度言，如老美為其自己近期利益而遲遲不肯簽署國際協議，同理，或如小至個人的諸多見利忘義行徑，其實一樣都肇因於習慣也拿慣了分工的好處，自就把合作的意義、需求以及條件全給忘乾淨了。」蕭教授的題綱裡說：「認清台灣海島生態本質不容再因循苟且。」後一段的「因循」不就是前一段的「習慣也拿慣了分工的好處」？「苟且」不就是「全給忘乾淨了」？

但對任何一個國家而言，從理念要到政策，通常都有一段很長的路要走。這裡面有三個要素：

一、政治支持的考慮

環境保護的說法在台灣當然已經有市場，問題是，如果政治人物口頭上說「環境保護」，但基於種種原因沒有做，或做得不夠，會不會付出政治代價？如果不會，或者表示民意容易操作（好騙），或者表示多數人的理念還不夠強烈（騙了也無所謂）。不論為何，知識份子還須努力。

二、執行方法或執行力的問題

有時政治人物確是想做事，但又不知到如何進行才能有效；是否能在有限的資源下，發揮最大的效益，也就是執行方法或執行力的問題。原理不難，亦即選擇效用相較成本而言，最大的項目先做。由於環境保護的效用，在多數狀況下，來自災害的防止或污染的整治，所以就是由最容易造成最大災害，以及最讓人民覺得痛苦的環境問題先做。至此，則就需要「數字管理」了（參考黃仁宇的《萬曆十五年》）。在這方面，指標系統的提出與使用，與主計處鍥而不捨的、在編制綠色國民所得方面的努力，值得欣慰。不過還不夠，知識份子還須努力。

三、光靠政府政府不夠

愈來愈多的社會面向，光靠政府並不足夠。例如宗教團體所提供的社會救濟，有時就比政府更能匯集資源，有時使用起來更有效率。在這方面，我們的環境生態保護團體過去做了不少，但這幾年好像有一些「消沈」了。知識份子還須努力。

倘若這三方面都突破了，大家會比現在樂觀，台灣環境會更好，災害會變少。果能如此，下一次兩位教授再來寫文章時，就比較不會感嘆「因循」和「苟且」了。

《回應》
永續發展的幽靈在台灣遊蕩

⊙夏鑄九

一個幽靈，永續發展（sustainable development）的幽靈，在台灣遊蕩。

原來應允參與時報文教基金會的國土規劃研討會，是以為可以討論一點國土規劃的實事。誠如於幼華所言，台灣近年來的災難不斷，規模與頻率升級，真是天地不仁。按照原先會議的規劃，主辦單位有意邀請實際政策的擬定者與執行的推動者與會發表論文，而不是中研院的研究者。（註一）我原以為，這是一次機會，將剛送立法院的國土計畫法與永續發展的議題結合起來，就政策的形成與執行過程（policy formulation and implementation process），提供討論的公共空間，這不也正符合研討會子題強調的民眾參與的精神嗎？

結果，收到主辦單位寄來的，最後確定的議程與論文，坦白說，十分失望。永續發展，或者說，可持續發展，道理重要又淺顯，可以說是上一世紀的九〇年初形成的，當前二十一世紀最重要的普同價值。它是世界規劃師們的「聖杯」。[1]永續發展的真正挑戰，不在於提出價值觀，勾劃願景，而在於實際相關政策的形構，以及，更重要的，執行；也就是說，如何以具體的法令、以預算、以各級政府的行動，付諸實踐。

在近十年，我曾在不同場合與不同的論文明言：[2][3]假如會議還是只能侷限於大學校園的會議廳內舉行，那麼，永遠沒有辦法碰觸到永續發展最重要的，現實問題的關鍵。這是聯合國最關心的現實課題，不是理念研討。今天，民進黨政府已經執政五年，不少過去的朋友都已經位居要職久矣，假如連會議論文都無能提出，又哪有機會真正檢討今天台灣國土規劃的真實問題？書空咄咄，徒託空言，難道是尸位素餐嗎？「永續台灣」，難道還只是競選政見嗎？

面對二十一世紀的都市化問題，所謂發展中國家的「沒有城市的都市化（urbanization without cities）」趨勢，都會區域（metropolitan regions）世界性地在全球網絡中浮現，以創新競爭全球節點（nodes）間的跨界聯繫，各都會區域卻普遍面臨嚴重的生態危機與社會片斷化的危機，這些，在在需要國家在制度上的改革以為因應。其實，在橫渡全球化的惡水時，大部分的國家多以其自身的轉化，如都會治理（metropolitan governance）4、區域治理，制度彈性化，因應挑戰，而非麻木不仁，或是閉門造車，訴諸國族認同的建構，自我解構。

上述諸問題，台灣一個不缺。但是除了少數有心的技術官僚型人員外，我們的政治人物，尤其是實際掌握政治權力的政治人物，卻似乎渾然不覺，而其支持者，風動草掩，亦多以一九五〇年代的、過了時的價值觀，面對巨變的新世界，難道真是以萬物為芻狗？

台灣，過去做為一個發展性國家（developmental state），曾經付出沉重的生態環境的與社會結構上的代價，追求經濟的發展，然而確實，台灣也在世界經濟的分工中取得了剩餘，企業與技術人員已有一點點條件在技術的階梯上跳躍，一個有活力的市民社會也正在浮現。這也就是說，台灣社會已經是個網絡社會，台灣的都會區域其實有條件，也必須成為全球都會網絡中開放的、有活力的節點；另一方面，政府也有條件以進步的政策，追求永續性（sustainability）。照顧社會弱勢與邊遠地方，增加教科文預算，推動台灣的產業轉型、技術升級，讓台灣亞熱帶的生態恢復生機，使我們的社會得以吸納被排除者，保持其文化上的豐盛性，這樣，台灣的城市就有機會成為可居的城市（livable cities）。對許多發展中國家，因為結構性的社經條件限制，這些是不可得的幻影。但是，對亞洲新興工業體言，卻歷史地累積了一定的能量。

可是在最後，與談人必須嚴正指出，相較東亞其他地方，在二十一世紀快速的全球流動中，我們已經虛擲了時光，自我邊緣化的陰影已經降臨。一個沒有反身能力（reflexivity）的社會，是沒有能力與資格，建構所謂的主體性（subjectivity）的。面對實踐，問題總是在我們自身。這不需要沉重的歷史枷鎖，相反地，我們需要的是歷史的智慧。5

【註一】：我認識蕭新煌已經超過三十年，在這個場合完全沒有辯論的意義。

參考文獻

1 Hall, Peter. 2000. Cities of Tomorrow (Updated Edition). Oxford: Blackwell, p.412.

2 Hsia, Chu-joe. 2000. "Social Integration in a Sustainable City? The Housing Questions of 'Urban Indigenous People' in Taipei", Sustainable Cities Task Force, 2000 General Meeting. Bangkok, Thailand, Oct. p.17-18.

3 Hsia, Chu-joe. 2001. "Social Inclusion/ Exclusion in a Sustainable City: Housing Problem of 'Urban Indigenous People' in Taipei Cit", in Genevieve Dubois-Taine and Christian Henriot eds. Cities of the Pacific Rim: Diversity and Sustainability. Lyon: PUCA, p.145-153.

4 夏鑄九（2004.01），「全球化下的北台都會治理」，《北台區域縣市發展願景展主題演講論文》，台北市政府都市發展局。

5 夏鑄九（將刊登），「窺見魔鬼的容顏——全球化下都市研究的轉向，北台都會區域與台北市的挑戰」，《台灣社會研究》。

葉俊榮　發言：

蕭新煌教授及朱雲鵬教授在現場與談時提到「綠色國民所得」，這是過去台灣學界或政府部門都非常努力推動的工作，我們走得不算最快，但是以全球的角度來看，至少也走出來了。綠色國民所得背後的意義，確實如朱教授所言，是非常重大的。以往我們追求傳統的國民所得，對於工程較為放鬆，結果常是一個颱風過後，便又要重修復建，而這在當初編列預算時，早已算入生產力成本。但若換個角度切入，譬如那些表面上不具生產用途、經常遭到忽略的溼地，它本身其實是可以創造效益的，只是過去我們認為非得在土地上面蓋些東西，才有所謂的生產力，由此可以看出綠色國民所得背後重要的意義。然而，應該如何努力才能把它做好？我想這部分政府責無旁貸。儘管全球在推動這項工作時，也面臨一些技術問題，但是如果能夠重視綠色國民所得的概念，並且把它當成相當程度的政策比重，相信會有很大的突破。

其次，關於蕭教授提到「海島」部分，我可以做些補充。海島各有其獨特的地理、地質條件，譬如它是一個相對隔絕的生態，可能很容易受到天然災害影響，加上資源不足，必須以貿易作為營生的導向。值得注意的是，在全球海島中，六十五％曾經被殖民過，這代表殖民者進入之後，不免以己方的需求去改變它；殖民者如果不顧海島天然原始的脈絡、韻律，一味種植金錢性的作物（cash crop），恐怕會造成長期破壞的問題。猶有甚者，許多海島經歷了三、四次以上的殖民，不同的政治邏輯就會改變它的地貌、改變它的特性，這是海島的宿命，也是海島的危機。

所以回頭來看，我們有必要認真看待「台灣是個海島」的事實，不只必須重視海岸，也必須重視地理、地質條件。其實我們都是殖民者，都在改變海島原本的脈絡與韻律，但是現在我們應該注意平衡的問題，以反省的態度檢討一切作為，因為這確實是一條不歸路。夏教授的評論文裡，有一句話：「一個沒有反身能力的社會，是沒有能力與資格，建構所謂的主體性的。」這句話非常沉重，而我認為它的主要意義，並非「如何能在不斷反省的過程中，尋找自己的主體性？」卻是「我們本來就該不斷地反省，本來就該追求主體性。如果台灣的條件本是這樣，我們就不能過度地誇張它、膨脹它，或在發展策略上，過度地使用它，導致它乘載過多。」換個例子來說，在全球的角色上，倘若台灣原本能耐有限，那麼我們就應從人、社會、環境、本土等條件，務實的定位台灣。但坦白說，這需要時間、需要過程，而且需要耐心、勇氣及智慧。台灣現在正處於此一環境，只要方向正確，那麼就剩下時間問題，否則再長的時間也不可能解決。

夏鑄九　回應：

雖然今天並非學術會議，但是以我的角色，仍然應該提出不同的意見，所以容我提幾個學術性的問題。首先請問蕭教授「本土」的定義為何?因為我和他認識已久，所以我猜想他的概念不會是與許多馬克思主義有關的「landed」，而應該是「local」。不過，即使是local，我還想請教的是，泉、漳、客、閩以及外省人，是不是族群?若以社會學嚴格學術定義的「族群」而言，似乎不是，然以我對台灣史的了解，這個就是local。local是有力量的，也應該在地化，我為此也已經努力了幾十年，但是這裡有一個分寸，關係著反身性，亦即local不能本質化，否則非常麻煩。試想，倘若泉、漳、客、閩、外省等通通本質化了，那會是什麼？

我覺得今天台灣的問題，便是local identity正在轉化成national identity，於是當然會有政治權力的分裂，變成藍綠對抗，造成台灣社會的結構性分裂。這真令人痛心！畢竟台灣好不容易剛剛浮現一個市民社會，這不僅在第三世界國家尚未發生，且在亞洲四小龍中，我們的表現也最出色，可是社會的分裂，卻讓台灣無法持續相關的發展。而這與今天研討會的主題有何干係呢？坦言之，任何一項決策的產生及執行，都需要一個凝聚共識的政治基礎，不然絕對無法推動。因此，在分裂的狀況下，似乎很難討論永續發展的課題，那麼我們怎麼橫渡全世界的惡水？我個人非常悲觀。

其次，早上有些泰雅族的朋友在會場外抗議，但為什麼是泰雅族呢？因為我們今天討論的議題，他們是最大受害者，可是偏偏又被漢人誤解成破壞國土的兇手，真是冤枉。在全球的趨勢中，台灣整個社會無例外的被片段化，彼此之間也被隔離起來，原住民與我們雖有空間的鄰近性，但基礎建設卻非常差，尤其這幾年，由於缺乏通盤性的計畫，情形更為嚴峻。據我所知，經建會現正草擬「國土復育條例」，並且聽說已經編列二百億元進行收購，這個方向我很同意，然而關鍵在於如何落實？台灣的地方建設與政治選舉糾結的關係，人盡皆知，甚至保留地從原住民流失到漢人手上，也和選舉有關，所以簡單的說，「國土復育條例」必須和社會、政治等制度性的改革結合起來，提升至「國土規劃」層次。我希望我們能夠影響立法委員，讓行政院版本加進國土規劃最需要的「區域政府」級署，化解「一個中央政府面對一群如豺狼虎豹般的地方政府」、難以有效治理的問題；同時，國土復育條例也要和國土計畫法、原住民自治法、土地法一併思考，但若先前沒有一定的政治條件，這仍是不可能達成的。

於幼華　回應：

借蕭教授的話來說，海島是一個非常脆弱的生態體系，這是客觀的事實。至於外來族群就是外來生物種，譬如剛才講的泉、漳、客、閩，都是當年入侵的外來種。所以，這個課題可以從包含了人類的生物領域擴大層面來看。我認為，今天要訓練一個成人，應該訓練他能獨立而又能善群，「善群」將是我們永續發展唯一可以寄託的力量；獨立的個人或獨立的國家並沒有多了不起，它除了考慮自己獨立的現狀，也要與周圍的國家發展群體的計畫，如此才能做好治理。我們可以從這個角度去看很多事情。

蕭新煌　回應：

夏教授問到「在地」的意涵，其實在地可大可小，可以是村莊、泰雅族，也可以大是縣市、區域，甚至是台灣、亞洲，但它不是「native」，也不等於族群的觀念。我想，永續發展當然要在地化，它包含的範疇從土地、生態到環境等，都可以納入討論，所以是local lands，至於國土則是national lands，一切皆須建立在我們對這塊土地的認同上。此外，我們也要真正尊重最早來的原住民，他們的生態經驗、環境經驗值得重視。事實上，台灣的東部其實也有許多事物值得西部學習，譬如他們看待河川、土地、村落的觀點，都是西部所欠缺的，因此若談及local，台灣的local經驗在東部，那裡有許多智慧的火花，等待探詢。

葉俊榮　回應：

今天討論的議題，充分顯現「永續發展」的涵蓋面非常廣泛，它不是學術或環境的單純議題，且須關注社會、經濟的條件，進一步從現實政治互動的程序來考慮，甚至它還牽涉到夏教授所說的「全球化的惡水」——姑且不論全球化是好是壞，我們終究無法避免此一趨勢，而全球化確實也對相當多國家造成反省。值此之際，國家的治理能力正遭受大挑戰，所以永續發展的課題，真是既沉重又神聖。我認為蕭教授所提的「不歸路」，確實是台灣的寫照，也由於我們已經走在這條路上，所以重點應在思考這個方向是否正確？我們有沒有能力隨時溝通、調整？此亦是討論國土規劃一定會談到社會、談到族群的主要原因。

於幼華　回應：

這次會議的主題是「國土規劃」，副標為「政策環評與民眾參與」。陳水扁總統期待未來台灣成為綠色矽島，如果缺少政策環評，沒有以永續發展的角度檢討國家政策，那麼這樣的願景恐怕難以實現。關於政策環評部分，議題三「草根行動－國土規劃與民眾參與」將請到現在主持環評法的張祖恩署長前來發表報告，我也會擔任與談，希望屆時能夠釐清台灣進行政策環評的程度？目前有何缺陷？如何補救？

蕭新煌　回應：

在我看來，政策環評並不是制定一套法令即可運作，它是一個概念、一種視野，所有重大政策與建設都必須內含永續發展的觀點，而這也代表它必須經過一個「考慮生態及環境」的程序。譬如高鐵或蘇花高的興建，皆須經過永續發展的考驗，此時就需要政策環評。所以所謂「政策環評」，並不是要推一個法，而是要推一個新的視野。

林盛豐　發言：

關於政策環評，最近有個例子是水利署提出台灣水資源的宏觀看法。最近幾年，我們水資源的問題變得很緊迫，水利署以「供應」的觀點提出建議，經游錫（方方土）院長裁示，希望能將這個提案送到永續會做政策環評，並進行參與式、審議式的公聽會，讓這件案子除由永續會內部討論外，也要讓社會普遍的交換意見，這就是永續會要進行的第一次國家重大政策之政策環評。

此外，夏教授提到理念能否落實於政策的問題。我想，我作為政務委員的角色，以及葉主委的政治任命，可以看成游內閣對永續發展的堅持，而我們二人的工作就是要把理念轉成法律、轉成政府的組織再造、轉成政策，例如國土法，便是傾向保育以及永續發展的。至於區域政府能否落實永續發展政策方面，我們在法律上、機制上有所明定，但是強度可能無法符合夏老師的期望。此外有關原住民的部分，目前只有法律面的概念，將來會以特定區域計畫進行整合，假如計畫能夠完善，原住民的問題應該可以解決。

議題二

國土規劃體系檢討（上）

● 與災難共舞——談氣候變遷與國土規劃
● 新國土計畫體制下城鄉危機與城鄉整合
● 剖析國土計畫管理機制的瓶頸與願景
● 國土法處理規劃開發管理三層問題
● 新的國土計畫法需要新的規劃思維
● 回歸地利共享管制爲輔的國土規劃思維

主持人　楊重信（中央研究院經濟研究所研究員）

發表人　柳中明（台灣大學大氣系教授）
李永展（文化大學建築暨都市計畫研究所教授）
丘昌泰（中央大學客家政經研究所所長）

回應人　林盛豐（行政院政務委員）
黃書禮（台北大學都市計畫研究所教授）
華昌宜（台灣大學城鄉所教授）

發表人

柳中明

美國猶他大學博士。現任台灣大學大氣科學系教授、台灣大學全球變遷研究中心主任。曾任台灣大學全球變遷研究中心主任。專業領域為全球變遷、空氣污染。代表著作有《尼諾與妮娜：聖嬰與反聖嬰的警訊》（柳中明、劉彥蘭）。

發表人

李永展

美國密西根大學環境規劃博士。現任中國文化大學建築及都市計畫研究所教授、國立花蓮師範學院多元文化教育研究所兼任教授、行政院國家永續發展委員會委員。專業領域為永續發展、城鄉計畫、環境規劃與設計、環境心理學、社區營造。代表著作有《環境態度與環保行為——理論與實證》、《三生有幸——生態、生活、生產》、《淡水河破碎地圖》等。

發表人

丘昌泰

美國匹茲堡大學政策分析與研究博士、台灣大學政治學博士。現任中央大學客家政治經濟研究所所長。曾任台北大學民意與選舉研究中心主任、台北大學公共行政暨政策學系教授。專業領域為公共政策、公共行政與管理、環保政策、災難管理。代表著作有《政策執行與評估》、《公共管理：理論與實務手冊》、《公共管理：基礎篇》等。

回應人

林盛豐

國立政治大學新聞學碩士、美國加州柏克萊大學建築博士。現任行政院政務委員、淡江大學建築系系主任、研究所所長、宜蘭縣政府縣政顧問、公共電視「城市的身世」及「城市的遠見」節目製作及主持人、行政院九二一震災災後重建推動委員會副執行長。

回應人

黃書禮

美國賓夕法尼亞大學都市及區域規劃博士。現任台北大學都市計畫研究所教授。曾任國立台北大學都市計劃研究所教授、國立中興大學法商學院都市計劃研究所教授。專業領域為都市計劃、環境資源及保育、都市生態。代表著作有《生態土地使用規劃》、《都市生態經濟與能量》。

回應人

華昌宜

美國哈佛大學文理學院都市及區域計劃哲學博士。現任財團法人台灣不動產資訊中心資深研究員、國立台灣大學城鄉所兼任教授。曾任行政院經濟建設委員會諮詢委員、總統府國土保育與開發諮詢委員會委員。專業領域為區域、都市、土地及不動產經濟、住宅人口、都市計劃理論、政策分析。

重建機制　期待永續台灣

◎楊重信

台灣近年來自然災害頻仍，尤其是在九二一地震後，土石鬆動，每逢氣候異常，即帶來很大的災害，此乃令人懷疑在九二一地震所造成地層不穩現象消失前，台灣之自然災害會不會是個常態？如果是的話，觀念勢必定要改變。爰此，謹在此做幾點建議：

一、國土規劃理念之調整：建議將過去根深蒂固之理念調整為策略性、政策性以及漸進式之理念，以供給導向之環境規劃方法取代過去需求導向之規劃方法。

二、政府規劃與開發角色之調整：建議除資源保育、國土保安及重大基礎建設與空間發展規劃由政府主導外，其餘由民間部門透過競爭機制扮演重要角色。

三、調整中央各部會以及中央與地方之規劃與開發權力結構：（一）中央政府負責全國性及區域性之國土規劃、重大公共建設、資源保育等業務；（二）地方政府主管所屬之縣市內之土地開發與管理；（三）中央成立主管國土業務之專責部會。

四、建立國土資源之重配置與調整機制：（一）依國土計畫法草案之精神劃分為（1）城鄉發展區（2）農業發展區，以及（3）國土保育（含保安）區。（二）建立國土資源重配置之誘因機制：一旦重配置後，部分農地轉將為城鄉發展用地，部分轉為國土保育用地。轉為城鄉發展用地者因其容許發展強度提高，地主將因而受益，此種土地使用管制鬆綁之地區，除於開發時應盡其開發義務外，其不勞利得應歸公，以補償因土地使用管制增強使其權益受損之地主。

五、建立國土保育區管理制度：（一）於中央設置國土保育專責機關，（二）設置跨域（跨縣市）之國土保育局並設置保育警察隊。

最後，將「六一〇八億軍購案」與國土保育基金之設置作一個連結。「國土保育」與「軍購」之目的都在於國土保安，權衡兩者之重要性，當前「國土保育」之重要性應高過「軍購」；因為，兩岸是否會打一仗尚未定數，勇敢的台灣人並未感受到戰爭之威脅，但自然災害則是立即之威脅，勇敢的台灣人都感同身受。在此要呼籲握有權力的人也認真考慮設置一個「六一〇八國土保育基金」。

《發表》

與災難共舞——談氣候變遷與國土規劃

⊙柳中明

可以被驚嚇，但一定要先準備好。（Be surprised, but be prepared.）

氣候變遷的趨勢與影響

人類為求生存以及求更好的生存環境，不斷向大自然爭取生存空間，帶給環境無限的衝擊與變遷。隨著人口快速增加、科技不斷突飛猛進，人類的影響不斷加速而且擴大影響範圍，假以時日演化成森林縮小、水污染、土壤流失、空氣污染、臭氧層破洞、生物的多樣性減少、沙漠化，甚至導致全球氣候變遷。

一七五〇年工業革命以來，人類大量的製造二氧化碳（CO_2）、氧化亞氮（N_2O）、甲烷（CH_4）、氟氯碳化物（CFCs）等溫室氣體。人類對大自然的影響不再只是侷限於地表，而是擴張至大氣，而且藉由大氣的運動，將影響逐漸佈及全球，大幅提高了全球暖化的可能性。科學家也因此驚覺到氣候不只變幻莫測，更可能因人類的過度發展而發生更劇烈的變化。一九八〇年代以來，全球平均氣溫迅速上升，不尋常的天氣與氣候現象（如聖嬰與反聖嬰現象）頻頻發生頻率，而使得氣候變遷成為世人矚目的議題。聯合國的「氣候變化綱要公約」，就是因此而產生。

全球暖化的後果包括：

一、海平面的上升。由於全球溫度上升，將導致兩極冰層融化，海水量增加，海平面上升，使得沿海地區被海水淹沒。而且，全球有超過一半人口居住在沿海一百公里的範圍以內。所以，海平面的顯著上升對沿岸低窪地區及海島會造成嚴重的經濟損害，例如：加速沿岸沙灘被海水的沖蝕、地下淡水被上升的海水推向更遠的內陸地方。

二、生態系的變遷。由於全球溫度上升，將導致原本生活於較低海拔的生物，遷移往較高海拔的生活環境，使得原先生活於高山的物種因棲地消失而絕滅。此外，也會影響高緯度習於低溫環境的生態生存，海洋內受海溫上升影響的生態系，氣候異常變化下的森林生態系等。

三、全球氣候的異常。全球暖化造海水溫度上升，將導致颱風的強度和頻率增加對人類生活的潛在影響。

四、水資源的變遷。在氣候變化下，各地降水異常，而同時全球人口持續上升，水的需求量並不會減少或受到抑制。因此，水資源的變遷將趨向水資源的調配供給更為艱困。

五、糧食穩定的困擾。一方面是人口成長下的需求成長，另一方面是氣候異常變化下，糧食生產的穩定將受到挑戰，這均將使得全球糧食的穩定供應愈趨困難。

六、公共衛生的挑戰。全球氣溫持續上升，病媒蚊的傳播肆虐，預期如瘧疾、登革熱等，受影響的全球地區將愈趨擴大。再加上極端天氣如熱浪、寒流、暴雨、乾旱等，頻繁出現，這些均將是對全球人類健康維護的極大挑戰。

二〇〇二年於南非召開的地球高峰會議，各國政府領袖在約翰尼斯堡宣言中表示：

「氣候變遷造成的不利影響已經非常明顯。」這項聲明間接地支援科學家們懷疑的全球暖化已經開始影響地球氣候系統。雖然，迄今科學家手邊握有的證據、資料並不是非常多。環保人士多年來持續表達這種看法，而一些政治領袖，如德國統理施若德，現在也同意這項說法。

根據瑞士再保險公司（Swiss Re Portal）的報告（Natural and Man-made Catastrophes 2003），二〇〇三年是歐洲許多國家有紀錄以來最熱的夏天，而在二〇〇二年七、八月期間，歐洲的部分地區尚出現嚴重的暴雨與洪水。該公司認為極端天氣事件的發生頻次持續上升，同時愈來愈多地區的人口密度持續上升，再加上被保險財物的價值提高，和易致災區的增多，乃使得被保險的浩劫損失（Catastrophe loss）也持續上升。二〇〇三年全球約六萬人因自然和人為浩劫而死亡，整體經濟損失約美金七百億，其中自然浩劫造成約美金五百八十億的損失，而約有美金一百八十五億需由保險公司負責賠償。自然浩劫約自一九八七年以來，每年導致了億萬的保險損失（圖一）。而若按分類觀察，其中暴風雨（storm）貢獻四十五%，洪水十%，乾旱與火災十三%等，係以氣象災害損失較大（圖二）。

異常氣象事件的發生與影響

台灣地處颱風、地震、水災等天然災害較為頻繁的地區，加上地質脆弱、地形陡峻，每有颱風豪雨就一雨成災。山崩、土石流、洪水等災害，在夏季心想倘佯山林之際，卻頻繁發生，反使得台灣成為最不適宜暑期山野活動之地。

到底近年來我國降雨異常的情況如何？有學者研究發現，長期降雨量的變化，沒有明確的上升或下降情形；但是，觀察降雨時間的變化，卻是持續地在減少。換言之，總降雨量沒少，但要在更短的時間內降落，顯然是降雨強度愈形增加，莫怪乎山川森林愈來愈無法承受。而若將中央氣象局地面測站的資料作一整理，找出各測站有記錄以來的三次最大降雨日，再以五年為期，計算每五年內出現最大降雨日的次數，則圖三顯示：最近五年內出現次數達十七次為最多，次高峰在一九六五年至一九六九年間共十次，極端降雨案例確實是以近年出現最多。

細數近年來的異常氣象事件，當以颱風期間的極端降雨造成的危害最為嚴重。一九九六年七月三十一日至八月一日賀伯颱風侵襲，帶來強風豪雨，全國各地災情嚴重，航空、鐵路交通全面停飛、停駛，公路坍方、橋樑斷裂，嚴重受損；中、南部沿海地區海水倒灌，台北市、縣地區多處嚴重淹水；南投縣水里鄉、信義鄉、鹿谷鄉山洪爆發；全台電力、電信受損嚴重；累積損失，在當時，可能是自一九五九年八七水災以來最大的天氣災害。阿里山之觀測記錄顯示，七月三十一日及八月一日之日雨量分別為一〇九五及八九二公釐，打破其設站約六十年之紀錄。累積二十四小時降雨量達一七四八．五公釐，超過台灣之最大降雨紀錄，已經快要達到世界之最大降雨紀錄的一八七〇公釐。行政院因此開始規劃大型的「防災國家型科技計畫」，將原本散亂於各部會的防災相關研究，統整到這個計畫項目底下，並促成「國家災害防救科技中心」於二〇〇三年成立。

當年，土石流災情雖已在山區出現，但並未引發社會各界廣泛重視，直至一九九九年九月二十一日集集大地震後，山區地質益形鬆動，爾後每年颱風豪雨都引發規模不等的土石流災情，有鑑於此農委會水土保持局乃積極規劃推動「土石流防災應變系統」，期於有效降低災情。

一九九七年八月十八日溫妮颱風在台灣北方走向西北西於中國浙江省登陸，其並未登陸台灣，但其暴風圈籠罩台灣北部及東北部時，為北部及中部山區帶來豪雨。當時，位於汐止的大型山坡地社區林肯大郡北側的坡地發生地滑，土石衝毀擋土牆，造成二百戶房屋全毀，居民傷亡的慘劇。此事件突顯台灣山坡地被過度開發利用的事實，並促使營建署趕緊宣布：坡度超過五十五%以上者，將不得從事開發。

二〇〇〇年十月三十一日至十一月一日象神颱風沿台灣東岸外海前進，其環流挾帶著豐沛的濕氣，形成連日豪雨。台北縣瑞芳鎮地區累計降雨量約高達一千公釐，單日最大雨量高達三四三公釐。基隆市大淹水、瑞芳發生活埋事件、石門鄉土石流，基隆河暴漲，汐止在一夕之間成了水都，帶給北台灣三十二年來最嚴重之水災。最悲哀的是新加坡航空公司SQ006班機走錯航道發生空難，令人不勝戚戚。此次颱風為典型的秋季西北颱，豪雨加上漲潮，引發了爾後每年秋季汐止就會淹水的災變情景，也讓民眾開始重視颱風天災保險的必要性。

二〇〇一年七月十一日，輕度颱風潭美半徑僅有八十公里，被喻為近二十年來暴風圈範圍最迷你的颱風，由台東大武直襲高雄地區並轉弱為熱帶性低氣壓，但是高層的氣流卻在高屏地區降下的二十年來罕見驚人的雨量，高屏地區汪洋一片，數以萬計車輛泡水，停水停電，災情慘重。此次氣象局預測此熱帶性低氣壓僅會為南部地區帶來二十四小時內降雨超過五十公厘的雨量，然而潭美竟為高雄縣市帶來四、五百公厘的豪雨，落差太大，而出現民眾是否能對氣象局預測失誤提出國家賠償的爭議。

二〇〇一年七月三十日，中度颱風桃芝由花蓮秀姑巒溪向新竹地區前進，凌晨三小時內下了四八九．五公釐的暴雨，造成花蓮縣死傷慘重，台中縣、南投縣及苗栗縣土石流肆虐，高速公路在新竹、頭份、后里等地出現二十三年來第一次淹大水，高屏溪因暴雨沖刷夾帶大量泥沙，所以濁度飆升超過上萬度，重創供水系統，影響大高雄自來水供應。此次各地災情嚴重，中央氣象局原研判桃芝颱風暴風中心可能會在宜蘭和花蓮之間登陸，但是颱風中心卻在花蓮最南端的秀姑巒溪溪口登陸，登陸地點與原先的預報相差了一百公里，其是否造成光復鄉、鳳林鎮疏於防範而發生重大死傷災害？此外，原本預測桃芝登陸後，四到六個小時內就會從西北部出海，但實際狀況卻非如此。其暴風中心從秀姑巒溪口登陸後，因導引氣流轉弱，先是沿著中央山脈搖搖擺擺的北上，然後再轉向北北西穿越中央山脈，在陸地「飄移」超過十個小時，幾乎是一般颱風穿越時間的兩倍；此外，桃芝的颱風眼「眼牆」結構紮實，於三十日上午從新竹出海後，有二、三個小時在台灣海峽呈現近似滯留狀態，使受到陸地破壞的颱風結構得以重新組織發展，整個「眼牆」涵蓋在中部山區，並橫跨台中到苗栗之間，連續六個小時豪大雨不停，並有連續兩個鐘頭出現每小時超過一百公釐以上的暴雨，以致在中部各地引爆大小災情。

二〇〇一年九月十七日重創台灣全島的納莉颱風，於九月六日至十六日間徘徊於台灣東北方約一百公里的海域內，費時十一日才終於決定由東北角進入台灣，再由台南縣出海，然後轉向西直撲香港。雖然納莉僅侵襲台灣一日，但路徑奇特，出乎意料，導致台北地區出現五十年來最嚴重的淹水，特別是捷運台北火車站損失慘重，各地汪洋一片，令人印象深刻。納莉創了多項氣象記錄，如西北太平洋首度從琉球海域自東北向西南貫穿侵襲台灣的颱風、颱風中心在台灣陸地停留近五十小時（一般颱風為四至五小時），以及分別打破台北、新竹、嘉義等地單日降雨紀錄等。台北市單日累積四二五公釐，成為台北氣象站設站一百零五年來的單日最高降雨紀錄；此外，嘉義市七四一公釐、新竹市七四一公釐，在人口密集的城市出現破記錄的降雨，所造成的損失特別驚人。據估計，總財物損失號稱與九二一大地震相近。

二〇〇四年影響台灣的颱風僅五個，包括康森、敏督利、蘭寧、艾利、海馬等，其中僅敏督利颱風登陸，可是今年的災情較之過往毫不失色。先是「七二水災」發生在敏督利颱風出海後，重創中台灣，大台中地區因為鯉魚潭水庫供水閘門鋼纜斷裂，無法正常供水，逾百萬居民無水可用，逾時一週才解決問題。爾後，八月二十五日中度艾利颱風中心由台灣正北方通過，降雨量與強風均相當驚人，彭佳嶼觀測到十七級以上，達到「破表」程度的強風，台北及宜蘭地區，也都分別觀測到十二級的強陣風，而苗栗縣泰安鄉馬達拉出現單日雨量九五一公釐，累積雨量超過一千五百公釐。新竹縣五峰鄉重創，造成土石流滅村慘劇。但是，石門水庫洩洪原水濁度增高達四萬度以上，使得南桃園地區停水十七日，怨聲載道，經濟部緊急設置明管供水，成為桃園一景。

而三重地區因為台北捷運工地發生河水自工地箱涵倒灌，造成嚴重淹水，天災時疏於防範，災情的發生令人遺憾。再者，「九一一水災」發生在氣象局連續發佈六日豪雨特報之後，北台灣各地卻疏於緊急應變，基隆河暴漲，汐止、南港、松山、東湖等地淹水，由於台北市捷運工程連續疏於防範而肇禍，也創了按淹水深度進行賠償的案例。此次，豪大雨雨量驚人，集中在台北市區，尤其南港二日來累積超過八百公釐降雨，不但超過納莉颱風來襲時雨量，也超過二百年降雨頻率，工務單位多表示設計容量僅為三、五年頻率的排水系統，實在無法承受。

對「國土規劃」的建議

有關氣候變遷，異常天氣頻繁出現，氣象災害損失持續增加等觀點，已普遍為國際企業、科學界、環保團體、一般大眾等所接受。政治人物更會在天災發生時引用之，強調天災是不可抗拒，而人禍可能並非是致災之主因。若果異常天氣非頻繁出現，如九二一大地震百年難得出現一次，則民眾應可接受此種天災乃非可抗拒之外力因素的觀點，而設法於災後調適因應之。但如颱風每年均來，而由於氣候異常，使得其每次的路徑、強度、降雨量、持續時間、影響區域等，均無法有效掌握，以期提早因應、降低損失。則頻繁的、異常的、大量的因天災導致的人員與財物損失，將使得民眾異常擔憂，除失去意願維護家園、懷疑政府的因應能力，更可能認為台灣已非適宜居住的寶島！

現階段，行政院國家永續會仍停留在因應國際公約的階段，近年來所推動的地方永續發展策略規劃工作，也多停留在紙上談兵的階段，並未形成全民共識。至於各相關單位的工作，也多以抑制溫室氣體排放、因應氣候變化綱要公約為主，對於全球氣候變遷的影響，及異常氣候的發生等，僅以科學研究視之，並未重視到足以影響到政策制定與工商開發等。近年來，氣溫持續上升，豪大雨發生頻繁，但降雨時間短，降雨強度強，洪水、土石流災害頻仍，可是旱象時間也長，缺水問題每年均發生。最頭痛的是：氣象預報的不準確度高，水資源與防、救災因應體系，並無充份的反應時間，足以適時降低損失。整體觀之，雖然全球氣候變遷的趨勢與影響已漸為大眾所認同，但是異常的氣候變化非能輕易預測掌握，在不確定性高的狀態下，政府部門反而無法適切地規劃出因應策略，形成天災發生前無法預防，救災時手忙腳亂，平時更不知當如何建設，才能降低異常降雨或乾旱或熱浪等頻繁出現後所造成的損失。

近期的災難電影「明日過後」，造成一般民眾對於人為破壞環境的關切。而該劇本的形成，乃源自美國國防部憂心異常氣候變化下，全球因為居住環境的改變、糧產收成的減少等，世界將出現相當程度的動盪，其對美國國防安全的威脅與因應能力的挑戰，將會是如何，所進行的一份研究報告。雖然，類似的情節短期內尚不會出現，但美國由國防安全的角度出發，來探討各種可能威脅國家安全的問題，期以及早規劃因應，這應具有相當的正面示範意義。我國的國防安全雖然主要是在於海峽兩岸間的穩定互動，與工商經濟社會的平穩發展，但是頻繁的、異常的、易致災的氣象災害，在近年來已逐漸形成威脅國家穩定安全的課題之一，適切的規劃因應，在現階段已不容再推諉忽視。

就國土規劃的角度，如果持續忽略全球氣候異常的長期影響，總以得過且過的心態視之，則民眾終會以行動選擇是否長居本地。行政院在今年六月通過國土計畫法草案，將全國國土區分成「國土保育地區」、「農業發展地區」，和「城鄉發展地區」，其中國土保育區將佔全國土地六十三％。預期政府會將容易發生土石流地區畫設為國土保育區，禁止開發；水土保持不良、易釀水患地區可以劃設為特定區域，加強進行整治。如此，全國大半土地未來可能會被限制開發，雖然會嚴重影響民眾權益，但必將是我國長治久安的根本大計，期望政府在「無悔策略」的思考下，公權力能強勢主導推動。

氣候變遷風險評估與管理的必要性與策略

對於氣候變遷的預期與了解，現階段各界均有所體會，但科學界卻無法提出清楚的科學證據與預測。如台灣地區破記錄的降雨都出現在颱風來襲時，但是，是否氣溫持續上升就意謂颱風出現機率上升與颱風強度增強，以及侵台颱機率上升，所以破記錄的降雨將更頻繁？這個問題，科學界可能需等到事情發生後，才能了解，那麼我們在事前當作什麼？

基本上，我們必須將氣候變遷、全球暖化、異常氣候事件（熱浪、乾旱、極端降雨、暴風、寒害）之頻繁出現，對我國人民與土地環境的影響，視為「風險」，而只有在有效地進行「風險評估」後，才可能進行正確的「風險管理」，期以降低危害。所謂「風險」是對於「一個會造成人員傷害或經濟損失的危害事件之量度；包括潛在危害發生的可能性與該事件發生後的嚴重性兩項因素，它是兩者相乘後的綜合性指標」。至於風險綜合性指標的表示，則又可細分為定性風險描述、半定量風險描述與量化風險等；前兩者屬於相對性的風險比較，後者為絕對的量化風險。而「風險評估」對象與目的之不同，一般可分為安全風險、健康風險、生態與環境風險及財務風險等。「風險管理」則與風險評估密不可分，所謂「風險管理」即是針對風險評估出來之結果與改善建議，透過系統化之體系、決策過程與執行落實與追蹤考核等程序，達到保護社會大眾、環境、避免社會混亂等目的。

聯合國氣候變遷小組（IPCC:International Panel on Climate Change）曾於一九九五年與二〇〇一年分別進行二次「國際氣候變遷評估報告」，內容包括三份：科學面、衝擊、調適與脆弱性及因應，最後再整合出一份重點提供各國參考。同樣地，不願意簽署「京都議定書」的美國，也於二〇〇〇年、二〇〇一年及二〇〇二年，分別完成科學面、衝擊、調適與脆弱性及因應等分析與建議的報告。其資料乃提供各州政府參考應用，作為如國土管理工作面臨抉擇時之參考使用。

對於台灣而言，行政院環保署也曾完成氣候變化綱要公約所要求的「國家通訊」報告，但是缺乏科學評估依據，基本上僅可視之為：定性的預期以及無悔策略的建議，尚未提出定量的風險評估，以及可據以參考的「風險管理策略」。其中的差距，主要就是要提出可能的機率預期，如世紀末台北盆地內夏季高溫超過攝氏三十五度的機率，可能會比現在高過一倍以上，那麼在這過程中，政府就應提出長期因應的策略以降低酷暑所帶來的衝擊。如疏散人口、增加樹林綠地面積等，這些屬於長期性的永續工程，不是要等到問題出現後才開始進行，而是現在就要開始進行風險管理策略的制定與執行。更重要的是：長期的國土規劃管理是在有定量評估依據下進行之，而非是擔憑想像與溝通協商，就可決定。

那麼，「氣候變遷風險評估與管理」的程序應是如何？基本上可參考圖四之建議。首先是進行氣候變遷的科學評估，目前台大全球變遷研究中心就與國科會永續會進行此項工作，內容包括：與國際氣候中心合作進行全球氣候變遷模擬，爾後再與本地氣候學者合作進行東亞與本地氣候變遷模擬預估。但是，受限於電腦資源與人手不足，更且非屬作業性工作而是學術性研究，目前僅能就一九九〇年至二〇〇〇年、二〇二〇年至二〇三〇年、二〇四〇年至二〇五〇年與二〇九〇年至二一〇〇年的暑假期間，氣候變遷的變化進行模擬探討。爾後，再進行本島各地氣候因子變化的降尺度模擬，以提供如水資源、生態、公共衛生等領域學者運用於評估分析工作。此外，尚將進行異常氣象事件如高溫、寒害、特大豪雨、乾旱等出現機率的預估，以提供災害評估等。

若按圖四的建議，目前在氣候變遷的科學評估方面，氣象學界已勉力在進行之。至於其他的有關國土自然變遷模擬評估（考慮海水位上升、降雨量與強度變化、地質狀態改變等）、經濟、產業變遷模擬評估（非關抑制溫室氣體排放的經濟產業衝擊評估與因應的課題）、人文社會變遷模擬評估、土地利用變遷模擬評估、災害衝擊模擬評估、公共衛生衝擊模擬評估、農林漁牧基礎產業衝擊模擬評估、生態衝擊模擬評估、氣候變遷風險管理策略（包括國土規劃）等，則尚待學者、政府單位與各界的努力。

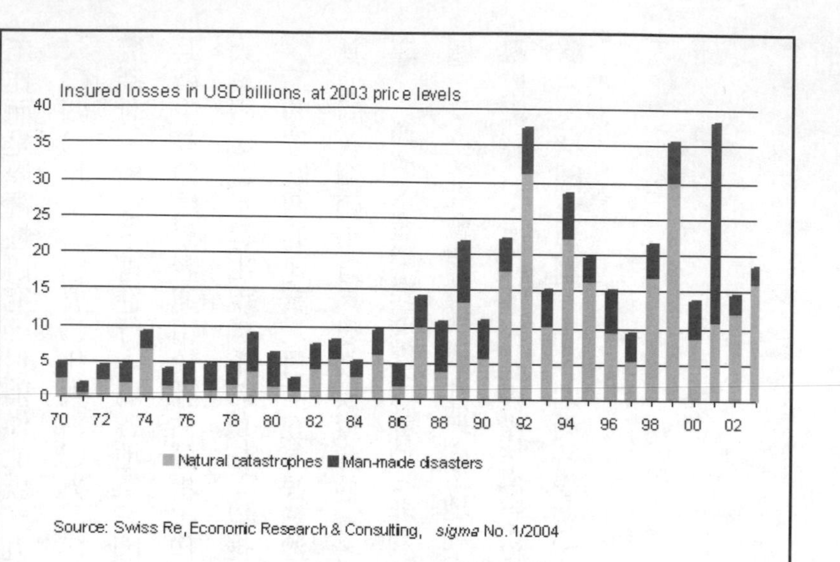

圖一：自然和人為浩劫造成保險損失

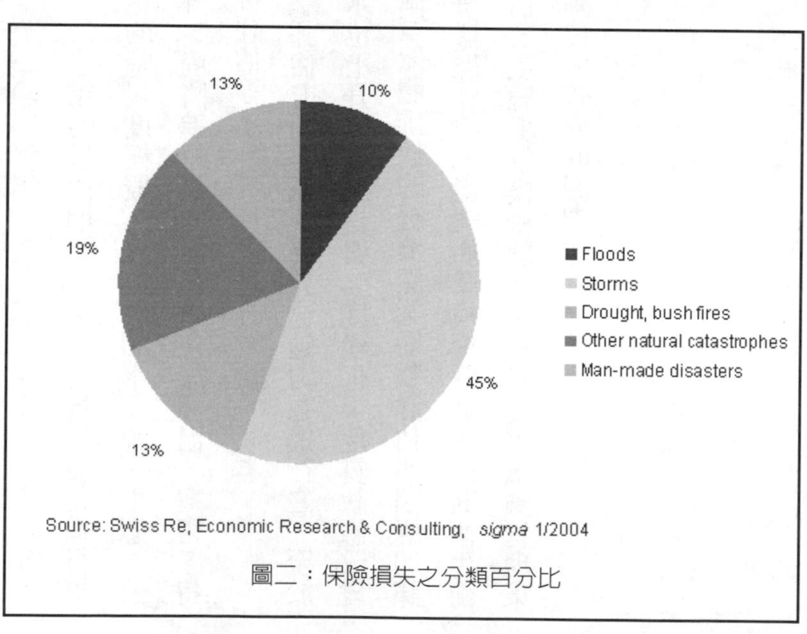

圖二：保險損失之分類百分比

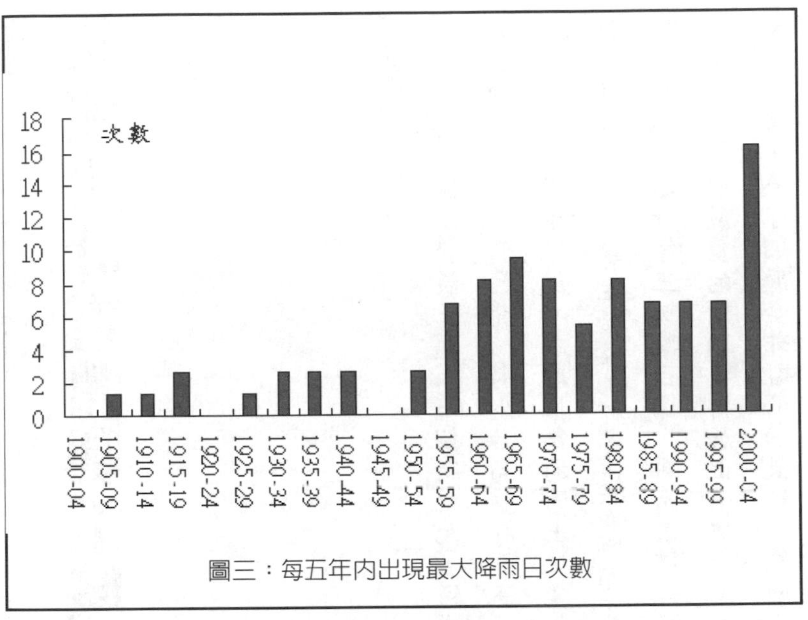

圖三：每五年內出現最大降雨日次數

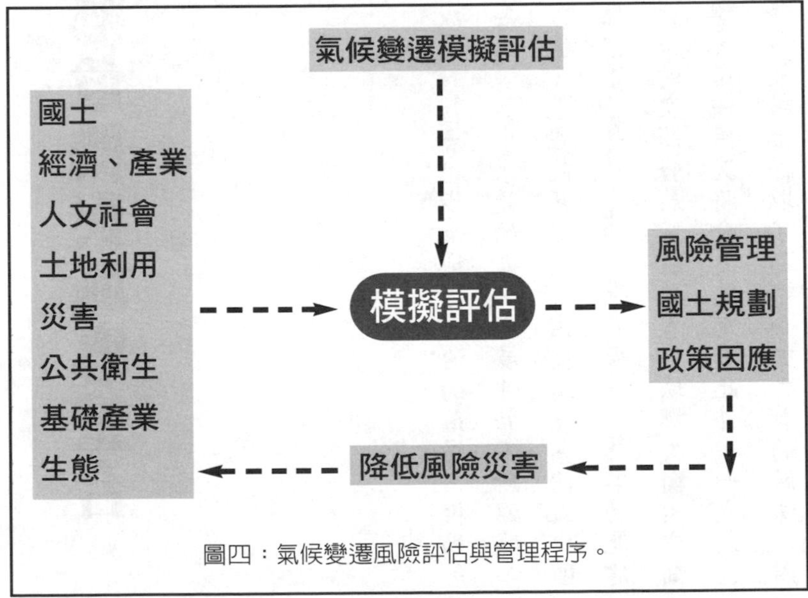

圖四：氣候變遷風險評估與管理程序。

《發表》

新國土計畫體制下城鄉危機與城鄉整合

⊙李永展

【摘要】

台灣的國土發展正邁入一個新紀元，經濟成長、社會進步及地方自治的落實，推動著國土的變革，人們已開始對生活品質有更高的要求，其中永續的國土發展呼聲不斷醞釀，相關討論也不斷增加。政府推動的國土計畫等方案，也在此基礎下，由促進產業與人口區位合理分佈、改善生活及工作環境、與保育自然環境資源，達到經濟建設、基本功能建設、及環境建設等三階段目標。然而根據台灣戰後的空間發展經驗來看，城鄉失衡與空間極化一直是最嚴重的問題，再加上全球化的影響，這種情況將會更惡化。此外，一九九〇年代以後，為了回應全球經濟的挑戰，在國土發展策略上採取了都市企業主義的做法。因此，本文從都市企業主義的觀點，詮釋台灣的國土發展如何結合全球經濟脈絡，並以都市企業主義的轉型作為回應。最後，從都市企業主義觀點重申永續的國土發展策略在回應全球經濟體系上的重要性，並建議未來可行的做法。

關鍵詞：國土計畫、城鄉發展、都市企業主義

前言

隨著全球經濟發展的持續加溫，跨國企業的蓬勃發展，伴隨而來的溫室效應亦席捲全球的生態環境，工業文明的線性邏輯思考頓時成為時代價值取向與遊戲規則，而隨著全球運輸網路活絡、貿易自由流通，更加速「環境殖民」時代的開端。而自一九七〇年代以後，由於經濟穩定且快速的成長，台灣的經濟結構早已跨越由農業轉變為工業的發展型態，朝向工商服務業發展的並進趨勢，但也因此加速了都市化發展，進而加深了國土利用的複雜化與深層化，因而台灣亦不能免除於此場生態破壞風暴漩渦中。

而由於永續發展思潮的漫流，使得世界各國逐漸摒棄以往強調掠奪式發展的經濟手段，傾向謀求環境與發展並重、代內與代間公平的永續發展之政策導向，在這樣時代背景下，國土利用所衍生的各項環境議題與省思，漸為台灣計畫體系注入新思維，這些政策導向反應在台灣的國土上，即是國土利用的挑戰與危機。因此，如何公平有效地運用國土資源，並因應全球環境變遷及貿易自由化的壓力，將是台灣在二十一世紀的最大挑戰。

就現行國土利用體系來觀察，鑒於國內現行土地分區管制過於僵化，且藉由「都市土地」與「非都市土地」兩套寬嚴不一、截然不同管制的劃分等問題，由於不符當前台灣城鄉社經脈絡變遷之需要，已引起許多相關研究或文獻之批評（例如王鴻楷等，1994；辛晚教，1999；李永展，1999；郭年雄，2000；蕭家興，2002）。雖然各方對於城鄉發展一體化多有建議，但仍未深入著眼於日益不可脫離的全球經濟與地方發展的張力下進行制度檢視。雖然營建署於一九九九年時曾有城鄉計畫法草案的初擬，企圖重構台灣城鄉發展體制，然而未來要如何考量全球經濟再結構的影響，以重塑都市集居環境的活力，並對全球—地方間的張力作出回應，迄今尚未有明確的方向指陳與建議。此外，更弔詭的是，內政部於二〇〇四年六月公佈的國土計畫法草案中，有關城鄉計畫法研擬之相關規定悉數被刪除。

在二〇〇四年六月公布的國土計畫法草案下，仍可看出在基本精神上延續了原先國土綜合發展計畫法中的重點——深化市場機制與簡化行政層級，這可於第五章（第二十八條至三十五條）有關開發許可制度之規定（深化市場機制層面）；及第五條要求國土計畫委員會及都市計畫委員會得合併、第七條將國土計畫層級落實於全國與縣市兩層級、第五十二條對未來施行後區域計畫之廢止、第二十三條中央主管機關應指定專責單位負責國土保育地區管理以求事權統一（簡化行政層級層面），看得出精神上的延續。此外，為了回應全球經濟的挑戰，在二〇〇三年二月更早版本的草案中，曾於國土利用基本政策中加入「強化都會發展，提昇都市全球競爭力」的宣示；為了順應都會區的發展趨勢及提昇都市間的國際競爭力，更在中央與地方之間加設「都會區域計畫」層級。雖然在內容上比國土綜合開發計畫法更完備，但由於仍欠缺城鄉計畫法之城鄉一體化構思，若以都市企業主義觀之，在追求全球經濟市場與城際競爭的過程中，台灣的國土勢必再次遭遇嚴厲的空間挑戰。有鑑於此，從都市企業主義的觀點，本文提出可能浮現的城鄉危機，並嘗試研擬在新體制下可行的城鄉整合構思。

都市企業主義的浮現

根據Albrechts（1992）的看法，任何都市過程都無法與其社經紋理脫離，而任何都市政策與規劃亦建立在其特定歷史時期的社經與政治架構下。當時福特主義對都市建成環境的塑造，其重點係集中在：將大規模製造廠房在功能上和空間上與住宅、娛樂、商業空間與長途運輸網絡隔離，以確保有效及快速的產品及勞工的供應，這種特殊都市型式被開創與接合在土地使用分區和實質規劃配置中。都市地區因而在機能上與形貌上面臨由生活場所轉變成透過公司總部、專業化服務與政治決策中心加以主導的整體生產過程控制中樞。

然而這些都市型式與相關的規劃配置，在福特主義危機下面臨大量困境與迅速再結構的必要，因為當前具有發展困境的地方，其實往往是受到內外部因素的壓力交相衝擊所致。就內部因素而言，當某地區遭遇了公共設施服務品質降低、地方稅收減少、人口外移、產業投資不足、以及生活環境惡化等困境，以致於當地的發展遠景產生了困難；就外部因素而言，由於生產、通訊技術的快速變遷，因此許多經濟活動及區位遭受「創造性破壞」（creative destruction），不斷地為新的活動與區位所取代。而一九七〇年代後日漸重要的全球競爭，不但伴隨通訊技術促成全球整合，更使得各地方開始為了追求投資利益而競爭，以企圖在全球體系下接合發展契機；更進一步地，技術變遷與全球競爭所引發的府際權力移轉，地方政府在發展上對中央的依賴逐漸降低，同時必須具有更積極的態度重新考量自身的成長政策（Kotler et al.，1993；藍逸之，2002）。因此，自一九八〇年代晚期新興的都市地理學立場出發，這種自福特式工業資本主義至先進資本主義的轉型，使得資本主義國家城市不僅面臨經濟再結構的壓力，更面臨來自社會、政治與文化等力量交互運作下的發言；不僅是經濟邏輯的競爭，更在建成環境上面臨重大轉化——地理景觀無止盡的塑造與重塑（Knox，1991）。

都市企業主義下的城鄉危機

一、城鄉失衡：浮現的首要都市

經歷清末時期的主要通商口岸、日本殖民統治時代的總督府所在，台北市逐漸發展出經濟與政治以至於都市規劃上的結構性優勢。而在二戰結束後，台北市「臨時首都」的角色，以及後續一連串的經濟發展階段，更進一步將台北市推向置高點上。而從一九七〇年代末期開始，台北市已經逐漸浮上世界都市舞台，成為世界都市階層體系中的半邊陲地區的次級都市之一（Friedmann，1986）。隨後在全球化的浪潮之中，台北市的中心程度更為提高，成為資源集中與控制之地（李永展，2003a），這種都市集中的情況說明的是人口、財政與權力的集中，台北市的中心性程度將更為提高，以至於全球網絡中以台北為核心之北部都會區域歷史性的浮現（夏鑄九、劉昭吟，2003）。

二、與全球時空接合或失落

台北市的中心都市角色帶動了大台北都會的區域發展，而台灣與全球的時空接合，也因此集中在以大台北都會為核心的北部城市區域。自一九八〇年代以降，這個區域進一步隨著台灣產業大陸化與後工業化發展，進入後工業社會，並且聚集了超過全台四十%的人口，而更有七十五%以上的電子科技產業人口，以及七十五%以上的高階生產服務業者。這種情況顯示了台北都會已成為東南亞區域跨界經濟流動、時空接合的一個重要節點，也因此成為台灣再結構策略實踐的一個最重要場所（周志龍，2001）。然而在此區域之外的其他地方，則形成一方面對全球網絡中之都會區域的依賴，一方面則以做為提供都會人口服務的角色成長（夏鑄九、劉昭吟，2003），也因此形成極不均衡的空間發展關係。從資源集中與控制的角度而言，中心與邊陲的鴻溝似乎正隨著全球化的進程而不斷擴大，以台灣的都市變遷趨勢來看，也呈現了類似的現象（李永展，2003a）。

三、城鄉分治扭曲了非都市地景

由於過去非都市土地在規劃管制上最為人詬病的缺失，就是缺乏一套完善的計畫來引導開發時序、區位與速度，同時，在總量管制上亦不若已發布都市計畫地區嚴謹，因此，當都市計畫範圍周邊的非都市土地面臨到都市化的預期開發壓力時，則開始不斷轉變為開發使用。在目前全球經濟的整合之下，為了提振國際競爭力，台灣當前的主要都市節點勢必更加強調流動資本與先進產業的引進，然而，當這些資本積累的空間場域必須因應開創出來的同時，這種城鄉分治的方式則可能因而加速都市周邊的非都市土地進一步被轉化為都市使用，除了過速的扭曲了城鄉風貌，也可能造成都市周圍綠帶空間被蠶食鯨吞。

城鄉整合如何可能

為了紓解都市企業主義規劃論述下的潛在城鄉危機，未來在國土計畫法體系中，重新構思城鄉計畫法的實施仍有其必要性存在。然而，基於前述過去在由都市、非都市二元制度調整為城鄉計畫法時所遭遇的轉換及執行成本過高，最終導致無法實施的問題，本文雖無法提出全盤的改進策略，但是綜合前述之分析，本文認為未來在執行上或許可以朝以下幾個層面考慮：

一、短期

根據內政部的初估，國土計畫法公布施行，直轄市、縣（市）國土計畫均公告實施後，現行區域計畫法始予廢止；但依國土計畫法所擬定之全國國土計畫及直轄市、縣（市）國土計畫，其擬訂至核定公告實施期間初估約需六年，在此之前，將訂定此期間應適用之土地使用管制法規，以方便銜接。因此，短期內除繼續維持非都市土地使用管制規則來管理都市計畫以外地區土地使用以外，建議仍應於此過渡期間內，就現行都市、非都市二元管制方式上為基礎，研擬具有可整合城鄉同步管制，但不致造成巨額制度轉換與執行成本之做法。至於長期面，除了參照目前國土計畫法草案中已大致確立的基本原則外，本文建議未來應從成長管理、都會區域整合、及城鄉風貌營造三大面向著手。

二、長期

（一）城鄉發展應進行成長管理

在追求發展的同時應著重成長管理，以成長管理理念引導區域發展，減低過度開發所造成的生態、生活、生產之間的失衡，故為促使國土永續發展，成長管理理念應納入國土永續利用原則。成長管理係藉由控制成長的手段來誘導與防止不良、不當的開發行為，因此成長管理理念，亦隨地區特色而制訂不同階段的成長管理措施，但在要求各層級計畫的一致性、土地開發須與公共設施同步性、民眾參與須納入計畫過程、正視環境資源保育發展等四項原則上，不論各地區開發時均應遵守。

（二）由永續治理開創都會區域整合

Valentin & Spangenberg（2000）提到了一個解釋永續性概念的模型（圖一），所謂的永續性乃由四大面向所構成：經濟（生產）、環境（生態）、社會（生活）與體制，其中的體制，係採取政治科學中的定義，所包含的不僅是組織、也包括了機制與方針。至於這個體制的建立，則有賴經濟、環境與社會的向度，分別以正義、關懷與民主的原則，將人造資本、自然資本與社會資本進行整合。當然，這只是一個簡化的解釋永續性的概念模式，將其放在治理的觀念上來看，則是必須嘗試將永續性與地方資本的重建落實在都市區域的治理上。Ng & Hills（2003）則對此給予了更深入的解釋，也更符合本文的立場——他們認為當前全球化的時代中，對於世界城市這類議題的研究多半集中在全球經濟的面向切入，如何將永續發展的的觀點納入世界城市的議題中則多半未被重視。如果以永續發展的理念結合都市治理的觀念來申論，在全球化時代下，任何城市不應只是要成為一座世界城市，而是要轉型為世界的偉大城市（great city of the world）；亦即，都會區域的發展上必須具有下列三項主要特徵：（1）明智的治理模式——具有與私部門、市民社會及第三部門在合夥中運作的政府再造；（2）在對更深入的永續全球地方發展開發創新科技與經濟活動時，積極且具有創意的成員；（3）一個不僅是在經濟資本上豐富的地區，而且因為豐厚了人文、社會、文化及環境資本而偉大。

（三）透過城鄉風貌營造重新塑造地方特色

在企業型都市競爭策略的發展論述中，地區競爭力的塑造可說是其策略構想上的重點。在傳統基於新古典經濟李嘉圖學派立場出發的競爭策略中，主要的都市競爭力係植基於各種成本節約面向（諸如降低生產成本、開放自由化）的落實，以企圖吸引更多的資本流入；相對地，另一種企業主義論述下更為健全的競爭策略——「結構性競爭策略」

（structural competitive strategy）則係基植於熊彼得學派企業價值創新的立場，更整體地強調都市的社會著床（social embeddedness）——包含了經濟要素及非經濟性的各種正式或非正式制度等。以此為基礎的全球都市化（glurbanization）策略中，如何開創地方差異，以獲取資本的空間鑲嵌，成為這種企業型都市急欲實踐的策略（Jessop & Sum，2000）。

由此觀之，城鄉發展在面臨全球經濟衝擊的當下，真正較健全且強勢的競爭策略，乃是發掘具特色的地方差異，並配合地區行銷的落實，以避免城鄉發展在零和的惡性競爭過程中造成雙輸，並舒緩鄉村環境在面對都市發展的既有經濟競爭優勢下所產生的極化效果。為了營造地方特色，塑造城鄉風貌不失為一個可行的辦法，然而，關於城鄉風貌營造的推行，國內目前主要仍是以政策理念的推行為主，在相關法制的建立方面，則一直未落實於現行都市計畫法或非都市土地使用管制規則中，也未見另立相關專法以茲規範，致使地方政府在執行上落於單兵作戰的進退維谷，實際能夠執行的深度也仍有諸多改進之處（李永展，2003b）。雖然部分都市已開始注重都市設計的重要性，然而，若以城鄉風貌的整體性來看，這些做法仍屬於「點」的階段，事實上，如何讓鄉村地景也納入規範，以達到城鄉風貌在「面」的整體性，以輔助建立地方特色，實為未來值得考慮的方向。

有鑑於此，本文建議在未來國土計畫法中，全國、都會區域、直轄市或縣市國土計畫內容中有關「景觀計畫」之事項，可提升為「城鄉風貌營造計畫」。以此為基礎，城鄉風貌營造應正式納入都市計畫主要、細部計畫中的內容，並據此釐定相關的設計法令；同時，在非都市土地部分，未來在土地使用變更的開發審議過程中也應結合城鄉風貌審議，以適度控制非都市土地的鄉村地景。以城鄉風貌營造作為結合城鄉發展的平台，就整體而言，除了避免鄉村景觀在都市化發展過程中遭受破壞，並且有利於地方特色的結合，塑造地方競爭力；就個體而言，則能有效支援社區營造，凝聚社區共識，更可強化在地認同與地方形象。進而亦可考慮在都市計畫、非都市管制或建築管理等法令上進行修正，提供民間資本、人力投入城鄉風貌營造的誘因，將公私協力機制授權在城鄉風貌營造介面中，除了活絡都市企業主義的良性面向以外，在當前政府職能面臨備多力分的困境下，亦對政策的落實有所裨益。

代結語

面對全球經濟的挑戰，具有企業主義觀點的空間規劃論述與政策理念，已成為台灣當前國土計畫體系的重要想法。然而，基於台灣國土空間不斷延伸的極化課題，在全球經濟的衝擊下，使台灣的城鄉發展更浮現「強者恆強、弱者恆弱」的隱憂；再者，本文更歸納出，企業主義立場下的規劃論述，對於可能造成的城鄉失衡、與全球時空接合或失落、及城鄉分治扭曲非都市地景等危機應更加重視。一九九〇年代，基於長久以來城鄉分治的窘困，台灣曾研擬城鄉計畫法，企圖整合城鄉發展於一元化的規劃管理，然而，基於制度轉換等諸多巨額成本之困難，此一構想最終不能免於流產。儘管如此，在全球經濟衝擊下，城鄉發展的健全化仍有其重要性，在企業主義的規劃論述下，更應有縝密的國土計畫體制上的整合。本文以不大幅轉換法制，造成制度轉換成本過高的困境為原則，針對未來國土計畫法通過後仍將沿用現行計畫法系為基礎，分別從短期及長期面向，針對成長管理、都會區域整合、及城鄉風貌營造等三大面向提出初步的整合構想。雖然目前尚無法針對相關法令內容提出更詳盡的說明，所討論的整合方向也未涉及許多其他層面，但仍希望以此出發，為台灣新世紀的國土發展提出一個想像的可能。

參考文獻

1 內政部（2004），《國土計畫法》（六月版草案）。

2 王鴻楷、林子瑜、張景森（1994），《都市計畫法全面修法重點之研究——附錄篇，台北：中華民國都市計畫學會。

3 李永展（1999），「國土永續利用與政府再造」，《看守台灣》，創刊號：50-58。

4 李永展（2003a），「全球化與時空重構」，《建築與規劃學報》，4（1）：55-72。

5 李永展（2003b），「全球化、永續性、城鄉風貌：地方競爭力重建的可能」，《中華民國都市計畫學會、區域科學學會、住宅學會、地區發展學會2003聯合年會暨論文研討會論文集》，新竹：中華大學。

6 辛晚教（1999），「當前國土規劃問題」，《政策月刊》，53：2-8。

7 周志龍（2001），「跨界經濟、時空的接合與國土再結構策略：亞洲四小龍的再結構比較」，《都市與計劃》學報，第28卷第4期：461-494，台北：中華民國都市計劃學會。

8 夏鑄九、劉昭吟（2003），「全球網絡中的都會區域與城市：北台都會區域與台北市的個案」，《全球化與中國內陸區域發展兩岸學術研討會》，4.151-4.177，台北：台灣大學建築與城鄉研究所。

9 郭年雄（2000），「國土計畫體系之探討及未來展望」，《第七屆海峽兩岸城市變遷與展望研討會論文集》，議題二：1-20，台北：中華民國都市計畫學會、台灣大學建築與城鄉研究所。

10 蕭家興（2002），《國土規劃建設論文集》，台北：唐山。

11 藍逸之（2002），《台北市全球都市發展定位之研究——企業型都市都市經營取向下的願景構思》，彰化：國立彰化師範大學碩士論文。

12 Albrechts, L. 1992. New Challenges for Urban Policy under a Flexible Regime of Accumulation, Landscape and Urban Planning, 22: 189-203.

13 Batten, D. F. 1995. Network Cities: Creative Urban Agglomerationfor the 21th Century, Urban Studies, 32（2）: 313-327.

14 Chinitz, B. 1990. Growth Management: Good for theTown, Bad for the nation, Journal of the American Planning Association, winter: 3-8.

15 Douglass, M. 2000. Mega-urban Regions and World City Formation: Globalisation, the Economic Crisis and Urban Policy Issues in Pacific Asia, Urban Studies, 37(12): 2315-2335.

16 Harvey, D. 1989. From Managerialism to Entrepreneurialism: The Transformation in Urban Governance in Late Capitalism, Geografiska Annaler, 71B(1): 3-17.

17 Jessop, B. & Sum, N-L. 2000. An Entrepreneurial City in Action: Hong Kong's Emerging Strategies in and for Interurban Competition, Urban Studies, 37(12): 2287-2313.

18 Knox, P. L. 1991. The Restless Urban Landscape: Economic and Sociocultural Change, and the Transformation of Metropolitan Washington, DC, Annals of the Association of American Geographers, 81: 181-209.

19 Kotler, P., M. A. Hamlin, P., Rein, I. and Haider, D. H. 1993. Marketing Asia Places: Attracting Investment Industry and Tourism to Cities, States, and Nations, Singapore: John Wiley and Sons.

20 Leitner, H. 1990. Cities in Pursuit of Economic Growth: the Local State as Entrepreneur, Political Geography Quarterly, 9: 146-70.

21 Ng, M.-K. & Hills, P. 2003. World Cities or Great Cities? A Comparative Study of Five Asian Metropolises, Cities, 20(3): 151-165.

22 Valentin, A. & Spangenberg, J. H. 2000. A Guide to Community Sustainability Indicators, Environmental Impact Assessment Review, 20: 381-392.

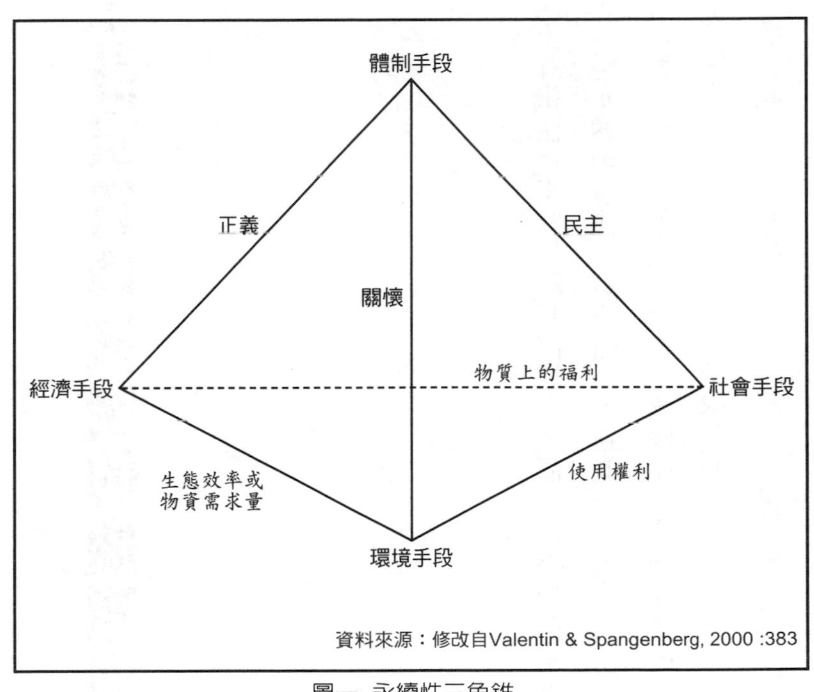
體制手段
正義
民主
關懷
經濟手段
物質上的福利
社會手段
生態效率或
物資需求量
使用權利
環境手段
資料來源：修改自Valentin & Spangenberg, 2000 :383

圖一 永續性三角錐

《發表》

剖析國土計畫管理機制的瓶頸與願景

⊙丘昌泰

前言

期待已久的國土計畫法草案終於順利出爐，然而，是不是制定一部國土計畫法就能夠「畢其功於一役」，一勞永逸地解決「剪不斷，理還亂」的國土利用、保育與發展問題？面對經濟發展與環境保育的雙重價值抉擇下，未來國土計畫機制應如何進行管理，才能達到「促進國土資源合理配置，以有效保育自然環境、滿足經濟及社會文化發展之需要，提升生活環境品質，並確保國土永續及均衡發展（國土計畫法草案第一條）」的願景？

從「經濟發展導向」到「永續發展導向」典範

台灣人稠地窄，是屬於人口與土地關係相當緊張的海島國家，這塊土地的執政者有鑑於國土計畫的重要性，於一九七九年訂定「台灣地區綜合開發計畫」，一九九六年十一月核定實施「國土綜合開發計畫」，確立國土空間構與國土經營管理機制，對人口、產業及公共設施在空間上作預先規劃。雖然，國土綜合開發計畫的總目標是「環境保育與永續發展的均衡發展」。然究其實際，僅從這個計畫的名稱來看——台灣地區綜合「開發」計畫——就可輕易判斷這是一個以經濟發展為導向、發展主義的國土計畫典範，環境價值並未納入國土計畫管理體系，以致於國有土地的利用明顯地出現失衡、偏頗的現象。

近年來，環境議題的全球化，促使國內民眾環境意識的提升，加上一連串的天然災害重創台灣土地，如九二一地震、賀伯、桃芝、納利、敏督利颱風的侵襲，執政者開始對於傳統的國土計畫體制展開反省與批判，於是出現了「綠色生產」、「優質生活」、「永續生態」、「有秩序及多元的空間發展結構」之規劃理念，對國土資源保育、國土空間發展乃開展出迥異於傳統的新管理典範；這個新典範可稱為永續發展導向的國土計畫法草案，乃是一個期望能將生存、生產與生態融入於國土計畫管理體系的新國土管理典範，以取代傳統以經濟發展為導向的國土綜合發展計畫法與區域計畫法。

行政院所提出的國土計畫法草案，目的是針對台灣的土地進行有系統的規劃，將全國土地區分為「國土保育地區」、「農業發展地區」及「城鄉發展地區」三大功能分區。其中「國土保育區」約佔全國土地面積六十三％，「農業發展區」佔二十五％，「城鄉發展區」則佔十二％。國土計畫法草案中首度將海域納入國土規劃範圍，未來若干重要臨近海域也可規劃為「特定計畫區域」，由政府統籌列管，並藉此宣示國家領海主權。這樣系統完整的國土計畫不能不視為台灣國土計畫管理典範的成功蛻變。

的確，從「經濟發展導向」轉型到「永續發展導向」的國土管理典範發展，顯示國土計畫法的制定是台灣土地政策的新里程碑，乃是相當先進的立法，過去學術界與政府界都希望台灣能夠制定一部上位的、指導性的、政策性的國土計畫，以規範台灣國土的安全、保育與發展，如果今後國土計畫法在運作上能夠發揮其管理功能，則對於台灣未來百年發展的興衰必然扮演相當關鍵的角色。有鑑於國土計畫體系的重要性，我人願意以書生報國的心情，為我國國土計畫管理機制的瓶頸與願景提出若干不成熟的意見與建議。

國土計畫管理機制的三個瓶頸

目前國土計畫管理機制有三項瓶頸，以下我將針對該三大瓶頸分別提出三項對策，以供各界參考：

一、具備統籌國土保育與發展的雄心，但卻欠缺政策的整合性與一貫性，故應加強國土計畫管理機制中的「政策整合力」：

國土計畫不是一項單純的計畫，其所涉及的部會是多元的，如交通部、經建會、農委會、經濟部、退輔會與原住民委員會等，無一不受其影響，而各部會依施政計畫所推動的開發建設個案，一旦發現與國土計畫產生政策上與利益上的衝突，則究應如何協調，以確立在國土計畫下的政策整合性與一貫性，將是未來必須面對的公共議題。

長期以來，保育與生產糾纏不清，環保與生計含混不明的實例屢見不鮮，農委會、營建署、環保署、交通部形同國土規劃與利用領域的「一國多制」。例如，為加速東部的發展而擬興建的蘇花公路，儘管政府已成立國道五號衝擊因應小組以評估環境影響，但如何在環保團體與學者專家、花東民眾的看法南轅北轍的情況下，貫徹國土計畫的管理精神？

敏督利颱風所造成的七二水災，嚴重破壞高山地區土地，高山復育政策一百八十度的大轉變，國土保育成為重點，國土計畫法之外，還要訂定國土復育條例，重新劃設國土，以管制從嚴、補償從寬、處罰從重及配套完整的原則，解決國土超限開發問題。

更嚴重的是原住民保留地的問題，從原住民土地權屬問題（即還我土地運動）、保留地違規轉租轉售，到土地開發與保育不能兼顧的爭議，都是造成今日原住民保留地問題錯綜複雜的原因。「原住民族保留地開發管理條例草案」一旦通過，預計將總計十四萬餘公頃的土地劃定為「原住民族保留區」，則這個保留區的劃設難免與國土計畫法中國土功能分區的劃設產生法律的競合關係，故如何協調兩大法律的衝突與矛盾都是未來在國土計畫政策上必須加以整合的焦點。

其實，認真回顧政府的政策，各項國土利用、開發與保育的政策經常是「各自表述」，欠缺有系統地整合，如政府自遷台以來，退輔會所輔導的武陵、福壽山、清境農場等；這些農場幾乎都與農民簽訂耕種契約，一旦解約所引發的爭議不言可喻。

目前政府正在大力推動「觀光客倍增計畫」，促進民間參與觀光建設設施成為行政院當前主要的政策，高山上諸多的休閒農莊、纜車等都是在BOT、OT等促參模式下的成果，然而，一旦國土計畫法通過，高山興建觀光旅遊設施的政策將受到國土計畫法的衝擊。

面對前述各項造成政策難以統一的建設開發個案，如今國土計畫法草案既已出爐，台灣的國土管理機制即將有了法源依據，而且即將擁有強有力之專責決策機構，就必須發揮國土資源配置及公私部門投資之指導與協調功能，否則徒有法律，仍無法對國土規劃、保育與利用產生具體的規範效果。

基此，「吾道一以貫之」，這是未來國土計畫委員會必須貫徹的第一要務；此道無他，無非是「堅持永續發展」的中心理念而已；唯有堅持永續發展的理念進行國土的規劃與審議，才能出現統一的、整合性的政策，才不會因個別的開發個案而影響國土計畫的完整性與系統性，也唯有確立永續發展的中心理念，才能針對不同部會的不同政策立場與不同的國土開發個案提出以台灣總體利益與永續發展為中心的國土計畫。

國土計畫法是上位的指導計畫，而且是擬以「法律」的形式展現其強制力，是一部高度剛性的計畫，故不能與一般強調彈性的施政計畫相比。然而，國土計畫法所規範的畢竟只是「土地的規劃」而已，不能無限上綱，未來重大公共工程建設（如蘇花高速公路、國土保育等）必須在國土計畫規範的前提下，進行相關的環境影響評估機制，畢竟國土計畫委員會的審核仍舊不能取代環評或「政策環評」。基此，國土計畫委員會的決定幾乎可以決定台灣未來國土的面貌，將來對於該委員會的組成一定要秉持超黨派的專業與公正立場進行相關的建置。

二、具備「由上而下」的管理機制，但欠缺「由下而上」的執行機制，必須加強國土計畫管理機制中的「計畫執行力」：

就法律屬性而言，國土計畫法草案如能立法通過，絕對不是一般所稱的施政計畫，而是足以發生外部法律效果的高度強制力計畫，這個計畫的效力甚至高於目前行政院所推行的挑戰二〇〇八計畫。既然是具有法律效果的強制性計畫，當然一定要付諸執行，否則不予或怠於執行就是違法。一旦付諸執行，就涉及相關執行組織的建置、概算的編列及立法院的監督問題。

我國國土計畫管理機制採取「由上而下」的管理機制，換言之，係以中央政府為主導者的管理方式，如國土計畫法草案第三條稱：「……三、都會區域計畫：指依全國國土計畫之指導，所訂定都會區域策略性及協調性之國土計畫。四、特定區域計畫：指依全國國土計畫之指導，所訂定跨行政區域或一定地區範圍內解決特殊課題之國土計畫。五、直轄市、縣（市）國土計畫：指依全國國土計畫、都會區域計畫及特定區域計畫之指導，以直轄市、縣（市）行政轄區為範圍，所訂定實質發展及管制之國土計畫。」依上開條文，可看出全國國土計畫為最上位的計畫，對於下位的都會區域計畫、特定區域計畫與直轄市、縣（市）國土計畫，都使用「依全國國土計畫之指導」的軟性字眼，實際上，「指導」本屬抽象的名詞，端賴中央計畫管理機關的裁量權範疇，我們很難想像一個具有法律地位的中央國土計畫對於其下位計畫沒有產生任何拘束效果？因此，儘管這個條文使用柔性字眼，但仍然強化了中央政府對於國土的計畫權，相對也強化了中央政府的計畫管理權限。

由上而下管理機制的最明確規定者為國土計畫法草案第十三條規定：「國土計畫之擬訂及核定程序如下：

一、全國國土計畫：由中央主管機關擬訂，經中央國土計畫委員會審議通過後，報請行政院核定。

二、都會區域計畫：由中央主管機關擬訂，並徵詢都會區域計畫推動委員會意見，送經中央國土計畫委員會審議通過後，報請行政院核定。

三、特定區域計畫：由中央目的事業主管機關擬訂，送中央主管機關提經中央國土計畫委員會審議通過後，報請行政院核定。

四、直轄市、縣（市）國土計畫：由直轄市、縣（市）主管機關擬訂，經直轄市、縣（市）國土計畫委員會審議通過，報請中央國土計畫委員會審議通過後，由中央主管機關核定。直轄市、縣（市）全部行政轄區均已發布實施都市計畫，其國土計畫得視實際需要與都市計畫主要計畫通盤檢討併同擬訂。

依上開條文可知，全國國土計畫與都會區域計畫皆由中央主管機關擬訂，經中央國土計畫委員會審議通過後，報請行政院核定。而特定區域計畫則由中央目的事業主管機關擬訂，送中央主管機關提經中央國土計畫委員會審議通過後，報請行政院核定。也就是說，幾乎都是中央政府主導整個國土規劃的審議，唯一下放地方的計畫為直轄市、縣（市）國土計畫；不過這部份，雖由直轄市、縣（市）主管機關擬訂，經直轄市、縣（市）國土計畫委員會審議通過，但最後仍需報請中央國土計畫委員會審議通過後，由中央主管機關核定。故若地方國土計畫委員會審議通過之案件顯與中央國土計畫委員會之意見不同者，仍然無法通過。從這樣的制度設計可知：目前的國土計畫管理機制，幾乎都呈現「由上而下」的管理模式，少有展現「由下而上」的執行精神，頗與地方制度法所強調的地方自主精神有所違背。

中央政府在國土計畫管理機制中，扮演關鍵的指導角色，本為理所當然，然而，未來如何付諸實施的執行問題，則仍必須加強地方政府的角色；如國土計畫法草案中，列明違反土地使用管制之處罰；及依本法所處之罰鍰經限期繳納，屆期仍不繳納者，依法移送強制執行（草案第四十三條至第四十五條）。我們非常清楚，過去幾十年來，由於國土管理不重視地方政府的政策執行力，執行機構能力明顯不足，且欠缺專業人力，以致出現甚多濫墾、超限利用等環境破壞問題。今後行政院若要推動國土保育、復育、利用與開發方案，或要協助山區災民轉型、發展觀光或集體遷村，必然都涉及複雜的執行人力、經費與資源，這些都說明唯有落實「由下而上」的政策執行力模式，才是國土計畫法落實其立法目的的關鍵。

依國土計畫法，國土計畫體系分為全國國土計畫、都會區域計畫、特定區域計畫、直轄市、縣（市）國土計畫，這些計畫體系與現行的行政體系不盡符合，使得計畫的執行與推動不易，容易造成國土保育、開發利用及管理之困難。事實上，計畫之擬定往往以計畫機關的計畫裁量為前提，而計畫裁量又具備相當的自由度，故各個計畫容易產生利益上與政策上之衝突，中央的綜合計畫如何能夠同時兼顧對地方計畫之尊重，以及調和跨區域計畫過程中所產生的利益衝突，這都涉及國土計畫法如何建構一套中央與地方夥伴關係的執行機制。

國土管理體制應該加強對於國土利用規劃及調整的速度，以因應外在環境變遷及新發展機會的出現，國土計畫草案第十七條：「國土計畫公告實施後，由其擬訂機關每五年通盤檢討一次。但有下列情事之一者，其擬訂機關於報經中央主管機關或行政院同意後，得檢討變更之：

一、因戰爭、地震、水災、風災、火災或其他重大事變之發生。

二、為避免重大災害之發生。

三、為興辦重大開發或建設計畫。

四、因各級國土計畫委員會建議。

前項第三款興辦重大開發或建設計畫之性質、規模及國土計畫通盤檢討之實施辦法，由中央主管機關會商有關機關擬訂，報行政院核定。」

依上開規定，通盤檢討及變更國土計畫之時間為五年，時程很長；地方政府雖是變更國土計畫要件之一，但未來仍應加強地方政府對於中央國土規劃方案的回饋機制，以免中央所規劃出來的功能分區，不盡符合地方發展的需要，這是過去各項土地計畫中經常出現的毛病，嶄新的國土計畫管理機制中，自然不宜再行出現這種弊端。

三、具備政策精英的智慧結晶，但卻欠缺住民的熱情參與，故應加強民眾的參與力：

國土計畫是世界各國政府在土地政策方面的發展趨勢，如日本、荷蘭都制定國土計畫法以推動國土的安全、保育與發展，基此，為確保有秩序的國土發展，落實國土保育、保安及強化國際競爭力，制定「國土計畫法」實屬當務之急。

然而，國土計畫法研擬過程中，很少看到住民的參與，基本上，它是社會精英的傑作，是學者專家、政府官員的智慧結晶，我們必須指出：國土計畫法所涉及的利害關係人是全國性的，特別是與農民、原住民權益關係影響至大，不能虛應故事，不好好聽取他們的意見，否則未來法律執行與國土管理機制上將產生極大的困難。

試想：未來一旦本法通過，凡是一經確定不再復建、重建的地區，將採取強制遷移或者改變植物、作物種類方式因應；例如從高山農業改為高山林業，甚至會禁止高山觀光。如果這些原則確定，當前政府的觀光、農業等相關政策，都將面臨調整。這當然影響民眾生計至大，不能不審慎聽取其意見，以免在執行上出現重大問題。

按照OECD國家的運作經驗，除非政府確有充分證據顯示有立法管制之必要，或除非確定管制效益大於成本，否則不能輕易立法，以免立法愈立愈多，而政府行政效率卻愈差，我們不是常聽到外界批評政府的法令多如牛毛嗎？為了鬆綁管制法規，解除不必要的管制，美、英、加、澳與韓國等都建立管制影響評估（Regulatory Impact Assessment），要求立法機關應針對管制性法規對於民眾、市場、第三部門、地方政府等利害關係人權益之衝擊進行評估，依據行政聽證程序聽取他們的意見，以為規劃國土計畫管理機制的參考。

不可否認地，國土計畫法不是沒有民眾參與的條文，如第十四條稱：「國土計畫擬訂前及擬訂期間，應邀集專家、學者、人民團體等舉辦座談會或其他適當方法廣詢意見，並作成紀錄，作為擬訂計畫之參考。

前項國土計畫之全國國土計畫擬訂前及擬訂期間，應就都會區域計畫範圍及發展構想，諮詢都會區域計畫推動委員會意見；特定區域計畫範圍及發展構想，應徵詢有關直轄市、縣（市）主管機關意見，形成議題並研擬處理方案，送中央國土計畫委員會參考審議。

國土計畫擬訂後，送該管國土計畫委員會審議前，應公開展覽三十日及舉行說明會，並將公開展覽及說明會之日期及地點登載於政府公報、新聞紙及網際網路或其他適當方法廣泛周知；任何公民或團體得於公開展覽期間內，以書面載明姓名或名稱及地址，向該管主管機關提出意見，由該管國土計畫委員會參考審議，併同審議結果及計畫分別報請行政院或中央主管機關核定。

前項審議之進度、結果、陳情意見參採情形及其他資訊，應登載於政府公報、新聞紙及網際網路或以其他適當方法廣泛周知。

前四項規定，於其他法律就特定區域計畫有特別規定者，從其規定。」

第十五條又稱：「國土計畫經核定後，擬訂機關應於接到核定公文之日起三十日內公告實施，並將計畫函送各有關直轄市、縣（市）主管機關及鄉（鎮、市、區）公所分別公開展覽，其展覽期間，不得少於九十日，並得視實際需要，將計畫內容重點登載於政府公報、新聞紙及網際網路或其他適當方法廣泛周知。

直轄市、縣（市）國土計畫未依前項期限公告者，中央主管機關得逕為公告及公開展覽。」

然而，前述的民眾參與是有相當限制的：（一）民眾參與的時間限定為：國土計畫擬訂前、擬訂期間；以及國土計畫擬訂後，送該管國土計畫委員會審議前。然而，我們希望：民眾參與的時間不能受到任何限制，特別是受到國土計畫法影響的住民更應該隨時都要有充分的、自由的參與機會。（二）民眾參與的方式限定邀集專家、學者、人民團體等舉辦座談會或其他適當方法廣詢意見，這樣的方式未必具有實質意義，國土計畫法不能排除現行有關的民眾參與方式，如公民投票法；（三）民眾參與的結果毫無拘束力，僅作成紀錄，作為擬訂計畫之參考；我們希望：國土計畫機關應針對民眾參與意見處理情形列入研考機制加以追蹤管制，使國土計畫機構能夠重視民眾參與意見。

期待透過國土計畫實踐永續台灣的願景

國土計畫法草案雖已初步完成，但該計畫絕對不宜狹隘地定義為一部規範「計畫」的法律，而應界定為「計畫管理機制」的法律，既然是計畫管理機制自應特別注意國土計畫法執行過程中所出現欠缺政策整合力、計畫執行力與住民參與力的三大瓶頸，若能加強政策整合、計畫執行與住民參與，則國土計畫法必可實踐生存、生產與生態「三生合一」的理念，為台灣土地的安全、保育、利用與發展建立完整之管理機制，型塑永續台灣的願景。

《回應》

國土法處理規劃開發管理三層問題

⊙林盛豐

國土計畫法（草案）主要試圖解決規劃面、開發面，以及管理面三個部份的問題，而在每個部份之下，亦有各自的狀況有待突破，分述如下：

一、規劃面的問題

第一個問題是過去我們僅強調陸域的發展，未能突顯「海洋國家」特色；第二個問題是未將全國及縣（市）土地作整體規劃使用；第三個問題是未能有秩序地發展城鄉地區，以致城鄉地區的發展混亂失序；第四個問題是特定區域的規劃問題，譬如跨縣市河川流域部分。

二、開發面的問題

第一個問題是未能落實國土保育與保安，以前是以開發為取向，現在則要落實保育與保安；第二個問題是未能確保完整之重要農業生產環境，目前農業用地被當成都市用地的備用品，都市空間不足時就把必要公共設施丟進農業區，沒有所謂的農村主體思考；第三個問題是缺乏計畫指導開發許可的區位。

三、管理面的問題

第一個問題是缺少具法定強制力之國土計畫，只有區域性計畫，而且法律效力非常薄弱；第二個問題是未能有效整合水、土、林業務，缺乏協調都會區域重大基礎建設的機制，比如說大台北地區、大台中地區的大型基礎建設並沒有整合；第三個問題是部門計畫各自為政，無法一氣呵成、面面兼顧。

國土計畫法的擬定，希望在規劃面能將思考範圍包括海域和陸域，並加強景觀及防災規劃，同時注意到城鄉發展地區應以成長管理為原則；在開發面，則是落實國土保育的精神，確保重要農業生產環境及開發者付費原則；在管理面，國土保安與保育地區應維持公有。此次國土復育條例就是從這個精神所發展出來的子法。其次是相關業務及計畫之整合，如水、土、林業務的整合，都會區域重大基礎建設的整合，以及重要部門計畫，均應透過於先期規劃進行整合。

再者，透過圖二的架構，已經顯示將來的國土計畫法不會只是一本，而是好幾本，包括全國的、部門的、區域的和縣市的綱要計畫，例如交通、水資源、農業發展、都會區等，此外尚有特定區域國土計畫，例如原住民地區、發展遲緩地區或流域的計畫等，這些都是國土計畫整體架構下的內容。

其中很重要的原則是保育區由中央劃定，縣市沒有最後決定權。審核程序方面，全國國土計畫、都會及特定區域計畫，由中央擬定，擬定完之後採二級審，先後送入內政部國土計畫委員會審議，終審則由行政院指定機關組設委員會審議。未來來政府組織再造後，會成立一個國家發展委員會，結合目前的經建會、研考會等，因此國土計畫的審議層級也將向上提升。至於縣市的國土計畫，就予內政部審議。

藉上述對國土計畫法的認識，回頭來看我所與談三篇文章。第一篇有關氣候變遷的文章，讓我們進一步認識到氣候變遷確實對國家的重大公共建設，如水利工程、道路工程，以及土地使用政策，產生了非常立即的衝擊。以前的國土規劃對整個水的循環或行水區掉以輕心，現在終於要付出嚴重的代價。至於過去「與水爭地」的觀念，現在則須加以調整，而因應的基礎就在於氣候研究。國家重大的工程建設，很需要建立氣候的參數，然而今天不只是氣候的參數沒建立，人口的參數、經濟的參數、能源的參數也都有需要進一步建立及整合，這是政府方面必須補強之處。

關於李教授所提的論點，核心問題有二，第一個是非都市土地使用的管理不當；目前非都市土地使用管理的對象，不是城就是鄉，而以前對非都市土地使用管理的態度就是「不管理」或「從鬆管理」，這種態度所產生的錯誤在於疏忽了都市擴充的狀況，假裝看不見的結果，導致鄉村地區發展成高密度的使用，但公共設施卻完全不配套，最後變成一個三流城市。

第二個則是農村缺乏積極的規劃；我們所謂的農業發展區，應是從農村永續經營的觀點進行積極規劃，但過去的努力並不足。另一個問題是當台灣與國際接軌時，勢必會產生競爭，而這次國土法對都會區域的特定計畫觀點，目的便是確認所謂的都會區範圍，以及它的競爭對象；例如台北大都會區是否真的要和上海或香港競爭？如何競爭？這些必須在功能上明確定位，同時思考基礎設施配置及決策機制問題。

最後一個課題有關於政策整合機制。台灣有全國的國土規劃，就是第一步的整合了，空間不再是各部門各自為政，連縣市也做了一次整合，部門計畫在國土計畫的指導下，也可整合整個的政府體系。假如能夠進一步擴大參與機制，如最近所推動的「審議式民主」，針對政府重大建設進行廣泛的政策討論，則政策的整合，將可以有大幅進展。

規劃面	◆僅強調陸域發展，未能突顯海洋國家特色 ◆未將全國及縣（市）土地作整體規劃使用 ◆未能有秩序發展城鄉地區 ◆亟待加強規劃特定區域之均衡發展
開發面	◆未能落實國土保育與保安 ◆未能確保完整之重要農業生產環境 ◆缺乏計畫指導開發許可區位
管理面	◆未具法定強制力之國土計畫 ◆未能有效整合水、土、林業務 ◆缺乏協調都會區域重大基礎建設建制機制 ◆缺乏國土計畫指導部門計畫

圖一：國土計畫法（草案）

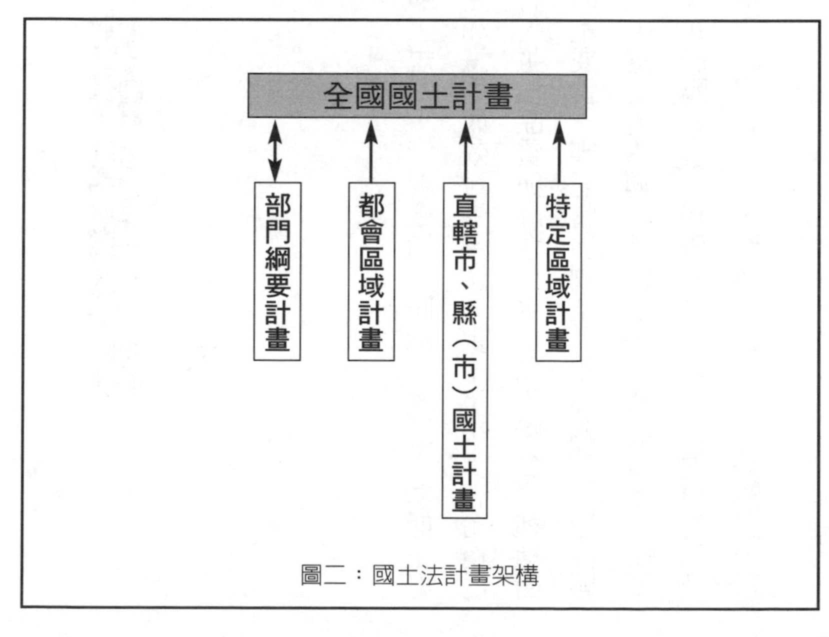

圖二：國土法計畫架構

《回應》

新的國土計畫法需要新的規劃思維

⊙黃書禮

當前，各界致力於建立具有法律地位的國土規劃、管理機制，盼能一改過去功能不彰的問題，新的國土計畫法在未來能否展現令人滿意的成效最受關切。數十年來，在台灣的國土開發與保育過程中，經濟發展、環境保育、生活品質與社會公平之間不斷發生種種衝突，凸顯出土地空間資源維繫海島台灣發展的重要性。審思當前國土利用面臨的種種問題與亂象，並檢討過去國土計畫管理機制的成效，認為新的國土計畫法需要新的規劃思維為未來和諧、進化的發展作定位。歐洲先進國家在面臨社會、經濟與自然環境快速變遷以及全球化競爭發展之際，在空間規劃特別強調整合經濟競爭力、環境保育、生活品質與公眾參與等重要綱領，廣泛運用「新」的策略空間規劃（strategic spatial planning）理念與程序，已有許多成功的例子為國家、區域與城市的治理提供良好典範。以此經驗看待台灣空間發展的軌跡，前瞻台灣新規劃思維建立的必要性，因此援引策略空間規劃的理念及內涵與三位作者文章中所提的精闢見解互為呼應。

丘所長昌泰呼籲典範的轉移，文中指出國土計畫管理需要政策整合機制、建立由下而上的執行能力以及強化民眾參與能力，並且提出國土計畫管理機制實踐的願景及建議，文章精髓與策略空間規劃核心理念不謀而合。策略空間規劃強調透過溝通與協商尋求部門之間政策與計畫的整合，避免衝突以增加整體的福祉；著重規劃內容與地方經濟競爭力的發展需求作結合，同時具有「由上而下」與「由下而上」的機制以對於規劃進行回饋、監測與調整；並且重視制度量能（institutional capacity）的建立，並將不同的聲音、權力、團體活化（empowerment）共同參與策略規劃的程序。

李教授永展指出都市企業主義發展下台灣城鄉發展的危機，批判過去國土計畫體制下資源分配不均、產業結構失衡以及管制程序不當所引發城鄉發展失衡的種種問題。李教授並且針對改善城鄉整合提出成長管理、永續治理以及城鄉新風貌的營造等規劃管理策略，作為尋求地方經濟競爭力、環境品質與社區和諧等目標均衡達成的精闢建議。在我所見，其文章內容與丘教授所提之見解恰有相互為對方闡述、補充之效。本人則提出策略空間規劃理念呼應兩者，強調國土的規劃與管理應提供一個整合發展的架構，讓土地使用管制、資源保育、都市（與非都市）的建設與投資能夠與空間邏輯更為調和。在此也附帶指出，新保守主義（new-conservative）下的企業家主義觀點強調民眾、企業與公部門應從管制、行政與稅負的壓制中解脫出來，而奉行市場機制、促進市場活力的規劃思維在歐美興盛二十餘年，也產生許多負面的問題，近年來取而代之的是強調策略夥伴關係、理性溝通、建立共識的規劃模式。除了認同李教授對於都市企業主義下城鄉發展失衡危機的論述，也同時想要指出新規劃思維的重要性。

柳教授中明剖析氣候變遷對於國土規劃帶來的挑戰，指出環境災害對於海島台灣近年來的衝擊與傷害。其中，柳教授特別指出基礎研究、基礎調查建立國土資訊對於國土規劃與管理的重要性。在此，因應柳教授的呼籲，且鑑於國際機構IHDP與IGBP對於LUCC（Land Use and Land Cover Change）相關研究的重視程度，特別強調土地利用的變遷調查與分析相關研究的重要性。

《回應》

回歸地利共享管制爲輔的國土規劃思維

⊙華昌宜

中央部會經過多年的研擬，終於今夏將一部「國土計畫法」送到立法院，剛好碰上連續風水災害，於是使得各界對台灣的「國土規劃」熱情高漲，討論會頻頻舉辦，有異往年。但國土規劃牽涉極廣。這已反映在今天的議程中。本組三位教授的發言，都各極有專業上的深度，但方向不同，交集困難，作為與談人之一的我並無法綜合。但我想對發言人提出幾個澄清性問題，也算盡了我的任務。提出這些澄清性問題，並不困難，因為我們學界都習慣提出「應該」怎樣又怎樣的建言，彷彿「如何」（how）實施，已盡含於內。但對研擬政策者而言，重要的是能執行的、具體的「know-how」，此與我們的學院知識仍有一段差距。以下的問題，都是將一些「燙山芋」，從官員手中丟回到我們學界來：

一、李永展教授發言牽涉最廣，包含了一些全球化的論述。問題是：

（一）在「不致造成巨額制度轉換與執行成本」下，究竟如何「就現行都市、非都市二元管制方式上為基礎，研擬具有可整合城鄉的同步管制」？應加強非都市土地管制？或放鬆都市土地管制？

（二）「城鄉風貌營造應正式納入都市計畫主要、細部計畫」，但將風貌納入管制是較難的，一般認為獎勵產生則較可行。但地方的資源在哪裡？

（三）在修改了的V&S永續性三角錐圖中，未見被一般接受的經濟上的「效率」與社會上的「公平」，而代以「正義」和「民主」。在理論上後二者也可與前二者相聯，但須在操作上面說明。

二、丘昌泰教授對行政院版「國土計畫法」研究最深，也期望最深。問題是：

（一）文中述及「台灣的國土管理機即將有了法源依據，而且即將擁有強有力之專責決策機構」，所提為何部會真會有、或者應該有此專業決策機構？

（二）文中強調「由下而上」，不過目前的民眾參與僅限於表達意見，其結果是毫無拘束力。是否丘教授所提議的是凡事皆公民投票，施行直接民主？但國土利益往往是整體利益與地方利益的衝突，如何實際推動？

（三）文中也說明了「由下而上」必須給予地方人力與經費。但這些資源從那兒來？如何產生？

三、柳中明教授的課題最明確，多謝他詳細描述了近年來台灣異常氣象事件的真況。問題是：

（一）對國土政策的明確含義是什麼？除了儘量加強氣象預報能力外，是否意含災害不可避免，應採農業與居民下山政策，推展災害保險等措施？

（二）全球暖化趨勢是否已無法避免？海平面一百年內會昇高多少？台灣的平原會淹沒多少？在什麼高度下才是台灣人民的可居棲地？

（三）台灣近年的二氧化碳產量不增反減，有無可被接受的對策？有論者建議台灣多餘農地應轉植甘蔗，循巴西模式製造酒精替代汽油，這除增加能源自足外，也會減少二氧化碳排放，是否屬實？

我個人對台灣的國土規劃前景期望不高。國土規劃同時面臨發展與保育、部門與空間、中央與地方三個衝突主軸，人類知識與智慧似乎尚不能解決。各民主國家的成效也不彰，譬如英國、美國根本沒有國土計畫；法國早年倡議疏散巴黎地區為旨的國家政策，現在卻在擔憂大巴黎能否參與歐州核心地帶的競爭；看重也最需要實質規劃的荷蘭，自二次大戰以來第五次的修正案，近年來已被擱置，因為二〇〇二年當選的政黨仍認為拘束力太大，與市場競爭有違；日本的列島改造計畫已成過去。這些國土計畫潮流的衰退並不是說我們不需要國土規劃與「國土計畫法」，而是僅訴諸於加強管制、加強協調、加強民眾參與等手段，恐怕效果有限，特別是在我國目前重視個體利害的民主初階時期，權益分配恐怕才是核心問題。

我個人有關「應該」的部分很簡單：國土開發所獲的利益應該補償被限制開發人的利益，直到二者均衡無益為止。

至於「如何」部分，我想以農地轉用為例。以下數據是基礎：台灣居民四分之三住在僅有六萬公頃住宅用地的都市計畫區內，水旱耕地八十五萬公頃不知何去何從；依糧食安全需要未來僅需保持其一半，可是基於變更為都市用地的期望及「農舍」用地價值，農地價格高昂約為歐洲農地的十至二十倍，這不僅阻礙農業發展，也是上山開發的原因。每公頃農地若不加不必要的限制自行完成公共設施而變更為合法建地，可有淨利二千萬至一億，視區位及所給容積率而定。

所以，我的建議如下：由地主繳回部分開發淨利，直到被保育或被購買的農地地主願意被劃設為「保育區」或「農業發展區」。如果淨利是以特別捐、貢獻土地、發展權移轉等手段回饋社會上述淨利之一半，則每年轉換一萬公頃農地，社會即可獲一千億至五千億，足供保育與地方發展建設之用。都市向外因為有序而健康的郊區化所提昇了生活品質，尚是副產品。

大禹因為其父鯀防堵洪水不成被砍了頭，方改採疏導政策而終收效，使天下太平。這洪水就是土地利益。台灣的國土規劃何不從以管制為主，回歸「地盡其利、地利共享」為主，管制為輔？

Q&A

柳中明　發言：

華昌宜教授提出的農業與居民下山政策，是相當敏感的問題，須在天時、地利、人和之下始能達成。真正執行的話，首先應該瞭解現況，再看民眾是否願意配合，更要讓土地有段時間生養，或許三、四十年後，再來探討是否永續使用。

其次是有關海平面持續上升的問題。事實上，台灣西部海岸人為超抽地下水造成地層下陷的速度，遠遠大於自然的海水位上升，另一方面，台塑企業也持續在雲林麥寮進行填海造陸工程；所以若以時間的觀點來看，或許人為的影響和大自然的變化，在未來二、三十年內還感受不到直接的衝擊，可是台塑卻能充分利用這段時間，創造它的企業利潤，此即是我所謂「人和」的問題──它可用短時間的投資創造利益，而且以企業的眼光來執行，然而國土政策牽涉的層面相當廣泛，利益糾結也很複雜，不像台塑可以絕然的全面執行。因而我認為定量的估算有其重要性，它可以作為爭執過程中，一個非常客觀的依據。

至於華教授提出的二氧化碳問題，我認為關鍵在於產業。台灣的溫室氣體持續上升，如果產業不能朝向降低能源消耗的方向調整，路是走不遠的，因此產業一定要走向高經濟效益、低能源需求，才是比較可行的方向。

李永展　回應：

過渡時期如何整合同步管制？這是我對現階段國土計畫的期許。我很贊成剛剛華昌宜教授提及的一個可能方向，就是「非都市土地應該要加強管理，都市土地的某些地方應該要予以放鬆」。舉例來說，台灣現階段的土地使用管制，除了台北市以外，都是用負面列舉的方式，但在很多國家中，也有不少是用正面列舉；因此我認為，有些產業用地需要面對時空的變化，另外一些比較要求品質的部分，包括環保、農業等，這些可以採負面列舉，而其他或許可以發展出過渡時期的具體的想像。

另外，城鄉風貌營造的地方資源何在？我想，現階段有政策引導型和競爭型的計畫，它不應該只適用在城鄉風貌營造上，應該擴大到離島建設、國土復育建設等，這樣就有一些資源可以下放了。至於V&S永續性三角錐模型的架構，其實經濟效率並不是沒有碰觸，而是把它用成生態效率，即同時考慮到經濟，也考慮到環境，在此做個回應。

丘昌泰　回應：

華昌宜教授的回應文問道：如果國土管理機制擁有法源依據，則今後的決策機構是什麼？其實很明顯，就是行政院組織再造後的「環境資源部」，當中可能會有國土資源所，但變數仍大。華教授的第二個問題是：如果國家利益和地方利益發生衝突，怎麼處置？我想，當然不可能所有土地分區都辦公民投票，但在法律規範上，民眾有提案權，因此要是專家和民眾意見相左，公投便扮演了重要的角色。至於地方的人力及經費來源，自然由國家編列預算，只是多寡不同而已；換個角度言，這也可能成為我們未來最大的挑戰。

與會者　發言：

聽完林盛豐政務委員的報告，我覺得有點失望，因為沒有看到政府在制定國土計畫之前，應該要做的土地資源調查或基礎研究調查等配套方案，這樣我們如何期待政府部門能做出一個真正妥善的國土規劃？報告提到，保育區列了六十三%，而農業發展區佔二十五%，由地方劃設；但是下放給地方，是否容易受民意代表的利用？最後到底能剩下多少，恐怕是很大的問題。此外，關於民眾參與的機制，應該在草案制定前便已上網公告，鼓勵大家發表意見，否則毫無效果可言。

林盛豐　回應：

關於基礎資料的建立，我現在補充報告一下。永續發展委員會有個國土資源組，現正逐步推動建立整個資訊的機制，這是浩大的工程，花費也很驚人，但請大家相信我們會堅持下去。再者，關於國土保育區的劃設，是否會引起抗爭的問題，我想，如果我們提高現制六十三%保育區的管理效率，包括人造衛星的監測、行政效率的簡化及提升等，也許真的有人會雞飛狗跳，但是我們已經在做了；只能說，在社會尚未成熟到某個程度前，民主是昂貴的，開放也是昂貴的。另外，未來保育區會否再擴充？我認為有其必要，且屆時必須參酌國土復育條例。據我所知，經建會尚未完成國土復育條例的立法，但可以想見，相關利益團體將會走上街頭。

楊重信 發言：

我覺得問題遠比林盛豐政務委員的說法嚴重，譬如現在山坡地保育區裡，有三十萬公頃的合法農牧用地，將來若是劃成國土保育區，民眾勢必抗爭，所以絕對要有轉用補償的機制，而這是非常困難的事情。其次，國土復育條例不應該黑箱作業，千萬不要認為一曝光就會胎死腹中；執政黨若有拚選舉的決心，當然要把它拿出來討論。

丘昌泰 回應：

談到民眾參與，我認為在法案形成之前，最好多讓民眾的意見進來，不要等底定以後才上網公告。我甚至主張可以把民眾參與的意見效力，做不同階段的區隔。民眾參與成為法案的支持力量，是非常重要的事情。

與會者 發言：

策略夥伴關係、理性溝通、建立共識的規劃模式，何以不太適用於台灣？倘若沒有進行土地資源調查，提出國土計畫法的基礎何在？請教諸位。

黃書禮　回應：

台灣沒有任何策略規劃模式的經驗，國外的長處引進台灣也不見得合用，因此我的意思是要花些時間審慎探討，並非斷言適用與否。此外，我個人曾經使用衛星影像的方法，從事國土資源調查，但是台灣這方面的技術仍待提升；目前學術界或規劃單位花錢購買資料，從事研判，卻又因技術未臻成熟，對研判結果不太有把握，所以產生了很多資源浪費的情況。

林盛豐　回應：

國土法條文原本便已納入國土資訊系統的建制，它是把大體架構起來；現在內政部也有一個國土資訊中心，部分任務和國土資訊系統重疊或有不足，不過都在努進行中。

與會者　發言：

若是沒有國土計畫法約束總額發展，台灣的土地治理一定非常混亂，例如現在非都市土地由內政部營建署審查，但主管機關卻是地政司，多頭馬車各自為政，實在可笑，希望政府組織改造時，能夠解決這個狀況。另一方面，林盛豐政務委員說得沒錯，國土計畫法只是機制的建立，實際執行或民眾參與是另外的問題；但台灣這麼小的地方，沒有再設區域政府的迫切性，只要地方政府的總額發展計畫妥善，其實已經足夠。國土計畫是個願景，而不是執行的層次，執行計畫將來要靠城鄉計畫法落實，一併管理非都市土地與城鄉土地。

王鑫　發言：

國土資訊調查可分為氣圈、水圈、岩石圈和生物圈，範疇很清楚；但因大家的專業用詞不一，所以一個團隊要有調查者、決策者、計畫者三種人，每個人謹守本分，如此才能持續運作。除此之外，調查是長期的工作，可是現在每個單位的調查員普遍不受重視，沒有人力也沒有錢，很難有所表現；然而，調查工作不見得適合「外包」，而且也有待整合，以免光是一個水利問題，海洋單位、水利局、台大海洋研究所就有標準各異的評斷，反而令人不知所措。是故唯有行政院站起來帶頭才行，而我們也都把希望放在林盛豐政務委員身上。

楊重信　發言：

台灣經過九二一地震、多次颱風水災等，看到不少氣候異常事件，也帶來很大的破壞，讓我不禁懷疑自然災害會否變成常態。萬一真是如此，我們所有思維都必須改變，因為這個結構性的問題，不可能靠技術面或制度面因應。在此情況下，我建議：（一）現在朝野為了六一〇八億軍購，吵得不可開交，但就國土永續的重要性而言，我們也該成立一個六一〇八億國土保育基金；同時，每年公共工程建設預算達一千五百億至二千億，其中最少二十%應該提撥到國土保育基金，這樣每年就有三百億的預備款。（二）新聞報導指出公告地價將提高，我覺得提高的地價稅，應該一半以上撥入國土保育基金。（三）為了後代子孫著想，可以考慮發行保育公債。如此多管齊下，在二、三十年間，國土保育的財源應無困難。

其次，可能有六十三%的合法使用土地，將來會變成國土保育用地，大約一公頃必須補償五百萬元，整體計算下來，則至少需要一兆五千萬元。由此可知，我們一定要建立轉用機制，才能善用國土保育基金。

最後，行政院現正推動成立一個國土規劃小組，功能是整合各個涉及國土規劃的相關單位，將來國土法通過了，這個小組就可以直接轉任國土署，希望這些努力與安排，能讓台灣這塊多災多難的土地趕快好起來。

議題二

國土規劃體系檢討（下）

交通部門計畫

● 生態旅遊與永續旅遊
● 從國土發展觀點談當前交通建設之重要課程
● 就交通建設之推動談國土發展的重要性
● 不讓生態旅遊作爲開發破壞的藉口
● 公路交通建設對國土永續發展之環境影響評估——從蘇花國道的興建檢討我國交通政策環評的迫切性

主持人　游芳來（交通部常務次長）

發表人　王　鑫（台灣大學地理環境資源系教授）
姜渝生（成功大學都市計畫系教授）

回應人　歐晉德（台北智慧卡公司董事長）
劉小如（中央研究院動物所研究員）
張長義（台灣大學地理環境資源系教授）

發表人

王鑫

美國哥倫比亞大學博士。現任台灣大學地理環境資源系教授。曾任英國劍橋大學訪問教授。專業領域為自然地理、地質學、地形學、國家發展與保育、自然與環境思想、景觀研究、地景保育與退化土地復育、自然保育。代表著作有《遙測學》、《台灣的地形景觀》、《看！岩石在說話》、《形地學》。

發表人

姜渝生

美國麻省理工學院運輸系統分析博士。現任成功大學都市計劃所教授。曾任成功大學都市計劃系教授、美國運輸顧問公司高級顧問。專業領域為交通運輸分析、都市及區域計畫分析、都市及區域發展政策、環境經濟分析、投資計畫評估。代表著作有《台北地區綜合運輸規劃》、《台灣地區整體運輸規劃》、《未來國土空間結構之研究》。

回應人

歐晉德

美國凱斯大學土壤力學博士。現任台北智慧卡票證公司董事長。曾任交通部國道興建工程局局長、行政院公共工程委員會主任委員、台北市副市長。代表著作共七十餘篇，重點在大地工程基礎深開挖設計、地下連續壁工程、地錨工程、潛盾隧道工程及地質改良評估等研究。

回應人

劉小如

博士。現任中央研究院動物研究所研究員。曾任台灣大學動物所兼任教授、台北大學資源所兼任副教授。專業領域為鳥類生態、自然資源保育。代表著作有研究報告五十餘篇、技術性報告十八篇、環境保育論文或書籍十八篇、自然保育教育推廣雜文六十餘篇。

回應人

張長義

美國德州大學—奧斯汀地理學系博士。現任台灣大學地理環境資源研究所教授。曾任國立台灣大學地理學系所主任、國際地理學邊際區域學術委員會亞太地區代表、中國地理學會理事長暨國際地理學(IGU)中華民國主席。專業領域為土地利用及其規劃、環境資源分析與經理、環境影響及變遷研究、環境災害及調適研究。

期待推動永續與發展兼籌並顧的交通建設

⊙游芳來

在民眾的印象中，由於「交通」是每天必須接觸的事務，因此大家對於交通建設的評價，很容易出現不滿意的反應。事實上，交通建設與國家的經濟發展密不可分，尤其在人口移動、產業建設，及地方發展方面，交通部的工作均扮演舉足輕重的角色，而各項交通相關政策之形成，亦是經過專家學者與運輸研究所反覆研討與修正後訂定。不過，台灣人口密集，加上有三分之二的高山，不適合居住、生產、工作，相形之下，「住」與「行」自然相當擁擠。回想三、四十年前的交通情況，今天行的便利、快速，已有大幅的提升及改善；當然，我們永遠有可以改進與提昇的空間，可是在這樣有限的國土及國家永續經營的方向下，如何使交通建設兼籌並顧，有待大家面對與檢討。

我相信，現階段的交通施政，不是也不可能只著眼於「加速建設」面向，還必須基於

「人本」精神，從「安全」、「均衡」、「效率」著眼，更應兼顧「永續」及「智慧化」等面向。其中，永續發展已經成為世界各國經濟發展共通目標，因此交通建設之內涵，必須與保育環境的觀念兼容並蓄，各項政策制定過程中，也要以確保確保生態環境永續發展為前提，進行充分協調與溝通，在發展交通建設的同時，亦須達到保育土地資源及降低環境衝擊的目標。畢竟國家交通建設，是為長遠發展、永續經營及創造廣大福祉，為全民來服務，不能逞一時之快，絕對要詳細計畫，才不致事倍功半，徒然加劇對環境的傷害。

「那魯灣，歡迎到台灣！」是二〇〇四台灣觀光年的問候語，希望能向世界各地的朋友，表達台灣人民的好客與友誼。這幾年，台灣受SARS、地震、恐怖主義等心理不安影響，衝擊國外來台旅客意願，而今年又有七二水災、艾利及桑達等颱風災損，觀光客倍增目標倍受壓力。我們知道，要讓觀光起飛，台灣土地獨特的生態與環境，必須積極加以維護。希望經過「國土規劃體系檢討：交通部門計畫」的議題研討，能讓我們更清楚當前的問題與民間的期盼，也讓台灣的交通政策規劃，在永續發展的目標下，能夠更為合理完善。

《發表》

生態旅遊與永續旅遊

⊙王鑫

In 2001, World Tourism Organization (WTO) declared that "A clear distinction should be made between the concepts of ecotourism and sustainable tourism: the term ecotourism itself refers to a segment within the tourism sector, while the sustainability principles should apply to all types of tourism activities, operations, establishments and projects, including conventional and alternative forms."

【摘要】

由於社會大眾對「生態旅遊」的定義並無共識，因此開放自然保留區作為生態旅遊的目的地是充滿風險的。國際自然保育聯盟推廣生態旅遊的原因，乃是為了兼顧發展與保育。其基本原則是尊重自然、尊重當地居民，並且提供遊客直接參與保育行動的機會。在積極貢獻的過程中，從大自然獲得喜悅、知識和啟發。

然而「生態旅遊」商業化的結果，必然導致大量遊客擁入，於是又變成了「大眾旅遊」。為了降低在保護區旅遊，可能形成的潛在環境影響，必須控制遊客的衝擊。把生態旅遊當作無煙囪的工業是不當的。因為生態旅遊在經濟上的成功，可能就是大自然的沈淪。「生態旅遊」是保育的工具，不是創造觀光業盈收的工具。

國民旅遊具有「教育」的意義，把它當作一種正當的戶外活動才是正確的作法。同時，將它與學校的戶外教育整合，則可創造大規模的需求。但在執行之前，務必進行謹慎的規劃，並訂定地方政府、現場管理者、業者、居民、旅遊者各自應遵循的行為準則。

前言

生態旅遊一詞，本是國際自然保育聯盟世界保護區委員會倡導的積極自然保育行動，用來取代絕對隔離人為影響的保留區管理。源自美國黃石國家公園的保護區管理方式，是將居民完全移出，以求保障野生動植物的自然生長空間。這種將人排除的保護區管理方式，明顯的忽略了原住民、當地居民等的權力，也因此遭受不同程度的排斥，使保護大自然的工作遭遇相當的困難。管理的績效也難令人滿意。

保育人士經過多年的深思熟慮，推出了生態旅遊的新作法。希望改採積極的保育行動，藉由精心規劃的生態旅遊，帶領遊客深度認識自然的奧秘和原住民、當地居民的文化生活，並積極地對當地的社會、經濟、環境付出貢獻。期望這樣的作法，不僅能達到保育的原意，也能同時帶給地方適量的經濟收益。如果原住民或當地居民確實從生態旅遊的推廣中獲得合理的利潤，那麼我們就獲得了原住民、原居民對保育的支持。他們就成了保育前線的保姆。

不過，這種原始的想法很快就走樣了？誰去經營這種慈善事業？有利可圖嗎？旅程舒適嗎？

如今，生態旅遊已經有了新的面貌，而且多變。大多數從事生態旅遊的業者，只是把觀賞的目的地改為自然現象豐富的地方。看野生動物、看植物、看地形，加強自然解說，並且在活動中稍微介紹環保觀念。欠缺的，是對當地的具體貢獻，包括環境方面的，和社會、經濟的。

如果我們真要做好生態旅遊，那麼就必須精心規劃，設計一些有益於當地環境和社會的活動項目。

生態旅遊的特性

Butler（1992）指出，生態旅遊的特性包含下列八項（IUCN，2001）：

一、促進正面的環境倫理（在參與人士中鼓吹良好的行為）。

二、不損害資源，不造成自然環境的消耗性侵蝕作用。

三、焦點集中在內在價值，而非外在形象。公園設施的目的是幫助遊客獲得內在的價值體驗，而不是自成吸引力；更不可傷及自然環境及景觀。

四、背後的哲學是以「生物」為中心的，而不是以「人」為中心。遊客不應該老想改變環境、美化環境……，應當接受環境的原來面目。

五、必須有益於野生物及環境。衡量利益的方法包括：社會性的、經濟性的、科學的、管理的、或是政治的。整體上，對環境的永續性以及生態完整性應有淨利益。

六、生態旅遊是對自然環境的一手經驗。這個意思乃是指電影和動物園不能提供生態旅遊的體驗。遊客中心以及解說媒體能達到體驗生態旅遊的功能，因為可以引導遊客獲得上述的體驗。

七、具有「gratification感激大地的期望」。可藉由教育與欣賞來測量，不宜以恐佈感或表現體力強弱（例如：攻頂活動）作為測量的項目。

八、具有高度認知與有效體驗的成份。生態旅遊對領隊、導遊和遊客都包含高度的事前準備與知識需求。滿意度表現在情緒以及受到鼓舞的情形上。

在保護區旅遊的潛在環境影響：必須控制的遊客衝擊

在保護區旅遊必須控制的遊客衝擊（世界旅遊組織及國際自然保育聯盟，1992），詳見表一。

生態旅遊實務

推廣生態旅遊的時候，實務工作包括下列面向：

一、生態旅遊的市場與相關事業（Lindberg，Wood and Engeldrum，1998）：

國內旅遊事業

國際旅遊事業

零售性旅行社

旅館及營地出租者

保護區管理

建築師／景觀建築師

綠色產品供應商

開發單位

銀行／財務管理業者

顧問公司

嚮導／解說員

公關／市場銷售業者

工程師（再生性能源、環保科技）

遊艇業者

市場研究者

二、公部門與私部門的角色分工（Eagles and Higgins，1998）：

（一）公部門的角色

環境保護

公共設施（道路、水電、衛生等）

安全與執法

監測衝擊；評估品質

配置交通路線（含步道）

可接受的改變限度

資訊（解說、遊客中心）

排解糾紛

（二）私部門的角色

住宿與餐飲

交通運輸

資訊（嚮導與廣告）

媒體（影片、書籍與錄影帶）

促銷及廣告

消費用品（衣物、紀念品、裝備）

個人服務（娛樂節目等）

三、生態旅遊企業的新方向（New Directions in the Ecotourism Industry，Ch.2 Ecotourism：A guide for planners and managers，V.2）

企業結構：旅行社／國內旅遊業者／國際旅遊業者／木屋、旅館等住宿業者／地方性業者。

旅行社

國際旅遊業者

行程與保育間的關連

國內旅遊業者的關鍵性角色

生態小屋的發展趨勢

非政府組織及其對企業的衝擊

社區性事業的成長

建立標準

尋求永續性的新模式

四、鼓勵「地方」參與自然旅遊計畫的十個步驟（Lindberg and Hawkins，1993），表二。

（一）確認地方參與的角色

（二）目的是給予激勵（EMPOWERMENT）

（三）強調在計畫程序中的參與

（四）組織權益相關的團體及個人

（五）聯結利潤和保育

（六）分配利潤

（七）邀社區領導參與

（八）聘用處理「改變」的單位（機構）

（九）瞭解當地特有的狀況

（十）監測和評估進度（及成果）

五、生態旅遊地環境監測

為了確保生態旅遊活動沒有傷害環境，建議監測事項如表三。

六、影響生態旅遊成敗的因子

下列檢核表，有助於確保生態旅遊成功：

（一）政策

1. 入園費／入園許可的辦法
2. 委託經營／權利金royalties
3. 稅
4. 指定撥款
5. 保護區的管制和土地使用限制
6. 罰則
7. 分區系統和需要的緩衝帶
8. 預算
9. 辦理必要的員工訓練
10. 對社區參與的支持狀況

（二）管理策略

11. 積極的管理計畫

12. 每年更新下列資料

＊物種、棲地

＊遊客數量

＊鄰近的社區

＊統計資料、衝突案件

＊整合的土地使用分區

13. 社區推廣計畫

14. 參與式規劃

15. 主動的／被動的解說

16. 遊客管理（控制活動種類、遊客團體大小、容納量、行為）

（三）保護區員工的職責

17. 監測物種／棲地

18. 引導遊客
19. 園區巡視
20. 執法
21. 整合、聯絡各項研究
22. 公關
23. 社區中介
24. 收費

（四）管理單位及員工的性質

25. 訓練
26. 資源保育
27. 生態（科研）
28. 公關
29. 執法
30. 教育訓練
31. 經濟

在台灣的發展方向

台灣地區的生態旅遊活動並未見可喜的案例。無論從政府觀光部門、地方政府、業者、旅遊者或居民的層面來看，能夠掌握生態旅遊精神及精髓的活動，為數不多。相反的，利用生態旅遊的名義要求開放自然地區的壓力卻與日俱增。檢討我國現行觀光旅遊型態、遊客行為、社會壓力、特權介入以及市場競爭等，發展生態旅遊仍有諸多障礙。

但是，把「生態旅遊」當作戶外教學活動，卻是再好不過。也就是說，在學校的戶外教學節目中，儘量融入生態旅遊的內涵。這樣就可以符合小規模、回饋地方、尊重自然及住民、參與保育、欣賞自然及當地文化等生態旅遊的精髓。

對政府主管觀光旅遊的部門來說，推動生態旅遊對整體經濟發展意義不大。恐怕只有賠本的份了。對旅遊業者來說，生態旅遊顯然是無利可圖的。對廣大的民眾來說，行程難、享受不夠、內容單調，只可偶而為之。因此，比較容易的作法，是在已經開發的大眾旅遊目的地（例如國家風景區、森林遊樂區、國家公園的遊憩區、民間遊樂區裏），加強自然環境下的解說及其它活動，使自然生態的內容增加。也許這樣作也算是自然取向（nature-based）的旅遊，但絕對不是國際自然聯盟和生態旅遊學會推廣的生態旅遊。

筆者認為在台灣推動的「生態旅遊」，應當嘗試融入學校的戶外教學活動中。同時並行的是選定適當的地區，進行謹慎的規劃，然後訂定地方政府、現場管理者、業者、居民、旅遊者等各自應導循的行為準則（code of ethics），在嚴格的管理制度及現場執行下，擇區逐步推廣，並定時檢討。換句話說，「生態旅遊」成為配合學校制度化戶外教學的活動。

被指定的生態旅遊區則須有嚴格的管理，並且提供「生態旅遊」行程設計，融入自然欣賞、文化欣賞、保育、互動、回饋地方等節目。各級學校可以利用週一至週五前來戶外教學。週末則可開放申請，接受一般民眾前來參與設定的生態旅遊行程。這一類活動設計可以由國家公園、國家風景區、森林遊樂區、實驗林等自行辦理。實際的執行則可結合地方保育團體、民間組織、學校教師、地方民眾等，藉由建立夥伴關係，共同提供服務。

另外一項發展是可喜的。許多民間團體（例如荒野學會、鳥會、蝴蝶保育協會等）大力推廣自然之旅、知性之旅、體驗之旅等等活動。他們努力的方向是與生態旅遊一致的。但是在精神上似乎更接近教育性。因此，筆者認為他們和學校戶外教學活動的整合、結合是最理想的。民間團體提供的解說員訓練課程，經過評審後應當獲得師資培育法的認同。

他們培育了一批夠水準的戶外教學師資，而且更有愛心。保育團體應當獲得大力支持，出面經營生態旅遊事業以及生態旅遊園區的管理等。善用這一群社會力可以加速我國生態旅遊事業的發展。從基層作起，逐漸影響地方居民、地方政府等。那麼，在最短的時間裏，可以創造出台灣模式的生態旅遊。

我們希望見到的政策是：

（一）行政院要求觀光主管部門及教育主管部門修訂相關法規，將生態旅遊納入學校戶外教學與休閒教育中。

（二）在「九年一貫課程」中，選擇適當學科納入「生態旅遊」及「戶外教學」。

（三）修訂師資培育法相關規定，要求國民中、小學教師養成教育中必修戶外教學課程，以充實自然、鄉土、地理及戶外教學之基本能力。

（四）修訂師資培育法相關規定，接受經審訂合格之民間團體辦理師資培育課程，如戶外教學、鄉土教學、生態旅遊等。上述訓練課程應經審定核可。

（五）教育主管部門（含省市教育廳局）規定國民中、小學每年必需前往指定地點辦理戶外、鄉土環境教學（含住宿型戶外教學）。

（六）學校辦理戶外教學（含住宿型戶外教學）應自備或要求承辦單位備妥教學計畫及提供經設計之相關教材。上述教材之設計應融入生態旅遊之精神。

（七）觀光主管部門與教育部門應合作設立諮詢單位，提供各級學校及民眾相關資訊，並逐年編纂生態旅遊及戶外教學基本資料。上述諮詢單位可委託學術單位或民間保育團體辦理之。

（八）觀光及教育部門應共同推廣「生態旅遊與戶外教學」整合之作法，並逐年獎勵有成效之推廣或執行單位，包括個人及團體。

> Recreational development is a job not of building roads into lovely country, but of building receptivity into the still unlovely human mind.
>
> ——Aldo Leopold , in " A Sand County Almanac"

參考文獻

1 朱芝緯（2000），「生態旅遊遊客守則之研究——以墾丁國家公園為例」，《戶外遊憩研究》，13（3）。

2 行政院經濟建設委員會（1996），《台灣地區戶外遊憩政策之研究》。

3 Brandon, K. 1996. Ecotourism and Conservation : A Review of Key Issues. Global Environment Division, Environment Department, The World Bank.

4 Ceballos-Lascurain, H. 1991. Tourism, Ecotourism, and Protected Areas. In J. A. Kusler, ed. Ecotourism and Resource Conservation, V.1. Ecotourism Conservation Project.

5 Ceballos-Lascurain, H. 1996. Tourism, Ecotourism, and Protected Areas. IUCN.

6 Federation of Nature & National Parks of Europe,1993. Loving them to Death: Sustainable Tourism in Europe's Nature & Mational Parks.

7 Hall, C. M. and Lew, A. A. 1998. Sustainable Tourism. A Geographical Perspective. Longman.

8 IUCN. 1996. Tourism, Ecotourism and Protected Areas.

9 IUCN. 2001. Guidelines for Tourism in Parks and Protected Areas of East Asia.

10 Leopold, A. 1968. A Sand County Almanac. "Conservation Esthetics". Oxford University

11 Lindberg, K. and Hawkins, D.E. 1993. Ecotourism: a guide for planners and managers. Ch. 1 and Ch.6, V.1. The Ecotourism Society.

12 Lindberg, K., Wood, M. E. and Engeldrum, D. 1998. Ecotourism: a guide for planners and managers. Ch. 1, Ch.2 and Ch 6, V.2. The Ecotourism Society.

13 Miller, G. 2001. The development of indicators for sustainable tourism: results of a Delphi survey of tourism researchers. Tourism Management 22, 351-362.

14 Moore, S. & Carter, B. 1993. Ecotourism in the 21st Century. Tourism Management, 14(2): 123-130.

15 Romeril, M. 1989. Tourism and the Environment-accord or discord? Tourism Management, 10(3): 204-208.

16 The Ecotourism Society. 1993. Ecotourism Guidelines: for nature tour operators.

17 The Ecotourism Society. 1995. A Collection of Ecotourism Guidelines.

18 UNEP Industry and Environment. 1995. Environmental Codes of Conduct for Tourism.

19 Valentine, P. S. 1993. Ecotourism and Nature Conservation : A Definition with Some Recent Developments in Micronesia. Tourism Management, 14(2): 107-115.

20 Wheeller, B. 1990. Responsible Tourism. Tourism Management, 11(3): 262-263.

21 WTO-UNEP. 1992. Development of National Parks and Protected Areas for Tourism.

22 WTO. 1996. Agenda 21 for the Travel and Tourism Industry: Towards Evironmentally Sustainable Development.

23 WTO. 1998. Guide to Local Authorities on Developing Sustainable Tourism.

24 WTO. 1999. Sustainable Development of Tourism: An Annotated Bibliography.

25 WTO. 1999. Global Code of Ethics for Tourism.

附錄：生態旅遊資訊網站

一、世界旅遊組織（WTO）：www.world-tourism.org

二、國際生態旅遊協會（International Ecotourism Society）：www.ecotourism.org.

三、國際自然保育聯盟保護區委員會（IUCN/WCPA）：www.wcpa.iucn.org

四、聯合國教科文組織（UNESCO）：www.unesco.org

五、中華民國永續生態旅遊協會：www. ecotour.org.tw

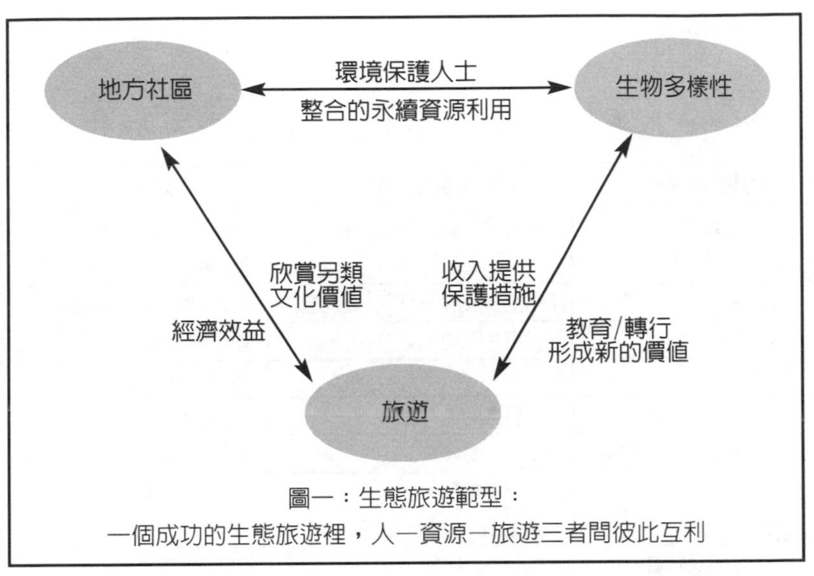

圖一：生態旅遊範型：
一個成功的生態旅遊裡，人一資源一旅遊三者間彼此互利

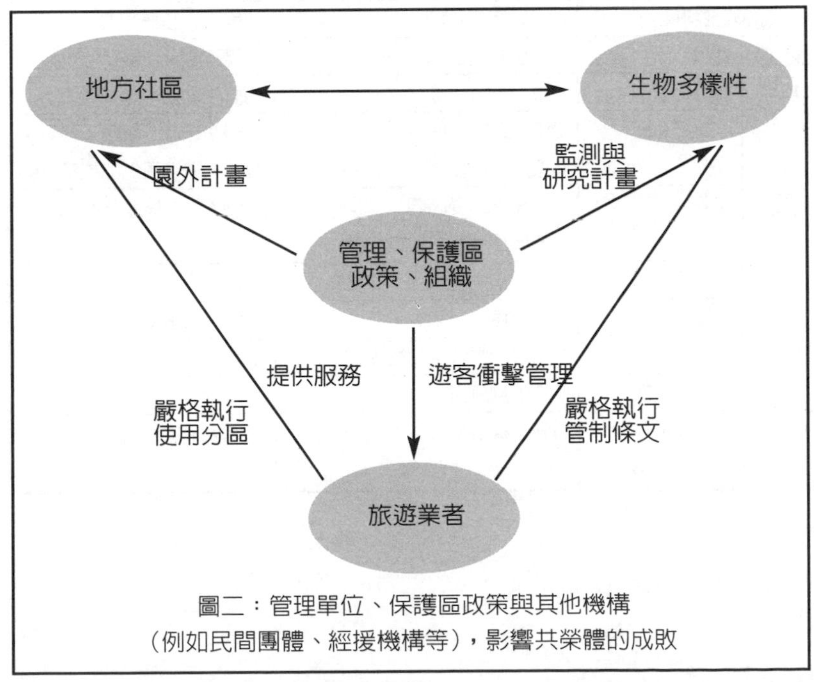

圖二：管理單位、保護區政策與其他機構
（例如民間團體、經援機構等），影響共榮體的成敗

表一

在保護區旅遊必須控制的遊客衝擊報含：

相關因子		對環境品質的衝擊	說明與建議
過度擁擠		環境逆境，動物行為改變	煩燥、品質降低、需要承載量限制或較好的調節方法
過度開發		鄉村劣質發展，過多人為建設	像都市般不雅觀的發展
遊憩	動力船	干擾野生動物	築巢季易受傷害；噪音污染
	釣魚	無	與自然掠食者競爭
	徒步遊獵	干擾野生動物	過度使用及路徑侵蝕
污染	噪音（收音機等）	干擾自然聲響	使遊客及野生動物煩噪不安
	垃圾	破壞自然美景，使野生動物習慣於垃圾	影響美觀及健康
	蓄意破壞	設備破壞及損失	破壞自然現象
餵食野生動物		對遊客造成危險	改變野生動物習慣
交通工具	速度	野生動物死亡	生態改變，灰塵
	路外行駛	土壤及植栽破壞	對野生動物形成干擾
其它	收集紀念品	取走天然的物品，破壞自然的變化	貝殼、珊瑚、獸角、稀有植物等，干涉天然的能量流動
	柴薪	由於棲息地受破壞而導致小型野生動物死亡	干涉天然的能量流動
	道路及開挖	棲息地消失，污物干擾植栽破壞	破壞美感
	電線	植栽破壞	美學上的衝擊
	人工水井	非自然的將野生動物集中，	改變土壤所需要的
	和鹽的供應	植物受到危害	
	引進外來植物及動物	與野生種競爭	造成大衆的混淆

表二

環境溝通十部曲

一、 階段一：評估

（01）狀況分析與發現問題

（02）分析各種權益相關人士（actor）的知識、態度與行為

（03）草擬溝通目的

二、 階段二：規劃

（04）發展溝通策略

（05）邀請策略性團體參與

（06）選擇適當媒體

三、 階段三：生產

（07）設計擬傳達的信息

（08）製作媒體並試用

四、 階段四：行動與分享經驗

（09）展演媒體以及現場出演

（10）全程紀錄、監測與評量

資料來源：Deutsche Gesellschaft fur Technische Zusammenarbeit （GTZ） GmbH，2000。

表三

如何對生態旅遊地作環境監測：

永續觀光核心指標（core indicators）

指標	特別量度
1.據點保護	依據IUCN的據點保護類別
2.遊憩壓力	該遊憩據點的遊客數（尖峰月裡每年遊客人數）
3.使用強度	尖峰時期的使用強度（人/公頃）
4.社會衝擊	遊客與居民人口比例（尖峰期）
5.發展控制	是否有據點發展及使用密度的環境稽核與正式管制措施
6.廢棄物處理	該據點廢棄物經過處理之比例（及其他指標，據點基礎設施之能力等結構性限制，如水供應量）
7.規劃程序	有無觀光地區之區域計畫（含"觀光"章節）
8.關鍵的生態系	稀有及瀕臨滅絕物種的數量
9.消費者滿意度	遊客滿意程度（問卷調查）
10.地方居民滿意度	地方居民滿意程度（問卷調查）
11.觀光對地方經濟的貢獻	全部經濟活動中直接來自觀光的比例
複合指標	
A. 承載力	影響據點支持不同層次觀光活動的能力的主要因子的複合性早期預警度量
B. 據點壓力	據點環境影響程度的複合性度量，因觀光及相關活動而引起的累積的自然的或文化的影響
C. 吸引力	其他使觀光具有吸引力而且會隨時間改變的據點環境因子的定性度量
資料來源：WTO， 1996，What tourism managers need to know : a practical guide to the development and use of indicators of sustainable tourism.	

表四

發展生態旅遊的要點與指導方針（Valentine, 1993）

要　點

1. 給予地方社區適當的利潤。
2. 聯結旅遊據點與地方自然保護。
3. 在保護環境前提下，以適當的現地經營管理與技巧，使地方和遊客獲得相當程度的滿意。

方　針

1. 數小就是美（人為操作/基本設施），但仍可在衝擊較小的條件下，設計大型的設施，並給予一定的調控。
2. 重質不重量:觀光客數量應只占當地社區人口的一小部分。
3. 地方控制。有賴合適的技巧，也許要由開發部分著手。
4. 聯結文化與自然。生態旅遊的規劃中過度納入文化生活，將對當地文化造成壓力，而屈從觀光客的期望。另一方面，觀光客對當地社會與自然環境間的關聯確實感興趣(如糧食作物、文化技術)。
5. 謹慎的監測。這是相當重要的參考資料，可以做為未來檢討的依據。
6. 認定合理使用，必須在所設定的管理目標之內。
7. 利用規劃和管理模式，來輔助有效的經營發展（如遊憩機會序列、遊客衝擊管理、可接受的改變限度）。
8. 國家公園與保護區的管理目的最為優先。私人所扮演的角色如下：若你能在別的地方做，就不要在國家公園裏做它。
9. 觀光客必須支付合理程度的費用。

《發表》

從國土發展觀點談當前交通建設之重要課題

⊙姜渝生

前言

交通建設為國家最重要基礎建設之一，其與國土發展之間有非常密切的關係。台灣過去經濟之快速成長，交通建設的貢獻甚大，唯不可諱言，其在國土發展方面，也產生不少負面的衝擊。交通與國土發展間整合之不足，為全球性普遍現象，台灣亦不例外。本文試先簡要就交通問題的特性做一概述，然後針對台灣地區交通建設之決策及當前進行中或規劃中交通建設的內容，提出若干觀察與建議，並就教於高明。同時本文探討的內容將僅限於交通，對於更根本的也相對更嚴重的國土發展之相關問題則不予以討論在內。

交通部門發展政策及策略之檢討

交通之需求及其空間分佈決定於國土的使用內容、強度及區位，而土地之可及性則仰仗於運輸系統，故交通建設與國土發展間有雙向的互動關係。交通建設之目的亦據此可大別為兩類，其一為改善現有設施或提供新設施以解決擁擠滿足需求，另一則為企圖藉交通建設以促進地區之發展，前者可簡稱為需求導向，後者可簡稱為供給導向。

交通之產生擁擠成為問題在於「人多車多」，人多車多係導因於人口、產業之成長與集中以及機動車輛之普及化，故解決交通擁擠問題之基本策略，無非從國土計畫及運輸政策下手，前者在使國土發展及都市土地使用型態合理化，避免不必要的過度集中或分散。

而後者則為發展大眾運輸。交通建設不能只考慮需求問題，自然亦應有前瞻性的規劃；但在企圖藉由交通建設以促進地區的發展時，需思考運輸條件的提昇僅為地區發展的一項必要條件而已，並非充分條件。經驗顯示，以交通手段促進落後地區的發展，往往成本高而效果有限，應該要回歸到產業政策才對。而且，如果地區的產業發展條件相對不足時，交通建設的引入常常反而會導致人口、產業的外移。

運輸系統包括路、海、空運，又各有許多不同的系統型式、技術及運輸工具，從整體運輸系統規劃的觀點而言，各種運輸系統及其路線與場站，都是整體系統之環節，彼此間緊密結合在一起，以發揮最大的整體功能，相互之間既具有替代性，亦有互補性。而運輸系統的運輸能力及績效，除了決定於硬體面之外，亦與軟體面的定價與經營管理策略密切有關。

如依上述概念來分析台灣地區交通部門過去之發展政策及策略，可顯示其值得檢討者實甚多，舉其熒熒大者至少包括：

（一）缺乏更明確的交通政策及具體的落實機制。

（二）雖有整體運輸系統之規劃，但缺乏法定地位，無法產生作用。

（三）運輸系統傾向於各自為政，缺乏整合的考量。

（四）道路建設主管機構多頭馬車。

（五）以解決擁擠爲主要發展策略，未能與國土發展充分整合。

（六）偏重投資，較忽略非投資性之經營管理策略。

（七）過分迷信交通建設促進地區發展的功能。

（八）重大交通建設之提出及決策程度深受政治因素的影響。

（九）建設計畫之必要性及優先順序缺乏客觀的評估。

（十）交通建設的規劃設計傾向於工程導向及交通導向，缺乏與土地使用的充分整合，亦未充分考慮環境之衝擊。

（十一）工程品質低落，亦缺乏維護的觀念。

當前應重視之重要課題

上文所舉的種種問題涵蓋的面向甚廣，本文篇幅無法一一詳述之，以下試歸納為四方面加以說明，並提出一些建議以供參考。

一、交通政策方面

交通建設要有全面考量的佈局，因之最重要的是要有明確具體的交通政策，故先從這方面談起。茲提出幾點來討論，其一為發展大眾運輸。以台灣之地狹人稠，加上狹長的地形，內陸交通自應以大眾運輸為主要工具，但台灣的大眾運輸系統一直未受到政府及民眾的重視，大眾運輸系統的市場佔有率出奇的低，此為台灣地區交通紊亂及環境品質低落之一主因。就城際軌道系統而言，西部走廊終於有了雙軌電氣化的鐵路，高速鐵路亦正積極建設中，而東部鐵路花東之間到目前居然連電氣化雙軌化都還無法做到，實在說不過去。而就都市而言，捷運系統的推動一直是一波三折，進度緩慢。台北之外的都會區之運量水準其實更適合發展成本低很多的輕軌系統，政府又以法制環境未建立不肯積極推動之。而在軌道系統尚未建構之前，理應先發展公車，以培養民眾使用大眾運輸的習慣，卻又受到一些財政制度上的限制行不得也。種種原因導致台灣地區大都市的大眾運輸市場佔有率除了台北之外都在個位數，竟然係與北美及澳洲等地廣人稀的國家相等，而僅為歐日等國家及香港新加坡之五分之一至十分之一而已。

其次，如細察正在推動中的交通建設計畫的內容，也有不少需要留意及有必要調整的地方，茲舉兩點為例說明之，其一為交通建設之定位一定要更正確的掌握，諸如市區鐵路的地下化，不能再像過去台北市一樣將之視為交通改善工程，而應視為縫合都市空間阻隔的都市更新工程，才合乎龐大投資的成本效益。另一則為系統間的整合要加強，在本位主義的官僚體系下，各機關所推動的交通建設案其規劃設計極易傾向於本位主義，彼此間缺乏整合的考量，此一問題不可掉以輕心，否則不僅坐失原可共贏的良機，相反還會產生新的問題。舉例來說，高鐵即將通車，其與台鐵之間至今尚處對立狀況，事實上應彼此整合以求得共贏，卻一直未見此方面之具體策略及規劃。

系統之間的衝擊亦然，舉例來說，根據日本新幹線的經驗，高鐵通車之後，國內都市間的航線勢必難以繼續營運，故應儘早有政策上及策略上的調整，但似乎亦未見有具體作為的提出，官方發表的運量預測尚認為北中、北南航空的運量在高鐵通車後估計只會下降約半數而已，似乎太過樂觀了些。

最後再談軟體面的問題，首先說費率，台灣地區之油價及停車費等相對而言較國外為低，大眾運輸之費率則較國外為高，此為長期以來個人運輸過度發展之一重要原因。適當的費率政策不僅有助於發展大眾運輸的落實，亦可使運輸系統的績效提高。舉例來說，二高全線通車之後，今後一定要趁電子收費制度建構之同時，推動公路系統收費之差別費率制度，以使一高、二高、西濱、台一等道路間的運量分配有效分散。費率之外另一個更重要的軟體面政策課題是加強執法，台灣交通之擁擠事實上有相當大程度是由於交通行為的違規，並非真正起因於容量的不足，只要大家守法可以不花錢的立刻提高整個道路系統的能量，平均而言，估計可達三、四成之高。難得的是中央政府終於下定決心開啟了交通大執法的行動，惜乎地方政府尤其是中南部似乎是「不動如山」，並未見到用心執行。在當前選舉文化下，要地方政府去加強交通執法非常困難，此一問題有必要從制度面去解決才行，具體之建議下文說明之。

二、建設計畫的決策問題

上述交通建設與交通政策間脫節現象的產生，與決策問題有關，台灣地區的交通建設計畫一直是由個別主管機構所提出的，並非經由整體性的規劃，雖然早在一九七六年交通部即開始了所謂「整體運輸系統規劃」，但一直並未能落實。在此情況下，不容諱言，交通建設的決策深受非專業的政治因素所左右，公、鐵路建設、港、機場等莫不如此，不僅容易導致計畫內容及優先順序的扭曲、資源的浪費，而且常常因之而衍生出新的問題來，此一現象可謂自古已然、於今為烈。

此一問題的有效解決，建議可從建立整體運輸規劃的法定地位著手，明文規定今後之重大交通建設計畫一定要先在交通部的「整體運輸系統規劃」中掛過號的才行，以確定其必要性及優先順序，而政治考量下的承諾則可將之定位為「應允納入整體運輸系統規劃中進行評估」，而非已定案了需要立刻編列預算去興建。

過去各地方政府的積極爭取交通建設常造成交通主管機構或行政院的困擾，助長了決策的非專業化。此一問題亦不難解決，建議交通部應研擬明確具體的交通政策及目標，在審議所屬各機構或地方政府所提出之交通建設計畫時，即以是否配合交通政策為必要條件。交通部並可進一步將相關之政策及配套措施納入計畫審核及預算分配之必要條件或評估準則中。譬如，地方政府須先將公車改善到某一程度、交通執法進行到某一程度、或路霸掃除到某一程度，才補助其軌道系統之建設經費或道路系統之建設經費等等。在當前的選舉文化下，這些都是地方政府不會有興趣去執行、但對城鄉發展及環境品質有極大影響的事情，正可藉預算的誘因來提高其被執行的可能性。

同理，今後在新的國土計畫法通過之後，企圖將部門計畫整合於國土發展計畫之下時，亦可採用同樣的機制，即藉由中央預算的審核及分配權，誘導及迫使各部門的發展計畫（包括交通）符合更上位的國土發展及永續發展的政策與目標。

三、計畫評估問題

由於交通建設之決策並非經過整體運輸系統之規劃，故並未針對運輸及國土政策進行目標達成之評估，目前主要係以經濟效益評估為必要性之指標。交通建設之效益主要為旅行時間及成本的節省，而成本則主要考量土地取得成本、建造成本及營運成本，對於交通建設所涉及的外部性只有部分計畫曾考慮空氣污染的改善、噪音的改善、肇事的改善而已，其餘的外部性均未計算在內。事實上交通建設對環境所造成的外部成本相當大，而其對社會所產生的外部效益亦不少，如果不計算在內極易導致經濟效益評估結果的扭曲。此對行經山區的公路影響最大，因行經山區的公路其運量通常不高，故交通效益亦相應不大，此時如外部成本未估計在內時便極易導致投資決策的錯誤。

以經濟效益評估做為決策的依據亦會間接影響了公路系統與軌道系統間合理分配的扭曲，因公路對環境造成的可能負面衝擊常常較軌道系統相對為高，而軌道系統對社會所帶來的外部效益則常常較公路為多。而為了得到較高的評估績效（淨現值、益本比、內生報酬率），實務作業中亦因之常見有低估成本、高估運量的現象。事實上，交通建設對環境或社會所產生的外部性，已發展有許多成熟的估計方法，故今後的重大交通建設的評估應嘗試將外部性納入以避免可能的扭曲。

由於政府財政的日趨困難，近年來重大公共工程的決策，亦有逐漸以財務評估為主要指標的現象，甚至無限上綱要加入民間參與的機制，均須非常小心。財務評估的意涵在於財務觀點之可行性，並無法論證公共投資之必要性。而交通建設通常經費龐大、自償率偏低，欲勉強採BOT模式自然會產生許多作業上的扭曲。

四、地區發展問題

最後要談的，也是當前社會上爭議最大的一類交通建設——包括產業道路、橫貫公路、蘇花高速公路等所隱含的一些問題，這些建設有一共同性，即其目的或者係為了服務偏遠地區的產業，或者係為了促進偏遠地區的發展。先談產業道路，山區的產業道路在工程標準上，一直未受交通主管機構的規範，其建設經費主要來自經濟部、農委會等。這些產業道路及其所服務的超限開發，從航拍資料上可看出來似乎越來越多、遍佈滿山了，其破壞水土保持的社會成本，應該已遠遠超過其開發的經濟效益。有問題的產業道路及超限開發應該要設法逐漸減量並恢復其生態，而產業道路的工程標準，似乎亦應納入相關規範與管理。

偏遠地區在區域競爭中居於劣勢，欲提昇其競爭條件並非易事，過去政府及民眾均過份迷信交通建設對促進地區發展的功能。如果說，一項交通建設其目的係為了促進地區的發展，在決策過程中，理應先有地區發展的全盤規劃，包括產業的內容、發展的具體策略、乃至效益的評估等等；假如不先有全盤的規劃，即企圖藉由交通的建設來誘發地區的發展是不負責任的做法。以東部來說，過去政府各界非常用心的規劃構思了所謂「產業東移」政策並大力推動之，事後證明其效果有限，反而產生了不少環境方面的負面衝擊（水泥、砂石開採等），此足以證明偏遠地區的產業發展並非易事，如果不能掌握地區本身的發展潛力難以成其功，而在沒有全盤性的規劃下企圖「交通先行」就更加危險了。國工局所進行的東部國道的經濟效益評估資料顯示其運輸效益並不大，要加入「產業東移」的效益後才能超過經濟可行性的門檻，但對所謂產業東移的效益來自何處卻未見到具體的說明或配套的規劃，似乎確實有值得商榷的地方。

建議今後「供給導向」型的交通建設，都應該要有地區發展的整體規劃為前題，在評估交通建設之必要性時應先評估地區發展計畫的務實性及可行性，並要有完整的配套措施，不宜單由交通觀點去規劃交通建設以企圖促進偏遠地區的發展。

是故，當前陷入對立的蘇花高之爭，建議似乎要從更全面的觀點去對待與評估。如果蘇花高並沒有難以克服的環境負面衝擊決定興建時，要深入檢查是否有完備的配套措施（如蘇花高與地區道路的界面整合、土地使用計畫的相應調整等），以確保投資的效益可以達成；而如果在環境考量下決定暫緩興建或不建時，也要有完備的替代方案，來改善東部的運輸及產業發展條件，以符合國土均衡發展的公平正義，第一步至少要把過去產業東移政策所造成的負面衝擊給予解決。

《回應》

就交通建設之推動談國土發展的重要性

⊙歐晉德

一、國土發展與交通建設孰先孰後

誠如姜教授所言，交通建設與國土發展之關係密不可分，交通建設對過去國家之經濟成長貢獻甚大，但將今日之交通擁擠現象，歸責於藉由交通建設促進地區發展之作為，成本高而效果有限，似仍有商榷餘地。

以個人淺見，交通建設若僅為需求導向，則無法提供適時的服務，因為交通建設自規劃，以致完成期程甚長，若至明確反映需求迫切時，待興建完成，常已無法滿足需求，必須需求與供給導向並列。而供給導向，則必須以具完整規劃之國土利用政策為綱領，界定國土發展的政策為目標，具體的交通建設為推動手段，方能使人口及產業的運動走向合理化，城鄉的差距也方得以縮小。

二、符合台灣地域條件的運輸政策原則

台灣地形特殊，為一狹長菱狀島國，中央為中央山脈隔絕，坡地在海拔一百公尺以上之面積達約七十％。無可避免的，人口分佈及低成本資源取得，使土地利用以沿海岸線之平原地區為發展重點，在國際上以亞洲的地理區位而言，港口（航空及海運）所在地最易發展成為都市中心，因此人口的流動，貨運的運輸，自然形成南北向為大宗，產業則以北台北，南高雄為要點，也因此呈現出南北交通運輸主要動脈的壓力。而多年來國土利用，仍未跳脫以農立國，農業為本的迷思，在經濟條件誘因下，人口快速向都市集中，交通建設只有不斷的解決需求，然在東西平衡、縮短城鄉差距的呼聲中，易產生未經完整規劃的交通建設方案，反而致建設未能達成分散人口的政策目標，頗值得為政者深切反省。

台灣之交通建設，在整體上，確實需以大眾運輸為主，但完整的公路網，仍為必要設施，一如瑞士。瑞士為一高山之國土，其每平方公里的道路面積仍達一．七公里以上，是台灣的三倍，並未造成環境的破壞，但在運輸體系上，給予大眾運輸最大的優先，台灣也

宜以瑞士為師。近年來在高速鐵路的推動是正確方向，但如何改善台鐵，及與高鐵間的整合，仍應下最大的功夫。

三、完整的國土發展規劃以為交通建設之指針

既然交通建設是促成國土發展的手段，就必須先有完整的國土發展規劃，在達成國土利用的目標的原則下，訂出明確的交通建設方案，並定期檢討其成效，以作必要之調整，如早期將省政府設於南投縣中興新村，就有強勢分散人口創造新都市的雄心，但就必須配合有效的交通系統，然而多年來卻未予以配套，終致功敗垂成。韓國最近幾年擬將中央遷往他處，計畫中除建設辦公廳舍外，配以學校、醫院、住宅，再加上高速公路、高速鐵路等交通建設，主動迫使得人口發生明顯的移動，舒解首都的壓力，應可期待成為一可行的案例。

《回應》

不讓生態旅遊作爲開發破壞的藉口

⊙劉小如

主辦單位對「國土規劃——政策環評與民眾參與」研討會的規劃，凸顯了交通部門的計畫，本節的兩份論文一個談交通建設，另一個談生態旅遊。我僅對生態旅遊的部分表示一點淺見。

「生態旅遊」因為有旅遊兩個字，所以很多人都誤以為它的重點是「旅遊」，只不過是到有生態資源的地方去旅遊而已。其實生態旅遊的精神與重點應該是放在「生態」，而不是放在「旅遊」上。不然我們就叫旅遊就好了，否則為什麼要另外取一個名字叫生態旅遊？

王教授在他論文的前言裡，對於生態旅遊的起源以及推動生態旅遊的原意，做了簡單扼要的說明，指出「國際自然保育聯盟世界保護區委員會倡導的積極自然保育行動，用來取代絕對隔離人為影響的保留區管理制度。因為將人排除的保護區管理方式，遭受不同程度的排斥，使保護大自然的工作遭遇困難，管理的績效也難令人滿意。」生態資源在有些地方是非常珍貴同時脆弱的，若不加以保護，這些資源必然會在近年內被嚴重破壞。其實這種現象不只侷限在台灣，因為世界各地舉目皆是殺雞取卵的資源利用模式，讓我們不得不承認，大部分人在沒有正確的知識引導或是妥善的管理時，常易展現出來充滿私慾且短視的行為。

我們既不想採取「絕對保護」的方式，把人自然隔絕，又期望達到保護生態資源的目的，怎麼辦？國際自然保育聯盟世界保護區委員會研擬出「生態旅遊」這個很有創意的點子，也就是在嚴格控管的狀況下，帶領遊客深入認識一個地方的自然與傳統文化，遊客行為受到管理所以可以避免對環境造成破壞，遊客對當地生態及文化特色的瞭解會讓牠們珍惜該地的資源，而安排旅遊活動帶來的收益，對當地的經濟也不無小補。理想上這是個三贏的策略：重要的資源得以被保護，遊客獲得到知識與自然體驗，地方也得到收益。但是很不幸，當生態旅遊觀念正如火燎原地在世界各地推行時，沒想到竟導致許多保護區被遊客破壞，地方文化因為過度外界的介入而快速商業化，遊客到當地通常也沒有獲得好的自然體驗，讓生態旅遊在國際上很快地變成最普遍被誤用的理念。在台灣也是，生態旅遊在很多原本資源豐富的山地，成為破壞環境的藉口。

到底是那些因素讓生態旅遊步入歧途？誰應該為旅遊業者掛羊頭賣狗肉負責？這些是檢討國土規劃執行成果時可以考慮的角度，但是因為王教授並沒有涉及這些層面，今天暫不討論。

想到土地時，一般人心理只想到一坪值多少錢；我們沒有從國土的角度去想土地，也沒有想到土地是生命生長的基本依據。我們真應該思考一下社會是否必須用「錢」這個單一指標來衡量一切的發展？

生態旅遊其實並不是一個無煙囪工業。我們在很多地方看到生態旅遊跟無煙囪工業中間劃等號，旅遊業因為沒有污染環境，也許可以當作是無煙囪工業，這種旅遊對地方的資源有相當高的消耗性，是用企業化的方式經營的，而生態旅遊是對地方的自然資源進行非消耗性的利用，是符合永續原則的利用。

王教授在論文中介紹了不少國外學者及國際團體有關生態旅遊的論述，我只想補充以下幾點：

（一）生態旅遊不是以生物爲中心，也不是僅以觀賞生物爲重點，而是以自然或生態系爲中心，應對地區的自然環境、生態系運作及自然資源有些體認。

（二）生態旅遊的據點不一定是要在保護區裡面，可以是任何有妥善管理的地區，但是一定要有嚴格的管理，重點是要能提供遊客珍貴的自然體驗。

（三）生態旅遊點不一定有居民，有居民處的傳統文化必然反應了與當地生態環境的互動，及對生物多樣性利用的傳統智慧。我們看到蘭嶼的文化傳統跟布農族、排灣族截然不同，就是反應了生態資源特色的不同，也應該是生態旅遊解說的一部分。

生態旅遊因爲必須限制遊客人數，必然是小眾活動。王教授引了Lindberg、Wood和Engeldrum書中提到的產品、開發、市場、廣告、促銷，及個人娛樂節目等，都是很容易誤導各界的名詞，讓社會大眾誤以爲生態旅遊是一種生財工具，以致於生態保育的終極目標被忽視，所以大家要非常的警惕。尤其是一九九八年迄今已有六年，其間觀念已有很大的改變。

行政院永續會即將完成一份「生態旅遊白皮書」，其中對生態旅遊有明確的定義，對旅遊點的選擇與分級、旅遊點的管理、遊客人數與行為規範、與地方居民的互動、解說導覽機制、環境監測與復育等都有詳細的說明。期望這份文件被通過接受之後，能導正台灣未來的生態旅遊發展，至少把台灣一些還沒有破壞的土地保護下來，不要讓推動生態旅遊繼續被當作是破壞環境的藉口。

王教授建議在台灣應該賦予國民旅遊戶外教育的角色，再用「國民旅遊」來取代現有的錯誤的「生態旅遊」，這樣可以符合小規模、回饋地方、參與保育、欣賞自然等生態旅遊之精髓，可以創造商機；另外他也建議學校戶外教學活動中，應當嘗試融入生態旅遊的內涵。原則上，這些建議都很好，只是將學生的戶外教學當作生態旅遊的並行方案，和生態旅遊的原則有所牴觸，因為國內學校每班學生人數可能都高過生態旅遊點單次應該容納的人數，加上牽涉到學童安全等問題，可能在短期之內，還是應該將學生的戶外教學，暫時保留在學校附近的都會公園或郊山比較妥當。

最後，我認為規劃者不應該只「因應今天的需要」，而應該能提升當前的行為水準，引導未來的發展。永續的目標不應該只考慮物質生活品質的提昇，更應該考慮精神生活的品質，以及如何讓社會的痛苦指數降到最低。妥善推動生態旅遊，不要再讓生態旅遊作為開發破壞的藉口，對台灣的永續發展必然是有利的。

《回應》

公路交通建設對國土永續發展之環境影響評估——從蘇花國道的興建檢討我國交通政策環評的迫切性

⊙張長義

公路交通建設在施工過程中的確帶來大量就業機會，建成後更能帶動邊陲地區與核心地區的財貨交流，因此往往被視為活絡區域經濟發展的萬靈丹，然而其對環境造成的衝擊也是長久且不可逆的。近年來由於天災頻仍，地震、颱風、豪雨引發台灣環境敏感山區與海岸地帶的崩山、洪水、土石流等災難時有所聞，尤其經過崇山峻嶺地區中橫、新中橫公路沿線地區更甚。有鑑於此，蘇花國道的興建、台九線花東公路以及山區道路台一一〇與台一二二縣道的拓寬工程已然成為全民關切的社會議題。

回溯一九七〇年代經濟起飛，台灣西半部快速發展的結果是贏了經濟賠了環境，反觀東台灣由於其交通上相對的不便利，使其大致上仍得以保留其自然面貌。然而東部民眾看到西部的繁榮與便利不免嚮往，於是產業東移、興建東部快速公路等政策便應聲而起。結果前者僅是造成水泥工業的進駐，不僅對山地脆弱環境生態有顯著影響，即便對當地居民與交通安全更是一大考驗，而後者則因來自各方輿論的反對聲浪下，目前停工評估中。

蘇花高速公路源自一九九〇年行政院核定「改善交通全盤計畫」，指示台灣未來應完成環島高（快）速公路網，於是交通部自一九九二年起，開始辦理國道東部公路初步探勘與調查，國工局則自一九九八年起，先後辦理蘇澳花蓮段與花蓮台東段的規劃作業，計畫以BOT方式興建。其中蘇澳花蓮段（即蘇花高速公路）路線自北宜高速公路頭城蘇澳段終點起，往南大致沿北迴鐵路西側以連續隧道穿越中央山脈東麓，於崇德出隧道後由台九省道東側及縣道一九三西側繼續南行，經佳山基地東側及花蓮市區西側至吉安鄉止，總長約八十六公里。當中包括了隧道十一座、橋樑二十一座，全線雙向四車道，共有吉安等七處交流道，蘇澳等三座服務區，總建設經費為九百六十二億元，預計二〇一一年全線完工。而在二〇〇三年十二月十一日，行政院長游錫堃以花蓮地方仍有不同意見為由，宣布緩建蘇花高速公路，日前行政院也成立專案小組進行評估中（表一）。

蘇花高速公路係為了發展東部觀光產業所作之規劃，然而沿途經過許多環境敏感區，甚至橫跨太魯閣國家公園之範圍，且全長八十六公里的路段中，隧道即佔了四十公里，屆時工程廢土的堆置、挖掘隧道所面臨的地質考驗都是一大問題，如此浩大的工程竟然止於第一階段環評即有條件通過，但卻未依行政程序法的規定舉行公聽會程序，確有行政瑕疵。

動輒數千億之交通預算每年都在行政院被提出來，其中不少的確是地方及國家建設所需。然而有許多開發案不僅花費國家公帑以及行政單位的人力物力和時間，尤有進者，造成環境之破壞，引發環境災變，如山區之山崩、地滑、土石流，平地之河道束水變窄，排水路被堵造成洪水等災害。這些可能引致環境災變的開發計畫，在交通規劃決策單位之長遠目標而言，似乎是建設完整的台灣交通系統不可或缺的一環；然而，深究其因，乃為交通單位宏觀縱向與橫向的決策視野太過於偏狹所致，對於宏觀縱向的國家整體發展最迫切之需求，與橫向不同行政單位可用資源的影響，是於交通發展的本位考量之外，孜孜矻矻追求拓展擁有資源之成長，其成長之結果必然排擠到其他單位可以分配到的資源。雖然大家皆有一樣的想法，即是國家與地方都有必要的交通建設都應該贊成，但是會引發環境災難的交通開發，則必須反對到底。

一九九〇年，交通單位完成全島高速路網計畫，亟欲開發南迴快速道路，通過崇山峻嶺地區（包括大武山自然生態保護區，以及東部蘇花國道），通過世界稀有的變質岩海崖景觀（如蘇花海岸地帶），這兩個計畫將是近千億之開發案例，但「全島高速路網」計畫卻從未檢討在台灣環境脆弱敏感地區建置開發路網之必要性。姑且不論國庫是否可為後援，然此二案一旦開發，環境生態景觀資源的破壞將永遠無法彌補，美麗之島生命史將記上兩筆因人謀不臧造成地景破壞的大事記。睽諸前車之鑑，對於環境生態與地理景觀的破壞，信手拈來俯拾皆是，如中部東西橫貫公路與新中橫的山崩與土石流災害，目前由台中東勢入山，經谷關、青山、德基到梨山的谷關－德基段，自九二一大地震後，崩山、地滑與土石流處處可見，道路完全中斷，此乃由於原開闢的單向道路一再拓寬，完全忽視陡坡地形之地質與邊坡不穩定的結果。公路單位一再找理由說明由西部至梨山風景區之交通壅塞影響遊客安全及旅遊品質，應加以拓寬成上下車道以容兩部遊覽車可錯車，然而孰不知拓寬道路的結果，就是在雨季時，小則造成小規模山崩及土石流、道路中斷，徒增遊客不便，更花大筆之道路維護成本；大則如九二一大地震後，造成谷關至德基段之山崩、地滑、土石流，引致全線不能通車及電廠的全面淤塞，其修護成本亦達數百億，而且難保不再發生山崩與土石流。尤有進者，土石流也造成谷關發電廠發電機組的全數破壞，電力供應受到嚴重的影響。至於新中橫公路在南投信義鄉境內，自中橫通車之後，每逢颱風豪雨便成土石流之「明星災區」，尤其以神木村更是人人皆知。今年颱風災害頻仍，七二敏督利風災、艾利颱風、九一一水災以及海馬颱風更證明台灣地理位置、氣候、地質、地形與生態的脆弱，尤其在山區的道路交通建設，實應審慎考量其對環境的衝擊，從而檢討開發之必要性。

綜言之，交通單位所提列之交通系統建設開發計畫皆有數千億，倘能事先在決策層次就以應不應而非可不可的考量，從事政策環境影響評估，應可抑制大規模的環境災變以及環境景觀的破壞，如此國家永續發展才得以看到願景。

表一：蘇花高速公路大事記

民國79年2月	行政院核定「改善交通全盤計畫」，明訂臺灣地區未來應完成環島高(快)速公路網
民國81年12月	辦理國道東部公路初步探勘與調查
民國83年1月	開始國道東部公路可行性研究
民國87年3月	行政院同意可行性研究路網架構，並指示先進行蘇花段規劃及朝提高誘因方向辦理BOT推動策略
民國87年4月	開始著手蘇花高速公路之工程規劃
民國89年1月	完成蘇花高速公路之工程規劃
民國89年2月	環保署過國道東部公路蘇澳花蓮段環境影響說明書
民國92年6月	迴瀾夢想聯盟成立，為第一個應蘇花國道而發起的民間團體
民國92年11月26日	行政院會議通過「五年五千億，新十大建設」方案，其中第三波高速路，包括蘇花高速公路的規劃和興建
民國92年12月11日	行政院長游錫堃宣布緩建蘇花高速公路
民國93年7月28日	行政院環保署環評委員會決議建請交通部對於「國道東部公路蘇澳花蓮段工程」案將諸多時空環境變遷與國土永續發展等因素，補作更嚴謹的環評作業；交通部國工局官員承諾將依此決議重辦環評

資料來源：本報告整理

游芳來 發言：

剛才姜渝生教授提到交通部沒有運輸政策，我認為不盡然。雖然為了順應環境變遷，某些規劃會有所改變，或整體的規劃白皮書，因須上報行政院，經過審查、核定到落實，會花費一定時間，無法立刻展現它的功能，但是交通部的立場與目標，就是提供一個優質的行旅環境、健全的物流環境、永續的運輸環境，因此絕對會有運輸政策。我們不但要考慮老百姓行的需求，也會兼顧經濟的發展與對環境的衝擊，而政策的主軸在於：（一）開展全球運籌中心；（二）促進公共措施的建設；（三）強化運輸設施；（四）運輸事業民營化，資金與技術的擴大；（五）以永續發展為宗旨，提升運輸的環境與品質；（六）運輸的智慧管理，亦即在現有的限制條件下，改善並提高服務品質，全面的推動安全。

此外，王鑫教授在口頭報告中，提到「體」、「象」與共識的建立，我覺得非常好。他同時考量國土開發與生態旅遊的關係，把保育作為「體」，透過教育活動、商業活動展現保育的「象」，此其中必然會逐漸納入立法過程，也就是共識的建立了。眾所周知，台灣的資源有限、環境敏感，我們要先能生存，才能繼續探討生活水準的改善與生活品質的提升，最後才是永續生命的思考。很明顯的，國家、社會、民眾是生命共同體，包括環保、環境、經濟、運輸等，都是不可切分而且相輔相成的，因此要有永續的未來，必須靠大家努力。我相信，只要找出其中的因果法則，必能了解困難與問題的癥結所在，之後便能對症下藥，解決問題。

鐘丁茂　發言：

主持人的談話，我覺得是人類本位中心，或說是經濟導向、市場導向的思考模式，如果以這種態度來討論國土規劃，我會非常擔心。另外，想請教兩位發表人：交通建設導致台灣自然生態的「島嶼化」，因為各種交通網絡把中高海拔地方區隔成一個生態島嶼，造成棲地零碎化，對台灣的自然生態破壞嚴重；而若生態旅遊又被誤導，那麼恐怕不但沒有辦法達到生態保育，反而會破壞生態。不知道王鑫、姜渝生兩位教授的看法如何？

我先談生態旅遊的部分。舉一個類比的例子來說，大家都知道有一種「善意的謊言」，它的出發點是善意，而謊言只是工具，但是最後如果僅剩謊言而沒有善意，就會很糟糕；亦即：生態旅遊若是著重旅遊而忽略生態，也是很糟糕的事情。由此可見，台灣在推展生態旅遊之際，首先必須確定最高指導原則，否則不斷的鼓吹生態旅遊，或任意套用生態名義，勢必會造成大災難。比方說，現在公共工程委員會大力推動生態工法，但既然是人為的工法，又怎麼會是生態的呢？事實上，生態不太容易和人工連結在一起，然而國內似乎只要冠上生態之名，就能引起百姓的認同，政府也會投注大量的資金。值此之際，我們應該回頭想想，如果大量的投資最後導致生態的破壞，則此「掛羊頭賣狗肉」的做法，是否必須適可而止？因此，請教王教授，台灣在推動生態旅遊中，到底獲得多少保育、教育、商業成效？假設保育成效最低、商業成效最高，我們還要繼續使用「生態旅遊」這個名詞嗎？

關於交通建設部分，姜教授的演講讓我非常感動，但我的疑問是：三十年來，我們的交通政策真等於是白寫嗎？若是如此，則因之而來的交通建設，是否曾經危及台灣自然生態？假使兩個答案皆為「是」，那麼難道是交通部官員視而不見、知道卻沒有改，而有怠惰之嫌嗎？換個角度來看，倘若交通部官員完全不知道這些問題，那麼是因為他們無能嗎？至此，請問姜教授認為的解決方案是什麼？

與會者　發言：

今天的題目是「生態旅遊與交通規劃」，兩者擺在一起，可能是因為我們在制度設計上，觀光業務乃是置於交通部之下。然而，生態旅遊應該是以自然保育為主，現行機制如觀光局等，是否有能力或意願負責資源的保護與管理？至於在「挑戰二〇〇八」的觀光客計畫中，應否加入生態旅遊的訴求與規劃？另一方面，我建議在生態旅遊白皮書中，應該有更積極的思考，譬如不只是綠建築或交通動線的規劃，更要嘗試減少車輛的使用，以及重新思考土地使用的原則等。

余範英 發言：

台灣在經濟過速的開發下，對自然環境的傷害時而有之。今天大家都在反省檢討，也知道提升經濟發展、生活品質，需要秉持對自然環境的尊重。兩年多來，參加了永續發展委員會各種大小會議，始終很少見到交通部官員出席，或是只有低層級的人員代表參加；我想這是一個態度的展現，因此在這裡，想請問交通部如何看待自己身為全球運籌中心的角色？為開展全球運籌中心，我們已經放下許多本應關注的細節，但交通部預備如何因應永續發展的課題？此中有無優先順序安排？

與會者 發言：

生態、旅遊、永續發展，三者之間不能直接劃上等號。譬如說，澎湖開設賭場，一定會引來加倍的觀光客，但是擁擠的人潮將對澎湖造成哪些影響？生態旅遊與賭場活動能否一起為永續發展貢獻力量？我想這是有待斟酌的問題。

王鑫 回應：

讀書人的好處是可以冷眼旁觀，提出意見。我今天是以理念的層次來討論生態，唯有理念確立了，隨後才有政策面、行政面、技術面。另外，我們發現政府部門對於生態旅遊相關事項，通常沒有意見，如果要有意見，他們會委託某某教授主持計畫；我想這是因為動輒得咎，所以政府部門學會不說，形成專業官僚消失不見的狀況，不曉得各位是否同意。不過，由於學者各有詮釋之能，因此各方意見百家爭鳴，還是很難共推一個具有代表性的說法。

至於專業人士，一般只要對他商業、經濟的目的有所助益，他就會去運用某個名詞。換言之，政府必須正本清源，否則拿不出政策。然而政府一旦釋出政策，必定會有人受傷，屆時政府就要負起責任，進行溝通協調。總的來說，究竟要把生態旅遊當成無煙囪工業、保育工程或教學事業，必須有所切割，政府也要拿出主張，否則很難繼續談下去。政府的決策，當然與意識型態有關，因為意識型態會左右一個人的選擇。譬如林盛豐政務委員很想儘速解決問題，我認為這是比較實證主義的態度，但是人本主義論者不會急著找答案，而是放手讓大家自行抉擇，兩種意識型態不盡相同。

其實，生態旅遊是流動空間的問題，這個問題無法跳脫整體架構的影響。何謂整體架構的影響？例如在縣政府之內，政務官通常不具有事務官資歷，但是卻有指揮事務官的權力，因此若事務官不是百分之百配合，政務官被擺佈了也不曉得該怎麼辦；是故我認為縣政府的局長層級，一定要由事務官擔任，不過這也只是說說而已，立法院不會通過。另一個例子是，資本人壓倒性佔多數，監察人很少，這種比例極難調整，走下去會導致浪費公帑，而這也是我們看到很多工程外包的原因；外包有其好處，但外包也容易讓工程走樣，事務官的專業沒有機會發揮，他甚至乾脆放棄專業，慢慢地變成只負責行政。這不是生態旅遊的問題，但它卻使生態旅遊變成現在這個樣子。

為什麼我要講如此抽象的東西？因為所有的事情，大概都是這種模式。然而，政務委員不可以這樣抽象，他必須做選擇、下決策，即使有人不甚滿意，政府也要堅持到底，或者換個名稱來做。像是不滿意生態旅遊，可以改成文化旅遊、體驗旅遊等。

鐘丁茂　發言：

建議王鑫教授在發表文章時，應該對生態旅遊有所定義；如果沒有操作定義，我們會不知道你所言為何。此外，王教授用言、象、意來解釋本體，但本體是哲學的being的概念，所以這個名詞的使用要更謹慎。再者，實證主義與人本主義的意涵是否有其他的說法？我個人認為有討論的餘地。

姜渝生　回應：

我在口頭報告中，提到「交通政策白皮書換個封面，每個國家都一樣」，意思是指我們雖然有說「應該如何」，但卻沒有具體點明「要做到什麼程度」，以及「要達到什麼目標」。比方說，交通政策白皮書主張發展大眾運輸，卻不敢講怎麼樣發展大眾運輸，這是為什麼？背後有兩個重要的原因，一是「本位主義」，二是所謂的「官大學問大」。

大家都知道，交通涉及的面向非常複雜，特別需要整合，可是本位主義作祟之下，現在還是各走各的路、各過各的橋。至於官大學問大，我要說的其實是交通部門實際執行者的無奈。比方說，編寫交通政策白皮書時，本來都是很具體的計畫，後來這些都被刪掉了，連主要域距也不能寫，為的就是避免抗爭，結果就會變成「四平八穩」的報告。我的談話不是要批評交通官員無能，而是要強調大環境改變的必要。

簡言之，我認為若欲解決前述問題，就是要趁國土計畫即將立法時，把結構關係定位下來。譬如，交通部的發展計畫若不符合國家的國土發展或永續發展策略，中央可以拒絕給錢；而各單位提出的計畫若不符合交通部政策，交通部也可以拒絕給錢。至於什麼是符合策略的計畫呢？即是要落實整體運輸規劃。

游芳來　發言：

因為時間的關係，我會把各位的意見，帶回交通部參考，這裡僅簡短回答幾個問題。首先，關於大眾捷運，目前台北市都會捷運初期路網完工後，每月有九十萬人使用，後續的新莊線、蘆洲線也正在趕工，而中正機場捷運亦已核定通過，等到長生案官司底定，應該可以立即動工。總長四十二公里的高雄捷運也已經在進行了，明年可以部分通車；高雄新輕軌也在都會捷運計畫中，這些我們都有規劃。不瞞各位，大眾捷運建設的關鍵仍在資金，地方希望中央全部補助，可是根據現有的辦法，地方必須依據財政進行相當程度的分擔，至於工程與技術，反倒不成問題。

其次，許多人關心的蘇花公路，由於有不同的聲音與意見，所以行政院也在六月時，已特別指示交通部將整個配套措施與協商結果，重新提到行政院。為了這件事，我們組成一個「因應國道五號衝擊規劃小組」，對持續再討論、確認。

再者，余範英執行長問到全球運籌中心，我可以說明一下。高雄港曾經是全世界第二大貨櫃港，因為我們處於連絡歐亞、東西太平洋的端點，地理位置佔有優勢，加上高雄港水深、潮差小、作業效率高，因此業務量大，轉運量現已超過五十％。換句話說，我們有港口條件、作業效率，還有相當的腹地、發達的工商環境作為背景，自然是運籌中心的不二選擇。不巧的是，今天牽涉到大陸市場的問題，所以政府另有一套利用境外航運中心、利用自由貿易港的做法。不過，全球運籌中心絕對是正確的方向，可以確保提升我們的附加價值，且因整個計畫長達二十年，所以對環境的衝擊也較少。

影響交通政策的形成，主要有幾項因素，包括：憲法的規定；立法院的決議事項；行政院的施政方針；交通部交通建設的重要措施及決策；外國的法令參考；專家學者的研究報告；民意的意見；輿情的反應。所以整體而言，交通政策與建設同多元社會息息相關，牽一髮動全身，我們要互相體諒、支援。套一句中國的老話：「看人挑擔不吃力」，但當一個決策訂出來，後面的故事確實是很多的，如果彼此能夠了解最好，未來我們也會多多從事交通相關方面說明。

議題三

草根行動——國土規劃與民眾參與

● 國土規劃與民眾參與——以德基水庫集水區爲例

● 我國政策環境影響評估之推動與展望

● 環境影響評估中的民眾參與——

一個蘇花高速公路爭議參與者的看法

● 政策環評與綠色矽島

● 如何落實民眾參與國土規劃？

● 勿讓政策環評成爲政策合理化的工具

主持人 李偉文（荒野保護協會理事長）

發表人 陳錦煌（新港文教基金會創會會長）

鄧英慧（經濟部德基水庫集水區管理委員會執行秘書）

張祖恩（行政院環保署署長）

夏禹九（東華大學自然資源所所長）

回應人 於幼華（台灣大學環境工程研究所教授）

鐘丁茂（主婦聯盟環境保護基金會台中工作室顧問、靜宜大學通識中心主任）

林素貞（成功大學環境工程系教授）

發表人

陳錦煌

台灣大學醫學系。現任新港陳錦煌診所負責人、財團法人二二八事件紀念基金會董事長、中華民國社區營造學會理事長。曾任新港文教基金會董事長、行政院政務委員、九二一災後重建委員會執行長、台灣省政府副主席。專業領域為小兒內科、社區總體營造、NGO運作。

發表人

鄧英慧

中興大學水土保持系博士。現任經濟部德基水庫集水區管理委員會執行秘書。曾任台灣電力公司股長、課長、水土保持專業工程師。專業領域為水庫集水區經營管理。

發表人

張祖恩

日本東北大學土木系博士。現任行政院環境保護署署長。曾任環境保護署副署長、成功大學工學院副院長、教育部環境保護小組執行秘書成功大學環境工程系教授兼主任、環保署綜合計畫處副處長、成功大學環境工程學系副教授、台灣省工礦檢查委員會檢查員。

發表人

夏禹九

美國華盛頓大學森林資源學院博士。現任東華大學自然資源管理研究所教授兼所長。曾任林業試驗所研究員、福山分所分所長、集水區經營系主任。專業領域為地景生態、水文氣象。代表著作有科學期刊論文。

國土規劃

回應人

於幼華

美國聖路易華盛頓大學環境工程博士。現任台灣大學環境工程研究所教授。專業領域為臭氧於水處理之應用、環境影響評估之理論與應用、環境規劃與管理、環境基本科學。重要經歷有台灣大學土木工程系教授、美國史丹福大學土木工程學研究所環境規劃與管理研究室傳布萊訪問學者。

回應人

鐘丁茂

東海大學哲學研究所博士。現任靜宜大學生態學系專任副教授、台灣生態學會理事長、主婦聯盟台中工作室顧問。曾任東海大學、台中師院兼任副教授、台灣生態學會常務理事。專業領域為價值哲學、邏輯、環境倫理學、人生哲學。代表著作有《環境倫理思想評析》、《國父知行哲學之研究》。

回應人

林素貞

美國奧克拉荷馬大學環境工程博士。現任成功大學環境工程系所教授。曾任行政院永續會諮詢委員、內政部營建署都市計畫委員會委員、環保署環評審查委員。專業領域為環境影響評估、環境、能源與產業經濟之關聯效應及發展策略。代表著作有《核能電廠計畫環境影響評估導論與應用》、能源環境與產業經濟互動研究相關之論文約近百篇。

公民參與的實踐精神是未來社會健全發展的基礎

⊙李偉文

根據世界潮流，中央政府與地方政府建立「伙伴關係」，一直是時勢所趨；把權力下放到地方政府，以執行、推動一些工作，也是不可避免的趨勢。但在部分領域上，確實也有地方政府不適宜、或沒有辦法執行之處，比如他們不可能做出較完整的國土規劃，可能也不容易破除地方派系的挾持，尤其地方派系往往也是既得利益者，因此如果要和這些力量達到一種制衡的效果，或許就得仰賴民間團體的角色。

其次，所謂環境保護也好，生態保育也好，都是普世價值，相信每一個人都會同意，甚至願意出錢出力投入下去。但是在實際執行過程中，其實充滿了許多法令限制，各種觀點、爭議、利害關係的角力，通通會跑出來，所以普世價值也有「知易行難」的問題。比如說，泰雅族人主張「國土保育必須重視在地部落觀點」，同時要求「伸張族群正義，拒絕背負破壞國土的原罪」，建議「優先剷除財團開發破壞，避免官商勾結牟利」，這三點聲明都很符合國土規劃的基本概念，但是我想在執行落實上，仍會發生非常多窒礙難行及個案認定的爭議，怎麼去突破這個困境，必須大家集思廣益，共同努力。

我常覺得，只想現在是不夠的，因為現在只能反映過去，然而過去的經驗並不足以應付變化快速的未來。我也常覺得，作夢也許不是好事，可是台灣現在已擔負不起太過實際、太過現實，我們的眼光要放遠，看五年、十年、二十年，甚至一百年以後。我想，這正是推動台灣永續發展真正的意涵。觀念說來簡單，但是要真正深植於心並進而改變行為，卻是非常困難。這種社會改革需要政府、企業、學校、民間團體共同努力，並且各自扮演不可或缺的角色。民間團體可以補充政府職能不足之處，民間團代表社會的自我組織，它可以強化公民意識與公民文化，這種公民參與的實踐精神正是未來社會得以健全發展的重要基礎。

《發表》

國土規劃與民眾參與——以德基水庫集水區爲例

⊙陳錦煌、鄧英慧

前言

欲了解一連串賀伯、桃芝、納莉、敏督利、艾利等風災、水災後，因住民濫墾、濫伐導致大自然反撲之背後原因，歷史是一面最好鏡子。四、五百年前，大陸原鄉環境艱辛，生活不易，只好冒險橫渡黑水溝，到陌生危險之台灣討生活；五、六十年來，國民政府出口導向經濟發展政策，犧牲農業，成就工業，長期資源分配不公，區域發展不均影響下，弱勢農漁村住民，四處尋找可供生存之地，和三、四百年前人民大量渡海移民台灣之情形類似。加上清朝時期，台灣位屬邊陲，移民社會不顧後果生存競爭；日據時代，台灣被殖民統治，剝削資源回歸母國或作為南侵基地；到國民政府統治年代，台灣又成為反攻大陸之基地，或移民新大陸之跳板，台灣人民一再在不同統治者之政治野心中，忽略、剝削台灣土地而不自知。但是，面對累積數百年土地不當使用之後果，人口日增之壓力，九二一震後土地之脆弱，與地球暖化氣候之劇變，本文擬以德基水庫集水區為例，探討國土規劃與民眾參與之各面向，特別以社區參與為基礎，尋找永續發展之具體作法。

台灣的開發史

五代中原戰亂不斷，沿海居民開始來台灣島避難，也展開了開發台灣歷史。

宋、元之際，沿海人民乃開始來台灣墾殖，元順帝至元年間（公元一三三五年至一三四〇年），對台設官分治，置巡檢司於澎湖，隸福建省。

明代海運大開，台灣位居要衝，為東洋貿易必爭之地，與大陸關係益形密切。天啟四年（公元一六四二年），荷蘭人自澎湖進入台灣，其後西班牙人占領基隆、淡水，台灣北部遂成為西班牙勢力範圍，荷西兩國分治台灣；崇禎十五年八月（公元一六四二年），西班牙人向荷蘭人投降，台灣乃成為荷蘭人所獨佔。

荷人據台四十年，招漢人墾殖生產，抽取利益，並經營台灣，截至荷人據台末期，漢人已有二千五百餘戶居住台灣。

鄭成功於明朝永曆十五年光復台灣，開始致力於農墾事業，積極興建水利設施，配合農業生產，當時全台農地有三六九〇六甲。當時農業用水多賴以陴池，軍民用水則多利用井水，明鄭時期約在公元一六六一年至一六八三年之間。

清代海路大開，大陸移民來台日多，自康熙二十二年，至光緒二十年，二百二十年間（公元一六八三年至一八九四年）年台灣水田增加至二十餘萬公頃。

康熙年間（公元一六八三年至一七二二年），原本以今台南縣為中心之農地開拓，因人口增多，逐漸轉向北移，今台南縣新營鎮以北，彰化縣以南的陂圳，多興建於此時。其中最有名的是施厝圳（即今之八堡圳）。由於八堡圳之開闢，引水灌溉廣大農田，促使濁水溪下游平原成為台灣農業重鎮。

雍正乾隆年間（公元一七二六年至一七九五年），康熙末葉，嘉南平原大部分地區已開墾完成，新進移民向斗六北部發展，並及於台北地區，其間代表者有鎦公圳及隆恩圳。鎦公圳位於今台北縣新店鎮，郭錫鎦在乾隆五年召集佃戶所築，灌溉農田一千二百餘甲；隆恩圳，又名四百甲圳及大南北圳，水源來自九芎林南溪，灌溉二千甲農田，康熙五十七年王世傑開墾竹埔，雍正年間召集各田主捐資開築。

嘉慶、道光、咸豐年間（公元一七九六年至一八六一年），完成了當時台灣最大水利建設曹公圳，同時開發台灣東北部噶瑪蘭今宜蘭地區之水利，而最南部之開發也到達屏東林邊地區。

同治光緒年間（公元一八六二年至一八九四年），同治年間，發生牡丹事件，日本派兵侵台，清廷依欽差大臣沈葆禎之奏，加強台灣海防，獎勵開山撫番，大規模從大陸移民台灣，農田水利興建更積極，台灣南端恆春拓殖擴大，東部亦進入開發，漢人移台已遍及全台。

清光緒二十年，中日甲午之戰，清廷戰敗，翌年三月二十三日，締訂馬關條約，割讓台灣澎湖予日本，至一九四五年，日本侵華戰敗，日本無條件投降，台灣、澎湖重回中華民國版圖（公元一八九五年至一九四五年）。自此而後，日據台灣長達五十餘年，光復初期（公元一九四五年至一九四九年），舉凡防洪設施、灌溉設施、自來水設施、水力能源設施等，都以搶修復建為主要工作，同時實施耕者有其田政策、三七五減租，展開以農業支持工業發展的政策。

從台灣的開發史中，移民、避難、殖民是相當重要因素：漢人一開始是五代中原戰亂，所以零星避難來到台灣，明朝時期亦復如此，甚至在鄭成功父子主政時，台灣又成為驅逐滿清，恢復明朝反攻基地；而在此之間，荷蘭人、西班牙人都以殖民方式占據台灣，以台灣為其建立海上帝國殖民地的基地；清代海路大開，福建、廣東沿海居民，也大量來台墾殖，也多屬移民避難性質；清光緒甲午戰後，台灣割讓日本，成為日本殖民地，更讓台灣自然資源成為日本帝國的肥肉；而台灣光復後，這時期的一切開發同時以反攻大陸為主。

移民、避難、殖民這樣的開發過程，幾乎都建立在掠奪資源角度上，對待這一去塊土地，並不利於台灣的永續發展。

台灣近代開發過程——以德基水庫集水區爲例

一、德基水庫集水區環境背景

（一）人文環境

1.在台灣光復以前：各種現代化、精緻化產業活動尚未引進本集水區，集水區內之佳陽、梨山、松茂及環山等部落，散居著泰雅族原住民，過著簡單的農漁獵生活，部落生活環境與步調呈現似與大自然融為一體之世外桃源。

2.台灣光復以後：政府依據「山地保留地管理辦法」（現已修正為原住民保留地開發管理辦法）之規定，依照人口比例分配土地給原住民同胞使用經營，最近才逐漸修法讓原住民取得土地所有權，依前法第十八條規定，「原住民取得原住民保留地所有權後，除政府指定之特定用途外，其移轉之承受人以原住民為限」，可惜將土地非法轉賣給非原住民之情形甚為嚴重，糾紛迭有發生，並造成政府處理困難。

（二）地文條件

本集水區之地質主要屬於第三紀早期之始新世與漸新世之亞變質泥岩層，區內幾乎為硬頁岩及板岩所構成，坡度陡峻（平均比降一：三十九），峽谷密佈，為水力發電之有利條件之一。但因地質軟弱易遭沖蝕，溪水含砂量多，故水利開發時之水資源保育亦甚為重要。

（三）水文條件

本集水區年雨量約二千四百公釐，雨量豐沛，亦為水力發電之有利條件之一。

二、各種產業之進駐

（一）公路之開發

為戰備需要及連結台灣東西部交通，一九六〇年完成貫穿本集水區之中部東西橫貫公路（即台八線），並自梨山與台七甲線連通至宜蘭，另自大禹嶺與台十四甲線連通至霧社，集水區對外交通便利。

（二）溫帶果樹、高冷蔬菜及高山茶之引進種植

由於本集水區海拔及氣候條件，適合溫帶果樹及高冷蔬菜之種植，加上農業科技發展及高利潤之誘因，該等作物自然在本集水區落地生根。隨著國人生活品質之提升，近年來又試驗研究種植高山茶成功。

（三）電力之開發

為充分利用大甲溪豐沛之水力資源，自日據時代起迄今沿大甲溪已依序興建了社寮、馬鞍、天輪、谷關、青山及德基等發電廠，有關德基水庫係台電公司向世界銀行貸款，自一九六九年起開工，一九七三年完工，共投資新台幣約五十一億三千萬元。

三、德基水庫集水區概況

（一）發電：一九七三年德基水庫完工發電，裝置三部發電機，總裝置容量為二萬三千四百千瓦，年發電量約為四百萬度。係大甲溪流域六座水力發電廠（德基、青山、谷關、天輪、馬鞍及社寮）之總樞紐。

（二）防洪：原始蓄水量二億六二二〇萬七千立方公尺，颱風暴雨時可降低洪峰及延遲洪峰到達時間。

（三）供水：提供大台中地區之農業灌溉用水、民生用水及工業用水。

（四）觀光：集水區設有參山國家風景區之梨山風景區，屬脊梁山脈旅遊線之主軸。

（五）生態保育：雪霸國家公園及太魯閣國家公園部分位在本集水區，辦理國寶魚櫻花鉤吻鮭等珍稀物種之保育。

四、集水區的問題

（一）濫墾與超限利用

政府為就近安置興建中橫公路之有功退除役官兵，曾由行政院核定「橫貫公路資源開發方案」，規定公路兩側十公里之土地交由行政院國軍退除役官兵輔導委員會開發，因此設置福壽山及武陵農場，研究推廣種植蘋果等溫帶果樹及高麗菜等高冷蔬菜，利之所趨，誘導原住民及平地人湧往梨山地區濫墾及超限利用，造成水土流失嚴重，水庫淤積急速增加。

政府為遏止濫墾，曾辦理濫墾地清查、登錄與放租，另為處理面積約一一七一公頃之超限利用地，曾由行政院於一九九五年核定「德基水庫集水區陡坡農用地處理方案」，分別發給每公頃九十萬、七十萬、四十萬元不等之「轉業救助金」鼓勵墾民繳回超限利用地，但仍有拒絕繳回者八一三公頃，正由林務局、台中縣政府等主管機關訴請法院強制收回中。

依據台電公司二〇〇三年十一月辦理水庫淤積測量結果，德基水庫總淤積量為二六九三萬八四〇五立方公尺，換算總淤積率約為十一％。

（二）水質污染及優養化

由於本集水區土地之開發利用，因中橫公路之開通而交通便利，加上溫帶果樹及高冷蔬菜種植技術研究成功，帶動集水區急速大面積開發，因農藥及肥料大量使用，造成水質嚴重污染而優養化，一九九〇年曾測得每毫升有二萬二千七百個甲藻細胞。

一九八三年起原經濟部水資源統一規劃委員會辦理「大甲溪流域河川水質長期監視計畫」，並請中興大學及農委會農業藥物毒物試驗所辦理水中浮游生物調查與水質監測，了解水庫水質優養化之優勢浮游生物為二角多甲藻，水中來自農藥與肥料之豐富「有機氮」與「有機磷」為藻類之控制因子，幸迄今水中並無發現有毒藻類（如微囊藻）。

經過本會多年來之研究與教育推廣（即農藥肥料減量宣導與推廣），目前水庫水質屬於普養狀態，符合自來水甲類水體標準。

（三）生態危機

德基大壩及集水區眾多攔砂壩影響魚類之洄游與生存，其中國寶魚櫻花鉤吻鮭由雪霸國家公園管理處負責復育管理。今年七二水災及艾利颱風將設在七家灣畔之復育場全部沖失。

五、九二一地震後之集水區狀況

以德基大壩鞍部為界，向大甲溪下游看，溪流兩岸嚴重發生崩塌，大量土石崩落大甲溪溪床，或暫停留於各支流之溪床與邊坡。但向後往德基水庫集水區看，兩岸並無重大崩塌災害，其原因是地震威力在德基大壩以上轉弱，或是因水庫蓄水對地震力有消能之作用使然，正收集相關文獻研究中。

二〇〇一年發生桃芝颱風，因本集水區降雨量不大，故未造成重大崩塌災害。

六、今年敏督利颱風及七二水災之影響

估計流入水庫之漂流木約有五萬立方公尺，正由台電公司積極清理中。另集水區晉元溪、成武溪、達盤溪及必坦溪發生嚴重崩塌，其中以必坦溪之崩塌土石（約一百四十萬立方公尺）流淤至德基水庫排洪隧道口，嚴重影響德基水庫營運安全，正由台電公司緊急處理，並由本會協調林務局等相關機關調查規劃中長程治理計畫中。至於全集水區受今年歷次颱風之影響與災害整治，行政院已指示德委會協調各成員機關調查規劃，俟報行政院核定後實施。

目前大甲溪沿線受災損而無法於近期內發電之水力電廠，計有德基、青山、谷關、天

輪等電廠，換言之，剩下馬鞍及社寮電廠可以發電。至於大甲溪沿線電廠是否復建及如何復建的問題，行政院已指定「行政院七二水災災害勘災專案小組」之「大甲溪小組」進行調查評估。

德基水庫集水區經營與民眾參與

一、開發資源之農民與原住民

德基水庫集水區面積六〇一六八公頃，其中國有林班地五六四二九公頃，農場用地一三四三公頃，原住民保留地二三八八公頃，超限利用土地一一七一公頃（坡度超過五十五％）集水區內共有三二五六人，共分住在梨山（二三一二人）、平等（九四四人）兩村，政府計畫強制一一七一公頃屬於違限超限利用土地中，屬於國有林班地有三〇三公頃，原住民保留地有七七二公頃，農場有九十六公頃。但截至目前為止，國有林班地只有六十八．七九公頃，原住民保留地只有一七六公頃，農場只有三十八公頃強制收回。

政府多次宣布收回本集水區內之超限利用地時，很不幸森林火災隨著增加，此現象似與墾民不滿之心態有關，以一九八二年為例政府欲收回嚴重破壞水土的七十六公頃土地，但當年其該地火災延燒面積即高達七百五十公頃。另墾民訴請民代關心，或利用選舉之敏感時刻走上街頭，企圖影響政策執行，均是至今超限利用地無法順利圓滿解決之因。

今年總統大選前之二月，「台灣原墾農權聯盟權益促進會」又藉機正式向行政院陳情，行政院於二月二十七日召開專案小組會議，決議分成「地權處理組」、「公地放領組」、「租地造林組」、「林地管理組」、「原住民保留地組」及與本集水區有關之「德基水庫超限利用組」分別研究因應。

有關德基水庫超限利用案，墾農之訴求為；德基水庫優養化問題已改善，且他們使用林地經營果樹多年，並未破壞水土保持，因此要求停止執行收回超限利用地政策。本案經行政院於九月三日召開專案小組會議決議「德基水庫屬大台中地區最重要之水源，攸關下游二百萬居民用水穩定安全，而維持林相之完整為集水區治理之首要工作，爰此，德基水庫集水區超限利用地收回造林之政策方向應予維持，並由執行機關農業委員會及原住民族委員會依原定計畫逕行收回超限利用地」。

二、台電公司之參與（企業參與）

為充分利用大甲溪豐沛之水力資源，自日據時代起迄今沿大甲溪依序興建了社寮、馬鞍、天輪、谷關、青山及德基等發電廠，德基水庫係台電公司向世界銀行貸款，自一九六九年起開工，一九七三年完工，共投資新台幣約五十一億三千萬元。

在德基水庫完工以前，台電公司自一九五六年起就在梨山設置「大甲溪電源保護站」，辦理集水區水土保育工作，及輔導原住民農耕相關技術。

一九七三年水庫完工，政府認為水庫集水區之管理經營，牽涉到許多中央與地方之不同部會機關權責，應遵循之法令亦眾多，並非台電公司所能單獨勝任，故經濟部報奉行政院核准設置德基 水庫集水區管理委員會，成員機關包含行政院農委會、林務局、水土保持局、行政院退輔會、行政院原民會、行政院環保署、經濟部、水利署、內政部營建署、交通部公路總局、台中縣政府、南投縣政府及台灣電力公司等。

德委會雖然是政府機關，但其運作仍以台電公司為主體，政府從一九七七年至二〇〇二年前後共計展開四期集水區經營治理工作，二〇〇四年起亦展開第五期集水區經營管理計畫，歷年投入德基水庫集水區經營經費約三十四億元，其中一半由台電公司所投資。

為使生態保育工作能自國小教育開始紮根，德委會自一九九八年起辦理「生態保育宣導與推廣活動」，利用寒暑假邀請附近鄉鎮之國小老師及關心生態之人士，舉辦「大甲溪生態教育種子教師培訓及宣導活動」。

三、保護水庫之民眾參與

大甲溪供應大台中地區二百萬人飲用水，上游集水區保護工作至為緊要，因此東勢區生態環境維護協會在一九八五年展開籌組至一九八九年三月二十九日，該會正式向政府登記，並改名為「大甲溪生態環境維護協會」，投入關懷大甲溪保護工作。

一九九一年七月十三日，由該協會策劃「大台中區水源保護公共政策聽證會」在台中市議會舉行，二十位學者專家、十多位民意代表與關心環保的社團二百多人，齊聚一堂，深入探討大甲溪水源保護區的問題，並發表共同聲明，支持收回德基水庫集水區超限及非法侵占的果園、菜園，以保護下游大台中地區二百萬人的命脈。

一九九二年大甲溪生態環境維護協會響應由時報文教基金會等單位所發起的「種二千萬棵樹救台灣水源活動」，推動「種二百萬棵樹救大台中水源」運動，在橫流溪二十二林班地種下一棵棵小樹。

大甲溪生態環境維護協會同時關心大甲溪流域內河流生態，他們一連串抗議之後，也促使台電公司興建魚道與魚梯，保護大甲溪之魚類。

討論

經歷九二一大地震、七二洪災與艾利颱風之後，大甲溪流域已經滿目瘡痍，當地居民要求重建聲音雖然仍大，但順應自然、尊重自然、不對抗自然，尊重山、尊重河、尊重海的聲音也開始不斷的出現。

從過去的經驗，我們可以發現有下列諸多問題：

一、民眾參與之不足

民眾參與是一項重要工作，然而分析大甲溪流域保護與開發過程，一開始是在中部橫貫公路開發過後，政府為安置榮民，展開光復後第一波移民，政策完全是由上而下，為生存而在此開發，缺乏與大自然和諧相處觀念，當地原住民也無從參與。隨著東西橫貫公路開發，溫帶農業被大量引進該流域，經濟發展當地最重要考量。

在德基水庫完工後，台電公司以企業角色，開始投入大量經費水庫集水區治理工作，對於該集水區治理應有一定貢獻，不過從九二一大地震之後，以及七二洪災來看，進項集水區治理工作，顯然也無法人定勝天，災害仍然不斷。

此外，該流域內雖然有河川保護團體大甲溪生態環境維護協會的成立，但相對於整個流域內要求開發的農民與原住民而言，仍屬於相對少數，主張下游二百萬人飲用水安全的NGO團體聲音，仍無法成為相對優勢，一般大眾之參與少於當地民眾，當地民眾雖然只有三二五六人，但其聲音相對大，私利仍大於公眾利益。

二、民眾參與程序之問題：

國土規劃階段應依據行政程序法第十節聽證程序規定，讓土地原有經營人、使用人或所有權人有提供意見之機會，並尊重各民族之原有風土習慣，另依據當地之地文、水文及氣象等條件妥為規劃。

規劃後應配合環境變遷條件，定期檢討修正，以免閉門造車造成規劃後之國土使用管理困難。例如九二一地震後接續發生多次颱風豪雨災害，國土環境已大大改變，因此有必要以新思維重新檢討國土之規劃利用。

如有限制人民權益者，應規定補償等配套措施，或依據行政程序法規定給予相當補償，以免抗爭不斷耗損社會資源。

例如水土保持法第二十一條規定「水庫保護帶內之土地，未經徵收或收回者，管理機關得限制或禁止其使用收益，或指定其經營及保護之方法……私有土地所有人或地上物所有人所受之損失得請求補償金……補償金之請求與發放辦法，由中央主管機關定之，並送立法院核備」。

又如水土保持法第十九條規定「經劃定為特定水土保持區之各類地區，區內禁止任何開發行為」，但因沒有訂定相關受限者之補償措施，故有關水庫集水區之特定水土保持區劃定工作，因民眾抗爭而無法全面順利辦理。

三、法律不周全

以原住民保留地為例，一般原住民知識水準相對於平地人是較低的，因此往往在幾杯黃湯下肚後，就以較低價格賣給平地人，而現行原住民保留地管理辦法雖然禁止原住民保留地過戶給非原住民，但由於平地人與原住民之間土地買賣契約，仍受民法保障，因此過去法院判決，這起買賣行為並未受到影響。

四、錯誤政策之檢討

以德基水庫集水區過去林務機關在採伐跡地以台灣二葉松純林造林為例，由於二葉松屬油性針葉樹種，甚易發生森林火災，降低林地水源涵養功能，因此有必要積極檢討更新造林之對策，營造複層林之趨近自然林相。

另以政府過去就近安置開闢中橫公路之退伍榮民在德基水庫集水區墾殖，後續誘發大面積開發，導致水庫淤積及優養化之負面效應，加上今年敏督利颱風及七二水災，政府有感於高山農業有必要下山，因此痛定思痛政策決定退輔會所屬四座農場（福壽山、武陵、清靜、花蓮農場）優先於四年內逐漸放棄耕種而全面造林。另其他非法超限利用地將強制收回造林。

至於經過今年多次颱風及水災之教訓，政府除疲於奔命投入救災，另由經建會研擬「國土復育條例草案」，計畫將高山地區依環境特性劃分為不同屬性之地區，不適宜居住之地區將劃為保育區，計畫十年內編列一千億元預算，辦理遷住等配套工作。這項政策方向應屬正確，其成效如何，端在如何建立民眾共識與嚴格執法。

五、民眾之教育宣導

德基水庫集水區在開發溫帶果樹及高冷蔬菜種植技術初期，農民擅自開闢道路且沒有做好水土保持措施，果樹下之雜草均使用除草劑，造成坡面裸露土壤大量流失，導致水庫嚴重淤積。嗣經德委會輔導教育農民正確之水土保育觀念與技術，並實施農地水土保持檢查，才控制淤積情況免於惡化。

另集水區內之農民初期誤認為施噴越多之農藥或肥料，則作物之收成當然會越多，其實該種殺雞取卵之做法不但浪費農民投資成本，更因多餘肥料及農藥會隨雨水流入水庫，導致水質嚴重優養化。德委會乃委請行政院農業委員會農業藥物毒物試驗所在集水區辦理田間試驗，得到各種果蔬之適當農藥與肥料使用次數與劑量，並印製宣導手冊透過產銷班宣導推廣，才控制水庫水質免於優養化。

建議

國土規劃後之管理，因政府人力經費有限，故執行面無法全面有效管理。目前民間生態保育等愛鄉愛土之觀念與意識甚為高昂，相關技術水準也甚為成熟，因此如何規劃鼓勵民眾參與國土保育與管理，是當前急迫性之課題，而藉由社區總體營造之參與方式，整合全流域內各個不同NGO與社造團體，以環境保育，永續發展為共同願景，進行跨社區策略聯盟，則是未來應該積極推動方向。

例如國內許多河川，過去因為毒魚、電魚等非法捕撈，使原生種魚類趨於滅絕，自阿里山鄉達那伊谷之高山（魚固）魚保育成功，讓其他亦有類似受傷害之河川鄉鎮突然覺醒，紛紛興起劃定河川保護範圍積極護魚，相信政府如能適度輔導協助，類似這種民眾主動參與之風潮將歷久不衰。

水庫集水區水源涵養之良好與否，關係下游居民用水之安全，日本等先進國家興建之水庫，有接受民間或學校團體認養之經驗，台灣地區各水庫之保育日漸重要，因此政府可規劃鼓勵民間或學校認養水庫之活動，讓水庫之保育管理從教育著手，以收事半功倍之效。

協助鼓勵德基水庫集水區內原住民部落，結合原墾民、榮民，創新發展具在地文化特色，以生態保育為基礎，整合政府相關社會福利措施（包括榮民、原住民），台電公司地方回饋，與林務局造林補助，總體考量「生產、生態、生活」三面向，對外可吸引遊客在地消費，在內創造就業機會之「社區產業」，恢復住民自尊與自信，以解決濫墾，超限利用後之生活與環境永續發展之難題。

「社區總體營造」一方面藉「社區產業」之開發與經營，確保營造成果，另方面在土質鬆軟，遇雨則崩之自然環境，結合專家學者及水保局長期監測資料，與社區居民對生活環境中危險區域之了解，繼續發展「防災社區」之組織，共同繪製「社區防災地圖」，標示環境潛在危險地點，並共同尋找土石流發生時可供逃生之路線，及避難地點。

社區居民在參與學習中建立共識，然後，進行分工編組與教育訓練，一方面強化組織運作，整合救災相關社區組織；另方面提升自救救人之知能。「防災社區」不僅擴大參與，亦從危時「救災」走向平時「防災」與「整備」：教育村民尋找坡地裂縫，填補間隙，清除淤塞之排水溝，做好導水渠道；學習觀測每小時降雨量，適時發出警訊，及早撤離，培養危機意識。平時演練避難程序，落實防災理念；災害發生時，及時救援，將傷害減到最小。

《發表》

我國政策環境影響評估之推動與展望

⊙張祖恩

前言

一九九二年地球高峰會議後，永續發展成為人類共同追求目標，「二十一世紀議程」（Agenda 21）成為各國所遵循的標竿，其中明白揭示「把環境考量納入決策機制，是達成永續發展的一項重要步驟。」傳統的環境政策皆以管末管制或命令及直接控制為主，隨著環境管理觀念的進步，強調預防性質的環境影響評估制度因此產生，它取代了過去消極的

「公害取締」或「糾紛處理」等方式，將事前預防的理念融入其中，以減少對於環境所造成的損害。而政府政策環境影響評估（以下簡稱政策環評）更是將這種預防的精神極致發揮，希望能在政府各項上位政策研擬的過程中適時加上環境的考量。

政策環評在國際上的推動已有一段時日，美國是最早推動環境影響評估制度之國家，其一九七〇年通過之國家環境政策法（NEPA）中即有政策環評之設計，並應用在能源管理、水的開發、洪水防治、廢棄物處理及法令行動等。歐盟在二〇〇一年公布之「計畫和方案環境影響評估指令」，則明定實施政策環評之計畫方案包括農業、林業、漁業、能源、工業、交通、廢棄物管理、水資源管理、電信、旅遊、城鄉計畫及土地使用等，據部分歐洲國家如荷蘭、德國、英國、丹麥、芬蘭、挪威、捷克等之執行經驗，已具體展現政策環評程序之可行性，且獲致顯著的效益。我國自一九九七年訂定政策環評作業要點起，目前已完成多項政策環評案例，針對各界所提許多建言，環保署將持續進行檢討、改善，俾使制度之實施發揮更大成效。

政策環境影響評估簡介

一、政策環評意義

「環境影響評」估乃指當一項開發行為或政府政策提出時，事先就其對環境所可能造成的衝擊程度和範圍，以科學客觀方式進行調查、預測、分析、評定，並付諸公開審查之程序。環境影響評估改變了決策的方式，要求決策者在技術可行性分析與成本效益分析外，納入環境價值的考量。開發行為環境影響評估（以下簡稱開發行為環評）在世界各國已普遍被認為是決策過程中一項關鍵而有效的環境工具，但因其主要針對個別開發行為作處理，所能提出的替代方案和減輕影響措施有限，故而當其牽涉範圍較廣時，常無法整合其他計畫。

以核電廠為例，進行開發行為環評與政策環評時，在替代方案的考量上就不一樣，開發行為環評可有不同地點或不同電廠設計等替代方案，而政策環評則可考慮以經濟誘因達到節約能源，或改以水力、火力、太陽能等替代核能發電，相形之下，開發行為環評可提出的替代方案狹隘許多。因此，政策環評能針對政策目標提供多元化考量。

開發行為環評在世界各地已廣泛實踐，其扮演的角色、功能也受到肯定，但仍有若干瓶頸待突破，如：累積性影響之評估、提供有效的減輕影響或緩和措施，以及確保有效的公共參與等，政策環評的出現便是要設法突破並解決這個問題。政策環評之所以能夠彌補這些不足，是因為它能提前將構想階段中的各項開發或政策內容，以及環保爭議事項納入考慮；它也可以對更多政策層次的議題加以綜合檢討，因此政策環評亦可說是開發行為環評的擴大適用，但絕非取代一般開發行為環評制度，理想的情形應該是將開發行為環評和政策環評都納入整個環評系統中，藉由分層評估方式使兩者相輔相成。

二、政策環評實施目的及功能

政策環評制度有利於督促政府部門於訂定各項政策時，能事先考量環境因素，融入政策制定過程，對整體環境較易掌握，並可配合實施區域性環境之總量管制。其實施目的、功能包括：促進永續發展、考量國際環保公約、合理資源分配及利用、界定各種替代方案、推動總量管制及規範未來各項開發行為。而其實施之理由可歸納如下：

(一)強化計畫階段之環評：開發行為環評屬決策的較後期階段，其執行受到特定之限制，而且無法考量整體環境、替代方案等，因此，政策環評可以幫助重新調整及簡化計畫環評，且使得開發計畫較有邏輯一致性及減少準備環評之時間與精力，並增進開發行為環評之執行效率。

（二）提出累積及大尺度之環境效應：由於開發計畫較窄之評估範疇，對於附加之行為及多種行為之交互作用或延伸之行為，難以有效涵蓋，或眾多小規模之開發行為因無須實施計畫環評，然累積其行為，卻成為大的影響，因此政策環評可作為早期預警系統，預測及管理累積衝擊，以應用於全球尺度，及生物多樣性、氣候變遷、河川、湖泊之酸化等。

（三）政策中併入環境永續性之考量：在決策之上位中經濟、財務及貿易政策導引整個發展計畫，而此一發展可能造成整個自然資源資產被過度利用，因此在永續發展計畫上，政策環評被視為一重要關鍵，提供政府決定之整合途徑，並集中於環境破壞來源及原因之評估，灌輸環境目標與考量於政策決定中。

我國政策環評之推動現況

一、政策環評法規之訂定

依我國環境影響評估法第二十六條規定：「有影響環境之虞之政府政策其環境影響評

估有關作業，由中央主管機關另定之。」，環保署已於一九九七年九月二十六日公告「政府政策環境影響評估作業要點」，復依行政程序法於二〇〇〇年十二月二十日提昇該要點位階為「政府政策環境影響評估作業辦法」。

二、政策環評實施對象

環保署於一九九八年八月三日公告應實施環境影響評估的政策細項為工業區設置、砂石開發供應、台灣地區水資源開發計畫、高爾夫球場設置、農業生產用地及保育用地大規模變更做非農業使用、能源配比、養豬、重大鐵公路選線、垃圾處理、核能電廠用過核燃料再處理等十項，並於二〇〇一年六月七日增列「水源水質水量保護區縮編」。目前已完成政策環評案例包括：「工業區設置方針」、「台灣地區水資源開發綱領計畫」、「高爾夫球場設置」及「水源水質水量保護區縮編方案」等。

三、政策環評作業程序

政策環評作業程序如圖一，為使評估過程更加確切、有效率，評估者通常由政策擬定機關來擔任，因為政策擬定機關對該政策內容最為清楚。而評估結果由誰來審查、佔決策多少比重也是制度成功與否的重要關鍵，由環保機關進行審查的優點是比較全面且正確，還可以避免產生「球員兼裁判」之弊，如德國環評制度即由獨立的環保機關來審查。但缺點則是環保機關可能對該項政策內容較不熟悉，更重要的是，若環保機關藉由審查機制否決政策的施行，將不符合民主國家落實責任政治的原則，因此世界上多數國家皆由政策擬定機關自行權衡輕重再作決策，最後是結果公告，並向公眾說明決議的理由，以示公開負責之態度。

四、政策環評方法

政策環評技術之發展仍以傳統之矩陣、明細表法、專家委員法為主，搭配範疇界定程序，並採以定性及觀念之評估，較少採用量化之評估。此外，政策環評之範疇，係以環境因子為主，依環保署公告之「政府政策評估說明書作業規範」，政府政策評估作業內容含括政策之背景及內容、政策可能造成環境影響之評定，減輕或避免環境影響之因應對策等，應考量之環境議題則有環境涵容能力，自然生態系統、國民健康或安全、自然資源之利用、水資源之規劃、使用，自然景觀及國際環境規範，評定方法採矩陣方式，逐項評估對各環境受體之影響，評估範圍分地域性、全國性及全球性，另得就其特質，增列民意反應、經濟效益或評估其他環境項目，並評估社會接受度。

我國推動政策環評之檢討

從環境影響評估制度實踐多年來之經驗，可以發現除了政治、經濟、社會、文化等次體系會影響到環評所發揮的功能之外，制度設計本身也有其功能限制。政策環評與永續發展具有正向相關性質，可有效整合環境考慮於決策過程並促進國家之永續發展，但其實際運作上亦仍有困境亟待突破。依目前我國推動政策環評制度之情形，遇到之問題大致如下：

一、制度面

（一）各界認爲政策環評實施對象仍過於窄化。

（二）政策、計畫或方案分野不明，造成執行時機及範疇界定爭議。

（三）政策研提機關擔憂會造成時間之延宕、增加政策訂定之不確定及風險，排斥或拖延此一制度之實施。

（四）資訊公開及公共參與管道不夠暢通。

二、技術面

（一）缺少完整的環境背景資訊。

（二）政策內容之不明確性、涉及層面和範圍廣泛，且政策之訂定屬於非線性動態過程，實際影響評估不易。

（三）經濟及社會面的影響難以納入評估。

（四）方法論及評估技術尚待發展。

三、其他

（一）缺少政策研究之傳統及研究文獻。

（二）缺少政策環評領域之專家。

總而言之，政策環評制度設計、評估方法，雖然可自開發行為環評及政策分析工具之中移轉使用，但卻因為政策內容模糊、界線不明、缺乏資訊提供，而且必須考量的替代方案太多，以致於直到現今成功適用的案例仍然不多。由於政策形成過程較長，其間政策內容仍有相當大的發展空間，因而提高了評估分析上的複雜性與不確定性；加上現有環境資料庫的不完備，無法有效支援政策環評所需大尺度的環境資料；再如環境承載力計算不易、累積性環境影響評估困難、公共參與不易操作等，都是政策環評推動時之瓶頸所在。

我國政策環評之努力方向

一、制度面之改進

（一）擴大政策環評實施對象

一九九七年在訂定「政府政策環境影響評估作業要點」時，主要考量此一制度在我國為初創，為避免影響政策推動，且促使相關部會配合實施，因此明定本要點所稱政策，為「與本法第五條第一項規定之開發行為直接相關，且自本辦法施行後，應經行政院核定之事項」。目前政策環評實施案例有「工業區設置方針」、「台灣地區水資源開發綱領計畫」、「高爾夫球場設置」及「水源水質水量保護區縮編方案」等，為擴大其實施對象，近期研議再增列實施「礦業開發」及「電力發展方案」之政策細項。另社會各界對於政策環評制度多所關心，建議應優先將土地使用政策擴及於都市計畫與區域計畫之通盤檢討、縣市綜合發展計畫擬定或變更，並提出「新訂或擴大都市計畫」、「國家公園土地使用管制計畫」等應進行政策環評等意見。由於政策環評係由政策研提機關主動提出，未來環保署將積極與各部會溝通、協商，以較明確而具體化的方式劃分應實施政策環評之類別，並進一步擴大至其他有環境影響之虞之政策。

（二）強化資訊公開與公共參與

加強政策環評公眾參與、建立暢通的資訊公開管道也是未來努力的重點之一。網際網路的發達對於資訊公開有正面助益，例如我國所有完成政策環評之案例皆可自環保署首頁中取得相關資訊。此外，未來還可以透過「審議式民主」的理念，以公民會議、公開說明會或公聽會等各種多元化模式，擴大公共參與，使各界民意有效融入政策決策過程。

二、技術面之改進

（一）建置全國環境資料庫

環境影響評估是一門綜合性科學，一份完善的環境影響評估內容應涵蓋動植物生態、大氣、水文、社會經濟等各個層面的環境評估，其任務多由跨學際團隊來完成。因為環評的製備常有一定的時間限制，評估者很難專門花時間、心力去作觀察和蒐集資料等耗時耗力的工作，要讓環評書件的品質維持一定水準，建立良好的基礎環境資料庫確實有必要。由於政策環評通常涉及較大尺度的地區環境評估，環境資訊的提供對於政策環評的運作更形重要。近年來，地理資訊系統（Geographic Information Systems，GIS）技術發展日新月異，環境資料不足的問題將可隨著GIS的發展逐漸獲得解決，這對於環境影響評估制度的運作成功將有顯著的正面意義。目前環保署已完成環境資訊系統的初步架構，盡力提供產官學研及民眾有效、正確及完整的環境資料與資訊。環境資料庫的完備亟需各部會及主管機關共同參與，未來仍將朝向推動建置整合性環境資料庫的方向努力。

(二) 檢討評估技術及方法

環保署於一九九八年訂定「政府政策評估說明書作業規範」，由於政策本身具有高度不確定性，如何以科學、量化方式評定政策對環境造成之影響一直是各界討論的焦點。未來將加強建立標準化之指標（包括環境、經濟及社會各項因子）或與永續發展之評定指標結合，以利於客觀評定環境影響之程度，並依政策之性質研究相關評估技術及方法，建立示範案例。

(三) 其他相關配合措施

其他相關配合措施如：加強政策環評之養成教育，以培養人才；加強教育訓練、研習，增進專業技術人才之評估技能；參與國際相關研討或研習，吸收國際發展之方向及技術等。最重要的一點，實踐政策環評須有政府的承諾作為後盾，一國的政治、經濟、社會、文化結構也深深影響其實施成效，由於政治態度的開放有助於政策環評的發展，故在多元、民主的社會結構下，政策環評發展較為快速，這也解釋了何以開發中國家比較不容易落實政策環評的原因，必須藉由制度化的配套措施，以及政府、人民環境意識的提昇才能夠解決。

結語

政策環評可考量到直接、間接、累積、加成及衍生效應，事先界定永續性目標，並落實系統性、參與性及透明化之決策。整體來說，政策環評並非解決環境問題的萬靈丹，但在替代方案的考量和累積性影響評估上確實有一定的作用。未來，環保署將持續努力增進各政府部門及民眾對政策環評的瞭解、釐清方法和程序上的種種問題，並強化公共參與的途徑，如此將更能實現政策環評的制度目標。

我國乃世界現代化經驗史上一個極為凸顯的案例，其他國家在一兩百年才完成的現代化歷程，我國卻在短短三、四十年間的快速轉換下完成。我國政策環評制度的成功推動，對於許多開發中國家將是一個很好的範例，把握如此特殊的「櫥窗」角色，積極努力使政策環評制度臻於完備，則可望在開創「經濟奇蹟」之後，再締造一個「永續奇蹟」，這樣不僅可以在世界環境保護史上留下美譽，對於啟發開發中國家調和環境與經濟衝突更有莫大的功勞。

參考文獻

1 行政院環境保護署（2004），《環境影響評法》。

2 行政院環境保護署（2000），《出席國際影響評估協會第二十屆年會出國報告書》。

3 行政院環境保護署（2001），《出席國際影響評估協會第二十一屆年會出國報告書》。

4 劉宗勇（2004），「政策環境影響評估制度之發展」，《第二屆最佳環保政策研討會論文集》。

5 Therivel, R. and Partidorio, M.R. 1996. The Practice of Strategic Environmental Assessment. London: RSPB Earthscan.

6 Glasson, J., Therivel, R. and Chadwick, A. 1994. Introduction to Environmental Impact

Assessment. London: UCL Press.

7 Kleinschmidt, V. and Wagner, D. (eds.). 1998. Strategie Environmental Assessment in Europe: Forth European Workshop on Environmental Impact [8] Assessment. Dordrecht (Netherlands): Kluwer Academic Publishers.

8 Partidorio, M.R. 1996. "Strategic environmental assessment : key issues emerging from recent practice." Environmental Impact Assessment Review 16: 31-55.

9 Shepherd, A. and Ortolano, L. 1996. "Strategic environmental assessment for sustainable urban-development." Environmental Impact Assessment Review. 16: 321-335.

10 Wood, C. 1996. Environmental Impact Assessment: A Comparative Review. 2nd ed. Harlow: Longman.

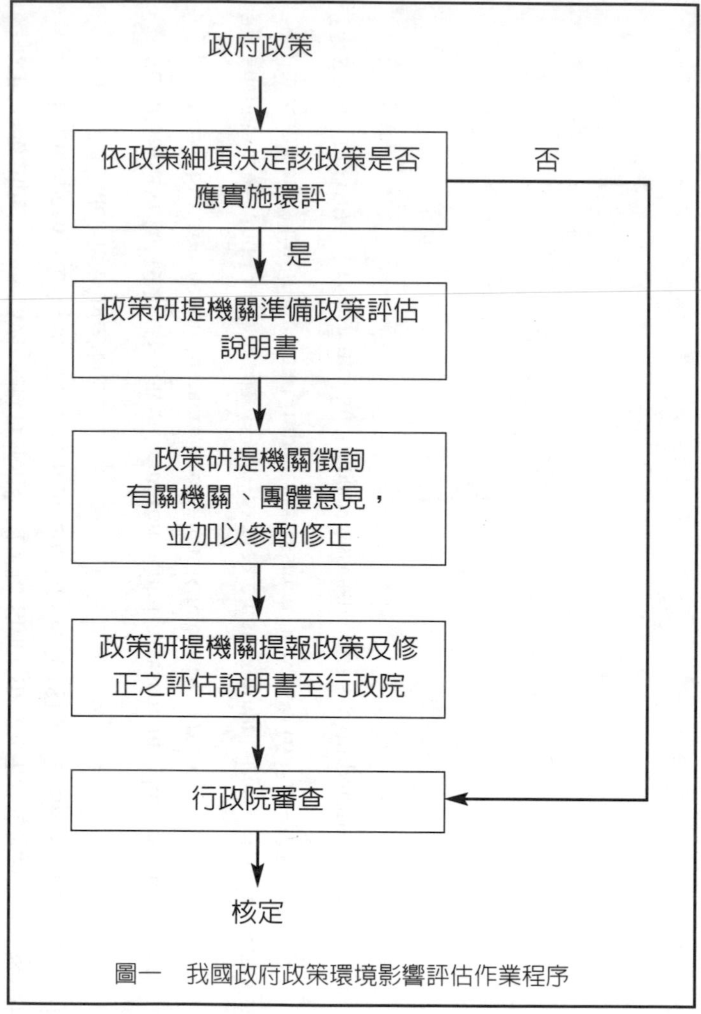
政府政策
依政策細項決定該政策是否應實施環評
否
是
政策研提機關準備政策評估說明書
政策研提機關徵詢有關機關、團體意見，並加以參酌修正
政策研提機關提報政策及修正之評估說明書至行政院
行政院審查
核定

圖一　我國政府政策環境影響評估作業程序

《發表》

環境影響評估中的民眾參與——一個蘇花高速公路爭議參與者的看法

⊙夏禹九

緒言

有一本生態學教科書的緒言中寫著：「生態學與環境科學之關係就如同物理學是工程科學的基礎一樣。」做為一個生態學研究者而言，筆者一直很難接受坊間一些「環境生態學」教科書中的某些論述。這中間有一部分原因來自生態學與工程科學甚至物理學在本質上的不同。後二者是所謂的「硬科學（hard science）」，而生態學則是介於硬科學與「軟科學（soft science，如人文社會科學）」之間有著一個軟核的「實（firm）科學」（Allen and Hoekstra，1992）。另一方面是台灣從來也沒有真正投入足移的人力與物力在生態學的研究中，本土生態學的基礎資料嚴重缺乏；缺乏基線資料，量化評估並無意義。更不幸的是生態學被誤導窄化為動物、植物等物種的研究，一般人更常將「生態學的（ecological）」一詞簡化為「生態的」，成為一個模糊的形容詞了。生態系統亦常被誤用，完全失去了系統生態學的意義。因此以台灣的現況而言，筆者從來就沒認為環境影響評估法真正可以達到維護台灣生存環境的目的。大多數環評報告書中只是列出物種名錄，除了提供一些學生的打工機會以外，鮮有實質意義。當然對環境保護運動者而言，環境影響評估法倒是一個有法律依據的抗爭工具，對台灣的環境運動有正面意義，則是不可否認的。此外，環境影響評估的過程中如果誠實操作，或許在民眾參與方面能有一些社會學習的功能。本文並不能算是對環評諸法及制度的學術討論，筆者對環評法在心態上是抗拒的，再加上僅有一次被學生請去當縣級的環評委員（只當一任，因為未能配合興建焚化爐的政策，即不再續聘），經驗很差。所以本文只是表達筆者做為一個公民或「外來的、不食人間煙火的」蛋頭，想藉由蘇花高速公路的爭議，推動公民參與來建構花蓮未來發展願景的的一些感想。同時不論環評或土地利用均脫離不了自然資源（或稱生態系的服務），而民眾參與亦是近年來自然資源經營典範轉移中重要的一環。環境科學如果視為應用生態學的一支，則生態學的一些思維典範，或許可以提供做為環評諸法或國土規劃法的一些另類觀點。

自然資源經營典範轉移

Ludwig et al.（1993）分析自然資源過度開發造成環境劣化的原因，總結了下述結論：

（一）在當前的社會、經濟制度之下，開發自然資源可以獲取財富；隨著財富累積而獲得的政治與社會權力會導致更進一步的資源開發。

（二）與自然資源有關的生物與非生物系統是非常複雜的。所謂的「最適利用」常常是經由試誤法（try and error）而不是科學上的認知而得來的經驗。

（三）資源過度開發所造成的影響常被大尺度的自然變異所掩蓋。問題初始很難覺察；俟警覺時常已很嚴重，而且多半已無法回復。

（四）雖然科技進展驚人，不過開發行爲所造成的衝擊，通常在大尺度系統上並沒有科學上所需要的重複與控制試驗以達到科學上的認知。所以每一次發生新的環境問題時，我們所面臨的都是一個全新的系統，需要重新認識與學習。

環境問題當然不僅是傳統科學能單獨解決的。由上述二到四點看法也可看出著重實證的科學（環境工程學），在環境管理方面，有著根本的問題。科學管理應用於環境保育與管理起源於進步主義（progressivism）；進步主義者相信，公正無私且有專業訓練的官員能夠解決自然資源的濫用與破壞，只要運用科學知識，一定可以找到經營管理的一個最佳方方案（蕭代基，1991）。如果用科學的方法來解決環境問題，首先得檢視我們對環境的瞭解的有多少，確切的定義問題，然後才能實證。換句話說，解決環境問題所需要的亦即是科學上對生態系的結構與功能瞭解，譬如有沒有一些生態系的理論能讓我們依循，以提出精確（precise）的問題？有沒有適當的方法診斷我們認為失衡的生態系（Vitousek et al., 1997）？可是當前工技科學的發展趨勢是分工精細，但各別專業上的專精反而「見樹不見林」，造成我們面對環境問題時無從整合的困境。

著重精確量化與效率，反而造成在資源經營管理上一個吊詭的現象：對某一種自然資源（不論是漁獲、森林、水或土壤肥力等）一開頭很成功的管理，似乎反而種下爾後資源系統崩潰的導因。起初有效率的經營管理措施，多半導致原有生態系的彈性（resilience）減低、更僵化的管理機構，與更依賴此一自然資源的社會結構。這些案例的經營管理目標往往是設定在控制單一標的變因（variable），以達成經濟活動與就業機會的維持或發展（Holling and Meffe, 1996）。這種現象Holling與Meffe特別稱之為「指令與控制式（command and control）經營管理的病徵」。

在自然資源的經營上目前已認識到，包含人在內的生態系，是一個複雜適應的系統（complex adaptive system；Levin,1999），可能永遠也無從精確描述。我們對自然資源經營的政策與措施，事實上只是反應了我們對環境或生態系當下的認知或一個信念。Holling et al.（2002）歸納目前對生態系的信念或觀點（myth），大體上可分為五類（Holling,1995; Holling et al.,2002）：自然豐饒論（Nature Cornucopian）；自然無序論（Nature Anarchic）；自然平衡論（Nature Balanced）；自然彈性論（Nature Resilient)與自然演化論（Nature Evolving），見表一。前四種信念並無何者為是或非之別，每一信念均有部分是真實的；只是每一個信念可能都只看到一部分，所適用的尺度也不同。自然演化論認為由整體性來著眼，生態系是一個複雜適應系統，是目前還在發展的看法。我們需要一個概念架構（conceptual framework）結合生態系（包含人在內）、經濟活動、社會發展及管理機構的組織等複雜適應的系統。一個整體性的理論或認知除了可以整合系統各部分的知識外，還應該能夠鑑察各部分間之分歧、提出替代的假說，並評估這些假說（包括已實施或未進行的經營措施）對系統的整體影響，有助於我們走出自然資源的經營困境。潘那奇（Panarchy,註一）即是幾位生態學、經濟學、政治學家共同提出來的一個模式或假說（Gunderson and Hollin，2002：Berkes and Folke,2003）。Panarchy所描述的是複雜系統所呈現的適應循環（adaptive cycles），見圖一。適應循環是三個變數的函數：彈性、聯結度與貯集的資源（例如生物量），見圖二。循環則可分為四個循序的階段：r、K、Ω、α；分別代表開發（exploitation）、保守（conservation）、釋出（release）、重組（reorganiztion）的特性。大部分生態系呈現的各種特性如演替、多重穩定、複合尺度、不連續的結構等均可以得到解釋。相同的模式也可以引用到經濟、制度、政治層面。這樣的系統在本質上是一個開放的系統，變是常態，系統外部的波動（干擾）很容易造成系統內部的漸變甚至解構。系統在漸變中維持相對穩定結構（彈性）的關鍵是適應力，而解構後重新建構穩定的系統的關鍵則是維持多樣性與創新力。藉著大量的輸入與輸出產生的聯結，小系統或可以藉著外部大系統的相對穩定而採取避險的措施。這種思維模式所提示的是：人可能永遠無法完全的解讀複雜適應系統，預測系統對人為干預的反應是很不確定的；所以經營管理上要預期常有意外的後果發生。依循這個認知，在自然資源的經營管理上，目前常被討論的經營策略是「適應性經營」（adaptive management;Walters,1986;Lee，1993;Berkes and Folke,1998）或「生態系經營」（ecosystem management;Christensen et al.,1996）。

適應性經營，簡單的說即是：任何自然資源的經營決策都是試驗，我們要預期所採行的經營措施都可能會有意外的結果。面對不確定的風險，經營的策略必須保持彈性、持續監測，並依據監測的結果，調整經營的措施。

總結而言，目前我們對環境及自然資源所呈現片面與短期的一些政策，反應了我們缺乏一個整體性的理論，因此所能提出來的問題也只是片面的，其解答當然只是部分的真相。強用硬科學的方法加於軟的題材常常導致要探究的系統尚未定義，就開始量化其細微末節。因此，在環境影響評估、國土規劃，甚至永續發展的諸多規範中，若過度執著於量化的指標，會造成為量化而量化的老問題。自我組織、適應性的複雜系統，其創新與應變能力是來自下層的局部（local）層級，而其當然是受到上層組織制度的制約（Levin,1999）。正在研擬的國土規劃法在位階上是屬於上層的制約，如何納入「適應性」的概念，容許下一層級的計畫、機構維持其多樣性、增加其創新與應變能力，落實去中央化（decentralized）的制度，應該是要慎重考慮的。

蘇花高速公路的爭議

蘇花高速公路的爭議只不過是眾多有關花蓮發展議題中的一項。這個議題有兩個層面。由全台灣大尺度的層面而言，蘇花高的興建牽扯到，在面對全球化的浪潮下，台灣如何提昇競爭力與建構全球視野的問題。在與地方的小尺度層面上的民意構建中，這個議題則考驗著台灣在公共事務決策上，跳脫民粹的訴求而以公民論述達到共識的可能性。

就生態或社會、經濟的系統而論，台灣都屬於貯積量較小、輸入及輸出量大的複雜系統。全球化是達到相對穩定（漸變）的一種方法。但是在重重聯結的層級系統中，在結構上保持獨特的局部特性（本土化）則是隔離牽一髮而動全身危機的重要避險機制（例如，在SARS危機時，東部因為沒有高速公路，SARS的傳播就較容易控制）。在這樣的思維之下，提昇台灣的創新力（競爭力）與彈性，同時尚能在台灣內部維持適當的區域特性的發展，是檢驗政府公共投資是否適當的一個準則。蘇花高速公路的興建是政府交通建設中建構環島高速公路的一環；只是台灣的石油幾乎全部依賴進口，發展以汽車為主軸的交通建設，無疑是埋下不穩定的隱憂，是完全不符合永續發展的政策。京都議定書的強制效應已迫使國際上已工業化國家積極檢討，是否能於公元二〇〇八年至二〇一二年間達成溫室氣體減量至一九九〇年水準平均再減五．二%。而台灣一方面極力爭取成為國際社會的一員，一方面卻又大規模的興建高速公路網，完全無視於自用小汽車的大量成長，增加更多的能源消耗與溫室氣體排放，實在是缺乏全球視野的交通建設政策。

蘇花高速公路固然是十餘年來，中央政府對花蓮民眾的承諾，也是許多花蓮人從小的夢；緩建與不建當然成為花蓮人對中央政府忿懣，但是這種情緒亦反應了花蓮人缺乏地方自主意識的思維。幾十年來地方財政資源的匱乏，導致地方政府建設處處仰賴中央的補助，建設項目的取捨常取決於中央政府各機關各自的施政目標，造成了地方迎合上級補助機關喜惡的惰性。失去地方自主性思維的現象具體反應在歷年來各級選舉時，候選人爭相誇耀可以向上級爭取多少建設經費，做為主要的政見訴求。由花蓮地區系統的層面而言，高速公路的興建，將造成與西部同質性的發展；不僅台灣將成為一個失去局部獨特性的不穩定的系統，花蓮亦將失去可能的避險機制。蘇花高的爭議原本應該是一個契機，有機會在花蓮開啟以論壇的方式，讓一般民眾經由獲知更多的知訊，再來決定蘇花高是否真正能達到花蓮人的發展願景。目前的環評僅只聚焦於公路沿線對環境的影響衝擊，反應了前述「指令與控制式經營管理的病徵」，長遠的來說，對台灣的環境議題並無正面的社會學習意義。

結語

Panarchy概念所提出的適應性循環認為永續發展所需要致力的是保持與鼓勵人、企業與生態系演化的相互適應能力。這種演化的適應能力取決於生態系構成份子的更新潛能、人與企業機構的創新知識與社會中的互信。自然資源的經營方式需要的是適應性經營。能落實適應性經營的管理機構是在試驗（政策）中具有學習能力的組織，必須有彈性與在覺察意外後能適時調整政策。這種組織與決策需要政治上的耐心與社會大眾的信賴，才能期待有長期的效果。民眾參與是達成這個目標的重要社會學習的過程。不幸的是，在當前焦慮的社會、經濟與政治情勢下，短期效率的提升被誤認為是唯一檢驗的標準。各個階層的管理機構，不論在政策、預算、組織與人事上均強調以短期、集中的績效為依歸。環境及自然資源政策仍圍繞著「節流與開源」、「保育與開發」等片面的觀點間尋求小尺度的平衡。工程設計雖然已有所謂的「生態工法」，但是其思維模式仍是單一標的、追求小尺度上的平衡與穩定。悲觀的現實是，全球變遷造成氣候變異度增加（豪雨與乾旱增加），台灣生存環境的彈性與社會的適應力則逐漸喪失。類似蘇花高的爭議本來可以是一個由環境影響評估的爭議導向公民論訴的契機，結果卻發展為地方政治人物操弄民意與環保團體之間的衝突。公民論述更被一些政治人物急切的以三場匆促舉辦的「辯論會」草草應付過去。在討論中，外來的、不食人間煙火的、偏激的環保人士等刻版印象是評擊不贊成蘇花高人士的主要論述；蘇花高會帶來什麼樣發展的資訊卻從未被政治人物具體論及。前述適應性經營所需要的制度與機構，是一個具有學習能力及去中央化的組織；公民論述不僅僅可以提供民眾、環保團體、政治人物溝通的平台，更重要的是能夠讓視野狹窄的專業官僚們透明化其專業上的資訊，刺激其學習。蘇花高爭議過程中，最糟的是公部門（如交通部、國工局、花蓮縣政府）中的技術官僚們，一味強調以民意為依歸，置身爭議之外，侷限於狹窄的專業之內，完全放棄了學習的機會。我的觀察是：環境影響評估法施行至目前，似乎只是讓公部門的技術官僚們躲在專做環評的顧問公司之後，並未能跨出原本狹窄的專業視野。這些年來環境與發展的爭議不斷，損失的是環境、經濟與社會成本。

參考文獻

1 夏禹九（2002），「水土資源保育所需要的新思維——範例轉變的思考」，《第三屆兩岸三地水土資源生態環境學術研討會論文集》，頁29-37。

2 蕭代基譯（1991），「從新角度看資源與環境之保育」，《由相剋到相生——經濟與環保的共生策略》，頁5-11，台北：巨流。

3 Allen, T. F. H. and T. W. Hoekstra. 1992. Toward a Unified Ecology. Columbia Univ. Press. p.384.

4 Berkes, F. and C. Folke. 1998. Linking social and ecological systems for resilience and sustainability. In F. Berkes and C. Folke eds., Linking social and ecological systems. Columbia Univ. Press, p.1-10.

5 Berkes, F. E., J. Colding, and C. Folke. 2003. Navigating Social-Ecological System Columbia Univ. Press. p.393.

6 Christensen, N. L., A. M. Bartuska, J. H. Brown, S. Carpenter, C. D'Antonio, R. Francis, J. F. Franklin, J. A. MacMahon, R. F. Noss, D. J. Parsons, C. H. Peterson, M. G. Turner, and R. G. Woodmansee. 1996. The report of the Ecological Society of America Committee on the scientific basis for ecosystem management. Ecological Applications, 6: 665-691.

7 Gunderson, L. H. and C. S. Holling. 2002. Panarchy: Understanding Transformations in Human and Natural Systems, Island Press, p.507.

8 Hardin, G. 1968. The tragedy of the commons. Science, 162: 1243-1248.

9 Holling, C. S. 1992. Cross-scale morphology, geometry, and dynamics of ecosystems. Ecological Monographs, 62: 447-502.

10 Holling, C. S. 1995. What barriers? What bridges? In L.H. Gunderson, C.S. Hollings, and S.S. Light eds., Barriers and Bridges to the Renewal of Ecosystems and Institutions. Cambridge Univ. Press, p.3-34.

11 Holling, C. S. 2001. Understanding the complexity of economic, ecological, and social systems. Ecosystems, 4: 390-405.

12 Holling, C. S. and G. K. Meffe. 1996. Command and control and the pathology of natural Resources Management. 1996. Conservation Biology 10(2): 328-337.

13 Holling, C. S., L. H. Gunderson, and D. Ludwig. 2002. In quest of a theory of adaptive change. In L.H. Gunderson and C.S. Holling eds., Panarchy: Understanding Transformations in Human and Natural Systems. Island Press, p.3-22.

14 Lee, K. N. 1993. Compass and Gyroscope: Integrating Science and Politics for the Environment. Island Press.

15 Levin, S. A. 1999. Fragile Dominion: Complexity and the Commons. Helix Books, p.250.

16 Ludwig, D., R. Hilborn and C. Walters. 1993. Uncertainty, resources exploitation, and conservation: Lessons from history. Science, 260:17-36.

17 Meidnger, E. E. 1997. Organizational and legal challenges for ecosystem management. In K. A. Kohm and J. F. Franklin eds., Creating a Forestry for the 21st Century. Island Press, p. 361-379.

18 Vitousek, P. M., H. A. Mooney, J. Lubchenco, and J. M. Melillo. 1997. Human domination of earth ecosystem. Science 277: 494-499.

表一、大自然的神話

	穩定性	過程	政策	後果
平伏的大自然 nature flat	無	隨機的 stochastic	任意的 random	嘗試與錯誤 try and error
平衡的大自然 nature balance	全球性的穩定 globally stable	負反饋 negative feedback	最佳化或回復平衡 optimize or return to equilibrium	意外充斥 pathology of surprise
無常的大自然 Nature anarchic	全球性的不穩定 globally unstable	正反饋 positive feedback	預警原則 precautionary principle	維持現況（無為）status quo
有恢復性的大自然 nature resilient	多重穩定狀態 multiple stable states	外因輸入與內在反饋 exogenous input and internal feedback	維持變異性 maintain variability	局部尺度的回復或適應，但是結構性的意外 recovery at local scales or adaptation; structural surprise
演化的大自然 nature evolving	地景尺度的移動穩定 shifting stability landscape	複合尺度與不連續的結構 multiple scales and discontinuou s structures	有彈性且主動的適應性探索 flexible and actively adaptive probing	主動學習與創新的制度 active learning and new institutions

對大自然不同之（沒有事實根據的）觀點與其對印之特徵。五種解釋大自然如何運行的觀點以及依據這些假設所延串出來的政策及後果。（引自Holling et al., 2002）

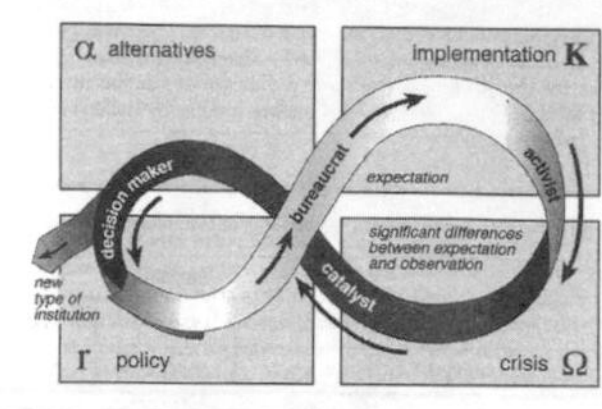

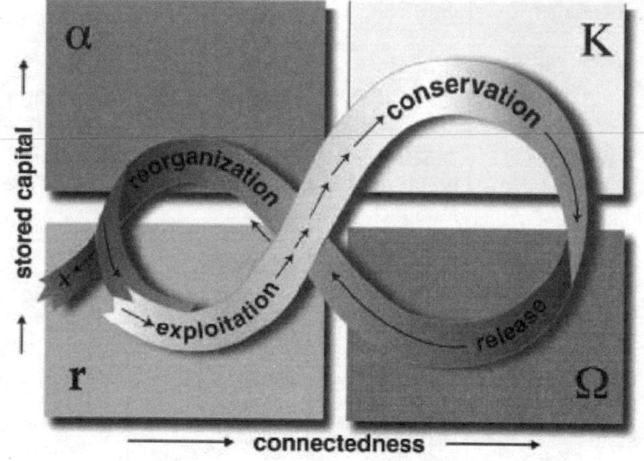

圖一：Panarchy模式中的適應循環：

(A) 生態系，圖中X軸為聯結度、Y軸為系統累積的資源。箭頭的大小則代表了轉換的快慢。循環則可分為四個循序的階段：r、K、Ω、α；分別代表開發、保守、釋出、重組的特性。

(B) 組織制度，與同的模式，循序的階段則為政策形成、執行、遭遇危機、與尋求替代方案。

由r至K的階段是目前研究較清楚的，例如此一S型的曲線即是Logistic方程式。由K至Ω，系統迅速解構，然後進至α，創新、嘗試等造成多重可能的結局－－恢復原先類似的循環亦或進入另一完全不同的循環。（取自Gunderson and Hollin, 2002)

1 Panarchy是由希臘神話中掌理自然的神Pan與Hierarchy的後半所 創造出來的。Hierarchy字面的原意是神聖的法則，Pan的個性無常，在混亂中有序，所以用Panarchy來代表複雜系統所呈現的適應循環。

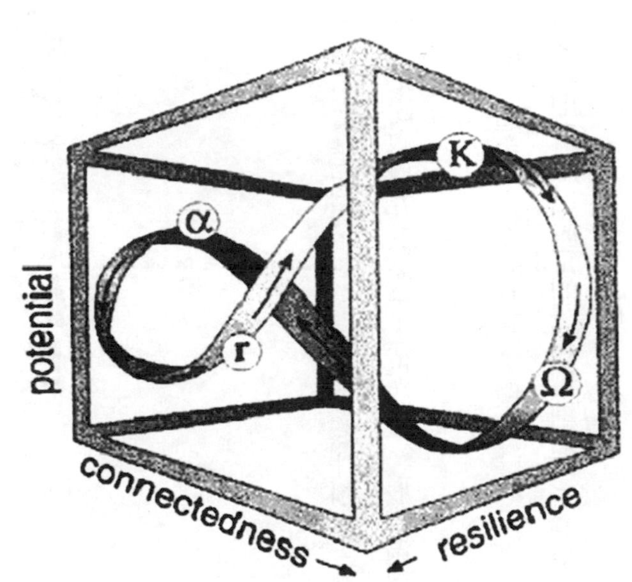

圖二：適應循環的示意圖

除了圖2中聯結度與系統累積的資源外，再加上第三軸代表彈性（回復性）。移向K階段時彈性降低，系統變的更脆弱，由Ω至α重新組織、資源逐漸增加，系統的彈性亦增加。（取自Gunderson and Holling, 2002）

《回應》

政策環評與綠色矽島

⊙於幼華

張署長在其大作中清楚地闡明了：「政策環評制度」乃為充分發揮環境管理作業中的「預防」精神而設，期盼政府在其諸「上位政策」形成過程，能適時加入對環境因素的考量。

繼而，文章指出，迄今止，在推動政策環評經驗中，正遇有重大困難如下：

(一)實施對象(即所謂已設定的「政策細項」)過窄，唯若放寬，又或有政策內容欠明確之虞。

(二)政策研提機關之配合現況不夠理想。

（三）環境背景資訊不完整，公眾參與管道欠暢通，評估技術未成熟等。

當然，針對以上困難，環保署身為法定主管機關，確實也正針對問題在力求改進，只是，國家發展的諸重大上位政策，其形成機構是否且有否真在政策成形過程中慮及「環境因素」？這才是政策環評制度能否確實落實的關鍵所在。如果現在的環保署，或未來的環資部，頂多只能期盼卻無力要求各平行部會，甚至上級機關在端出政策前多付出些環保課題上的思考，那麼所謂的預防優先原則將仍是空談，環保單位將繼續扮演收爛攤子的角色。而且，極嚴重的是，許多爛攤子可謂是無法收拾的，比方國內當年放任電鍍業發展，今天則大夥兒仍在面對土壤與地下水裡的重金屬污染問題；同樣的，國內今天視表相亮麗的半導體產業為金雞母，而未來會否形成有若部分矽谷地區的Superfund Sites，則令人難以預料。總之，在開發「個案環評」外，增設「政策環評」，原意即為化被動為主動，若政府對台灣的環保無力主動關懷的話，該制度實無存在必要。

尤其，「綠色矽島」乃是現下執政當局所勾勒出的台灣發展至高願景。以綠色象徵環保，以矽島象徵科技島的未來命脈與動力所寄，當然所有國家發展政策皆應據以構築，而在此願景前，政策環評制度實為保障綠色的重大執政工具之一，不論新十大建設政策，或蘇花公路交通政策，它們綠在哪裡？夠不夠綠？有無更綠的替代方案？這些疑問其實皆可藉此執政工具而為政策解套，為國人解惑。

《回應》

如何落實民眾參與國土規劃？

⊙鍾丁茂

由於時間的有限性，無法針對這一場次的三篇文章一一回應，因此，按照主辦單位的安排順序，我首先將針對第二位主講者、環保署張署長所發表的大作，做下述之回應；如果時間許可，則再就夏禹九教授所發表的論文，提出個人之見解並就教於夏教授。以下分數點說明。

關於此次研討會

本次研討會定名為「前瞻與決斷：國土規劃——政策環評與民眾參與」，前瞻與決斷是是研討會的精神，民眾參與是議題的重點之一。但是，在政府喊出要與原住民建立「新伙伴」、「準國與國」、「國中有國」關係的今日，在政府努力於原住民傳統領域部落地圖的繪製、要在未來修憲或制憲時納入原住民專章等改善與原住民關係的努力時，這次研討會竟然忽視傳統領域佔有國土半數以上的原住民聲音，在所有議題中，少了原住民的議題，也沒有邀約原住民參與，無從得知他們對國土規劃的見解，這在標榜民眾參與的本會毋寧是一件憾事。浩瀚中高海拔山區，一群群台灣善良的原住民族守住自己的家園度過一生，展現原有留自祖先傳統，而與山林大地、鳥獸蟲魚、動植飛潛以較為自然而和諧的方式共處。對待這些原住民的祖居地、傳統生活領域，怎能沒有他們的聲音呢?這是有感而發，因此我在這裡懇請時報文教基金會能不能再辦一次類似的研討會，請官員、環保團體、原住民、在地居民能對話，這樣在地聲音才能夠展現出來。

回應「我國政策環境影響評估之推動與展望」一文

一、國土規劃應整體考量自然環境與人為因素

國土規劃的上位思考應為台灣自然生態保育，我們要進行國土規劃之前應該先行了解台灣這塊地土的自然生態資訊。台灣自然生態的復育與國土的規劃與重建，應該依據其自然環境特性以為重要參考，舉凡各山系之地震、颱風、雨量、氣溫、水文、地文、生文、豐枯差異、地理、地質特性、河川特性、自然生態、社經、人口等，均為重要參數。近年來，台灣各種天然災變都和台灣這片土地的所在位置及其自然環境特性有極為密切之關係，但同時也都和台灣人為過度開發山林大地及不當的開發政策、對待大自然不友善的態度、工程規劃不當等人為疏失脫離不了關係，從事國土規劃時不能不審慎深入探究影響台灣國土規劃成敗的自然環境因子，從而依據台灣自然環境的客觀事實進行規劃。也不能不思考可能破壞台灣自然生態健康運作的人為因素。

二、「價值」的再思考

張署長的大作提及政策環評與開發行為環評不同之處，在於政策環評除了技術可行性分析及成本效益分析之外，加入環境價值考量分析，因而較能適度地解決開發行為環境影響評估的困境。但是，價值是不可計量的，而且價值取決於進行環評者的主觀認定，相當程度受到當事人的自然觀及價值哲學所左右。如果，政策環評委員沒有正確且妥適的價值哲學涵養，如何去做價值評量？如果，環境價值被無意地等同於或代之以經濟價值；如果，生態體系及其運作模式仍處於各說各話階段；如果，關係自然演化與生態運作的價值難以量化，或被不當量化或窄化，則政策環評究竟能夠達到多少環境永續之目標？張署長的大作並沒有處理這些的問題，而這一問題將大大地影響政策環評的功能。另外，傳統教育中人類中心主義（anthropocentrism）所強化的「人定勝天」、「雙手萬能」、「科技至上」等思想，及科學消除主義（scientific reductionism）、唯用思想、唯利思想、市儈化、市場導向化等迷思，如果不能透過教育大變革，將之轉變為比較有利於生態環境的生態中心主義（ecocentrism），則單靠政策環評要達成台灣自然生態保育及國土保安，簡直緣木求魚。

三、政策環評之其他分析面向

影響政策環評的功能者尚有政治、經濟、社會、文化等次級體系，張文在提及我國政策環境影響評估之展望時，未能針對此一議題深入分析，殊為可惜。

四、制度面的改進

在制度面的改進上，張文提及四個面向，即：擴大政策環評實施對象、政策環評提出機制、應實施政策環評類別之區分標準的建立、強化資訊公開與民眾參與。

區分應實施政策環評之政策類別，是一件困難的事，而建立一套明確且具體化的標準，固然是有其必要性，然一旦具有明確而具體的標準，則極易流於形式化、標準化的作業流程，如此一來，可能某些危及環境健康的潛在因素，依照分類標準，卻未能呈現其有進行政策環評的急迫性，非常容易被犧牲掉。

至於政策環評由政策研提機關主動提出，這樣的制度設計，可能在政策研提機關有意無意的忽視下，而遭暗渡陳倉！環保署在此制度下，只能扮演與各部會溝通，協商的角色，或動之以道德勸說，或曉以大義。針對此一缺失，張署長卻未能建構一套客觀中立而有益於自然生態保育與環境保護的研提機制，在目前的制度設計下，主管全國環境保護的機關，及主管全國生態保育的機關，沒有主動要求政策研提機關應該將政策付諸環評的設計，也沒有賦予民間環保團體提出要求政策環評的機制，實在與社會的期望有一大落差！

至於資訊公開一事，至為重要！張文引證網際網路可以查詢已完成的政策環評案例，實只見到問題之一隅！資訊公開的重要性，在於民眾需要了解政策形成過程中各種影響因子，而許多資訊大多掌握在政府手中，一般人無由得見，從昨天的研討會，許多主講者及與會者對此有所抱怨、多所批評，可見問題之一斑。我們知道，有許多涉及生態保育及環境保護的議題，保育團體向相關單位索取相關資訊，非常困難。就連學者專家為了進行研究之需，也不見得能順利取得相關資訊，如此一來，沒有詳實的資訊作基礎，進行評估時難免偏移！以敏督莉颱風過後，經建會所主辦的中橫復建與否聽證會為例，民間環保團體要求政府應公開九二一地震、桃芝、納利、敏督利等災後，用之於台電各電廠、水庫之復建經費，或農委會林務局、水保局用於上谷關至德基段的邊坡整治之費用，或水利署用於大甲溪整治之費用、預估再度復建與復建後維護經費，以及過往中橫公路使用頻率、環山部落、梨山部落的農業產值、台電總供電量與大甲溪水力發電廠發電總量比、九二一及多次颱風在中橫上谷關德基崩塌的土石量等資料，但政府機關一直無法正視此一要求。試問聽證會舉辦後，中央政府與民眾能否適度地透過聽證會研判中橫是否應該復建？

因而，資訊公開應有更深的意義，不只是網路公開已完成的政策環評案例而已。民間要的其實是政策環評前影響政策制訂的因素及其詳細的資訊，特別是環境資訊。

另外，台灣環境資料庫嚴重缺乏生態基本資料，或僅為物種名錄，少了物種與物種間、生物與非生物間、人類與環境間互動模式及交互作用的資料。這方面的改善，有賴於踏實地進行生物調查與生態調查，但整個高等教育已逐漸向分子生物學傾斜，傳統生物及生態的調查已逐漸為教育主管單位所忽視，不僅在國科會、教育部的研究經費的補助比例上得以見知，也可以在整個高等教育投入生物研究側重分子生物學的方向上觀出端倪。在張文有關技術面的改進方面，觸及此一話題，但卻寄望於GIS。GIS如何能全面解決環境資訊不足的問題呢？因為，剛剛提到這些問題沒有辦法靠GIS解決，這要靠勤奮的專家學者孜孜矻矻地進入台灣高山、深海、山巔、溪谷從事艱苦的調查，才有可能彌補於萬一。

至於公共參與方面，什麼人足以代表公共意見？簡單來說，如何規範民眾參與，而民眾參與的機制又如何？這些都是問題。公共參與的模式是什麼？聽證會的事前準備、資料的公開及聽證會進行的時間，必須足夠雙方相互詰辯、交叉討論，而且可能的話，對同一個政策應該有多次聽證會，方能奏功。是否有一機制能產生與此一政策相關的代表人物代表出席聽證會？能否以公開徵求代表的方式或由民間環保團體推薦代表參與聽證會？這些都是必須花心思設立制度，不斷修正，直到有效地反應真實民意為止。可惜張文一語帶過，未能深入探討！

台灣環評難以服眾，癥結之一在於環評委員由政府部門委派，這麼一來，這些委員的公正超然性，已足以質疑，而環評委員能否有足夠的時間消化與此環評案有關的相關資訊，又是另一個問題。若干環境影響說明書或其環境調查不夠切實或調查時程過短，以致於無法掌握環境實情，也常是嚴重缺失。以雲林湖山水庫及蘇花高而言，當地民眾質疑環評的公正與確實性。政策環評也可能發生類似情事！環評委員的產生、環評內容的切實性、相關的生態與環境資訊的完整性、時間的充足性等，應是未來政策環評改進之重要議題。

回應「環境影響評估中的民眾參與」一文

我今天比較有興趣的是夏教授的文章，他引進了很多外國學者的看法，也提到自己對於環境影響評估制度的無奈，以及對於台灣未來要透過政策影響評估建立的社會，不免抱持著非常悲觀的態度。文中，夏教授提到Panarchy的模式，希望藉此找到一個解決的方式，我認為這個論點相當好，不過有幾個問題請教：第一，這兩天有很多學者指出，台灣沒有「自然生態基本資料庫」，但若建構了自然生態基本資料庫後，Panarchy的模式是否還有存在的意義？第二，自然生態基本資料可能量化嗎？如果行不通，我們有沒有辦法做呢？另外，夏教授提到一個整體系的概念，例如Panarchy模型有適應性的特質，倘若台灣要建構比較理想的政策，必須將生態系及人的集體活動在一個整體的概念之下，經過不斷的循環，像螺旋式的向上發展，然後去回憶、建構，萬一建構的過程因為彈性不夠、適應力不足，則無法變成一個很好的模式。然而問題是，沒有基本資料庫要怎麼執行？第三，夏教授在結語提出適應性的計畫，認為永續發展要保持與鼓勵人、企業、生態文化的相互適應能力，但是，這種相互適應能力卻取決於生態系所有不同分子的更新潛力。更新潛力愈強，它的適應性愈大。換個角度來看，當人為機制對這個世界注入了很多心力、開發了很多文明，雖然會造成很多科技的善果，但也造成了很多科技的弊端，所以這個創新機制不是像夏教授提到的那樣自然無害。假設這樣的結果不利於台灣的自然生態保育，卻若還是要把它當作自然資源的一環的話，那麼台灣生態的保護必入險境。我看到夏教授把這部分視為自然資源，而且還強調，如果自然資源要經營，就要有很好的管理制度，但在他文章一開始，他又曾提到好的管理制度也可能造成嚴重的禍害，這是互相矛盾的，一方面期待好的管理制度的建制，二方面又說一開始好的管理往往在後來證明會造成嚴重的禍害。這我就不太了解了，請夏教授說明，謝謝。

附錄

一、當地居民質疑蘇花高環評之缺失如下：

缺失一　忽略替代方案評估

缺失二　經濟效益評估明顯低估成本

缺失三　對地方發展評估，視野狹小

缺失四　流失台灣重要水資源

缺失五　地表地質調查，草率了事

缺失六　嚴重威脅多所學校學童安全及影響教育品質

缺失七　交通環境預測報喜不報憂，配套措施評估不足

缺失八　生態資源調查不確實，無有效的保育措施

缺失九　國道通過太魯閣國家公園，登陸世界遺產潛力被破壞

缺失十　穿越重要舊社遺址，毀滅南島民族發源地的證據

缺失十一摧毀花蓮僅剩的美麗海灣，衝擊觀光資源，且生態調查不實

缺失十二充滿「先核准、再申請」的荒謬現象

二、湖山水庫環評遭當地居民質疑如下：

（一）調查與現況不符

相較於民間企業所委託執行的六輕及濱南工業區之環評報告動輒十數巨冊，政府單位委託的湖山水庫環境報告書卻薄薄一本，資料簡陋，欠缺客觀評估方法，就水庫營運最直接相關的氣象及氣候資料，如溫度、雨量等資料，竟付之闕如，有關「生態類環境」現況調查部分，僅薄薄的六頁，而有關影響預測分析部分亦僅五頁；而重要的非點源污染源亦僅對桶頭堰進行農藥檢測，未就集水區內之沖刷量、水質等項進行檢測。水庫預定地及其週邊林班地，不僅為八色鳥之重要繁殖地及棲地，更是全世界已知分布密度最高的地區。

然而，環保署於2000年5月通過的環境影響評估中，竟隻字未提八色鳥，事後在特生中心及中興大學的調查中，都顯示七一－七三林班地處的紀錄高達一七三隻，是已知全世界密度最高的區域；更何況其他鳥類九十七種、兩棲類二十三種、更曾有兩筆石虎的紀錄，如此豐富的自然資源，工程單位卻視而不見。

（二）違法動工

水資局為了趕在二〇〇三年年底之前讓湖山水庫的引水路工程得以動工，無視於森林法的相關規定，壓迫主管機關農委會放行；工程開發單位在趕在期限截止之前以整除路邊雜草之名，違規動工，而主管的環保署竟然認為其動工有效；行政凌駕法律之上，法令條文形同虛設，台灣山林及生態環境將永無寧日。

(三) 環評法本身的不足

主管單位過去在遭遇重大壓力時，往往任意修改行政程序或議事規則，致使環評遊戲規則亂無章法，其專業及公正性皆受質疑。未來宜對於環評相關會議之成會條件、參與單位及人員訂定規範，避免在環評委員出席率過低的情況下做成審查結論，以確立主管機關與環評委員會之專業權威。

(四) 未作差異分析

湖山水庫案通過環評已逾三年，距完成審查程序更已近十年，九二一大地震後，諸多重大環境因子皆產生變動，包括清水溪上游崩塌對水質、取水量的影響，皆未有詳細評估。清水溪上游豐山地區已成為重要土石流來源區，此次七二水災，上游土石已將草嶺潭填平，未來恐發生嚴重土石流災害，對攔河堰安全及水庫壽命皆有重大影響。

(五) 建議——重作環評或政策環評

湖山水庫環境影響評估書上明文記載：湖山水庫的供水八十八%要給工業用水，民生用水僅十二%而已。湖山水庫主要供應麥寮的台塑六輕、雲林離島工業區、雲林科技工業區和附近的中部科學工業園區用水所需；雲林縣有一半以上的需水量，皆為離島工業區特定財團所占，實有違環境與社會正義及永續原則。就湖山水庫而言，我們認為濁水溪流域的用水和產業發展必須進行整體評估；而任何從環境中取水的工程，都必須審慎進行環境影響評估，以台灣之地質、地理、水文條件為基礎，規劃多元的水資源利用方案，因此湖山水庫興建一案，實有必要從政策環評面向，重新出發。

《回應》

勿讓政策環評成爲政策合理化的工具

⊙林素貞

國內近年來推動的政策環評，源自歐美諸國之策略環境評估（Strategic Environmental Assessment,SEA），實施對象則有別於傳統個案計畫之環評（Environmental Impact Assessment,EIA），包括了政策（policy）、計畫綱領（plan）及方案（program）三種不同位階，主要為彌補傳統EIA在計畫位階之限制及影響決策的功能與角色之不足。由於目前各國對全球氣候變遷與嚴重的環境生態問題之警覺性大幅提升，為避免資源過度開發的後遺症與邁向永續發展之目標，故對相關政策、上位計畫及方案之推動，傾向於採取前瞻性的整體規劃與評估，以期防範嚴重的環境生態問題繼續惡化，此即為政策環評與SEA之精神所在。有關政策環評之目的與功能及推動現況、作業程序與規範及實施範疇等，在張署長之文章中已有相當完整的論述。若探討目前在國內已完成政策環評之案例，如「工業區設置方針」、「台灣地區水資源綱領計畫」、「高爾夫球場設置」及「水源水質水量保護區縮編方案」，是否已達到預設的目的與功能，答案可能是還有一段頗大的差距與挑戰需要克服，相關層面之檢討及改進方向亦在該文中有敘述。此外，最大的瓶頸與困境可能還是國內政府相關部門長期來的心態與迷思——對於開發計畫與相關政策的推動，常是偏重於短期的利益與技術經濟可行性，而某些政策與計畫之推動，甚而有政治考量高於其他之虞，這樣長期在經濟掛帥下忽略了生態危機與自然環境的承受力，無怪乎政策推動與環評制度的公信力一再備受挑戰，值得相關單位注意。

在「環境影響評估中的民眾參與——蘇花高速公路爭議之看法」文中，夏教授相當用心於闡述生態學之思維典範與分析自然資源開發造成環境惡化之因，亦簡介潘那奇（Panarchy）生態系統適應循環之模式概念，且對蘇花高速公路之爭議與環評制度有獨特之見解。在「國土規劃與民眾參與——以德基水庫為例」文中，作者對德基水庫與集水區產業開發之過程及環境背景，集水區經營之相關問題與歷次民眾參與等事件皆有精闢之論點，如建議藉由社區總體營造，整合全流域內NGO與社會團體，鼓勵推動民眾參與國土保育管理，甚至跨社區策略聯盟，結合可用之民間力量實為良策。

以土石流災後的「封山」政策而言，在人道（humanity）與天道間怎麼拿捏？有人以八掌溪事件為比喻，如果當時站在水中央的是總統、院長或其他高官，也許結局就不一樣了；換句話說，可能在封山、封路或制訂任何政策時，應該要有一些比較周延的配套措施。因為在民主的制度下，少數需要服從多數，可是站在公平與社會正義的立場上，我們也應該注意對少數弱勢的尊重，他們一定要有管道參與，他們的權益務必要受到保護，倘若缺乏這些人道關懷，我想這只是恃強凌弱。很多人認為，國土規劃的目的是為未來的下一代，但我想呼應不只是這樣，在這一代之中，弱勢族群也應該受關懷，如果我們這一代的弱勢族群不能受到照顧，怎能寄望下一代會有這樣的想法或作法？

事實上，在公共政策與相關計畫上，民眾參與的確有其特殊的意義與必要性，尤其長久來，國內民主自由與多元化的發展，民意蓬勃，但卻缺乏法治觀念與實踐行動，在公共事務的參與上，亦較缺乏理性溝通的機制與涵養，以致於常以抗爭衝突事件來突顯問題，並未能有效的解決各方的利益衝突，故要如何凝聚民眾達成共識，以環境保育與永續發展為共同願景，可能還是很遙遠，但值得努力的目標。今年敏督利與艾利風災後，各級政府、官員、學者、民間團體與災情波及之民眾，無不痛定思痛，然而具體之賑災與環境行動方案（Environmental Action Plan），似乎尚未成形。雖然尊重山河的聲音已開始在決策階層出現，以「封山」政策而言，如何照顧弱勢與貧困民眾，以平衡社會正義與環境正義，其中拿捏得當的尺度，仍是艱鉅的挑戰任務，期盼主事者與相關單位，除了執法外，仍須努力提出具體方案與配套措施，與民眾溝通，公開資訊與提供充足的民眾參與機制，以建立共識。

此外，在國內新十大建設中，爭議最大的除了蘇花高速公路外，尚有四大人工湖；而四大人工湖中，除吉洋人工湖僅通過第一階段環評外，其餘皆在規劃作業中。前述計畫基本上符合政府環評作業辦法應實施環境影響評估之政策細項，宜進行政策環評，而且除了政策環評外，相關單位應以前瞻性的視野與格局，重新檢討這些計畫的本質是否合乎生態與環境的永續性？是否有其急迫性？是否有更合理更「永續」的替代方案？除了短期效益外，風險分析與成本分析是否也包括環境與社會成本？另外財務方案的健全性如何？否則可能會讓人質疑是否「政策環評」成為了「政策合理化」的背書工具。

與會者　發言：

討論永續的問題，應該正視人的存在，才是最根本切實的取徑。人類對自然的影響程度，基本上與動物性的本質有關，動物性就是要繁衍下一代，也要向外擴展，所以我們有「移民」的個性，對自然來說也就造成一種侵略；於是，人類有必要回過進行內向的思考，譬如設法減少個人的需求，或降低人口成長的速度，才可能化解無法永續的危機。也就是說，人本中心主義與生態中心主義的思維應該結合起來，不能偏廢，亦即在討論永續的問題時，不僅要從樹、水、土壤切入，也應多加瞭解人的本位。另外，在政策環評方面，既然環保署不能對上層部會的決策有所違背，那麼可否請監察院發揮功能，針對行政院沒有從事環評的政策，做出相對的考核，以為監督？

鐘丁茂　回應：

我同意人本中心主義與生態中心主義應該彼此結合，找出平衡點，這樣也許一方面能夠照顧到人，另一方面亦能夠照顧到生態。但就現實的狀況分析：第一，人類是生態的一部分，卻沒有順應自然來演化，反倒挾其科技之大能，強烈的破壞環境，因此我們才需要在這裡討論對策；第二，在兩個極端中，走過頭的向來是人本中心主義，因此現在若是強調生態中心主義，說不定恰可達到「取法乎上，僅得乎中」的成效。

林素貞　回應：

「永續」的議題牽涉到三個「E」，也就是environment、ecolomy，和social equity。環境的角色未必是一個拉力關係，就3E的三角機制而言，它是平衡的概念。此外，人是永續的核心主題之一，所以人的發展有其關鍵性，但是我們應該謹慎考慮發展的型態及密度問題。至於社會公義是更重要的課題，唯有提高社會公義的地位，永續的機會才可能代代相傳；由此亦可推想，關於弱勢族群的處境，政府或社會必須給予相當的回應、公平的對待。

我們生活在同一個時代，彼此應該排除立場、族群、意識型態，達成更深的認識，始能落實永續發展。舉例而言，我本身是泰雅族人，泰雅族的居地一般就在溪河的上游，也就是水資源的上游，換句話說，原住民和平地人是互相依存的關係，當然也要用互相依存的觀念來處理事情；不過，目前政府對原住民的待遇，多半是限制與控制，像是撿取漂流木，也要受到法規處罰，所以我們期待執政者一定要負起責任，重新檢討政策的合理性。

另一方面，有些學術單位已經真正開始重視原住民，譬如鐘丁茂教授、夏禹九教授，會帶學生到原住民地區走透透，我認為這是非常可喜的現象。他們不是為了選舉，而是為了務實地認識台灣這塊土地，並且找出和原住民互相依存、永續發展的方法。我們實在應該把這塊土地當成自己的故鄉，把所有居住在這塊土地上的人們當作好朋友、好鄰舍，如此一來，河川將是我們的水溝，公園將是我們的後花園，大家才會一起努力保護環境。事實上，原住民如果沒有參與森林保護的工作，任何政府單位都是不可能有效落實農業政策或

與會者 發言：

林業政策的，所以還是要靠大家一起努力才對。

夏禹九 回應：

我認為，「永續」裡面最重要的是「適應」，各種生物能否存活，與其適應程度有關。適應的機制就是多樣性，也就是創新的能力。試想，如果多樣的基因、物種無法保存下來，怎麼可能出現新生的物種呢？相同的，我們現在推動國土規劃，不能僅從控制、管理的角度切入，也不必期望法令能夠解決一切實務的問題，譬如原住民的議題，我們應該思考的是原住民的適應機制何在、創新能力如何，這才是國土規劃的精神與基礎，否則任何一個部會都不可能有效執行。其次，簡單回應鐘丁茂教授在評論文中的提問，亦即我所期待的「好的管理制度」，其實是一個能夠吸收刺激、充實知識的建制。比方說，為什麼很多人認為林務局沒有政績或功能？此其中除了人事問題外，也因台灣最早的林務典範是以木材生產為主，後來一直承續到今天，導致現在我們有九十九%的木材都必須仰賴進口；假使林務局能夠吸收新的刺激、充實新的知識，也許這個問題不至於如此嚴重。那麼，所謂刺激、知識從何而來？我想最直接的源頭，就是民眾的參與。

與會者　發言：

談到民眾參與，我持保留態度，因為利益團體所服務的對象，不一定是民眾。另外有關國土規劃，如果土地已經不能住人的話，不該堅持留守，應該趕快撤出，政府也沒有理由動用國家預算去做重建的救濟，而是要把經費拿來協助搬遷，以免傷亡悲劇不斷重演。

與會者　發言：

我是一個小志工，就我過去八年來的實務經驗與感受而言，我認為台灣廢棄物的污染，才是最嚴重的「土石流」，這個問題必須趁早面對，免得後患無窮。另一方面，我參加過許多環保相關會議，但竟發覺政府部門各自為政非常嚴重，民代及官員也會找藉口推託，隨便敷衍了事，因此我主張行政部門應該有所整合，並且拉進民眾參與的力量，借力使力，否則無助於解決環保問題。再者，法令的制訂必須周延、宣導必須普遍，之後便要執法從嚴，堅持到底方能產生嚇阻的作用。

與會者　發言：

我是荒野保護協會的成員，曾經參與台十一線拓寬的抗爭。半年來，我覺得整個社會進步很多，但是花蓮的朋友仍然感到有種痛苦，因為花蓮縣政府進步得太少了，縣府官員對於研討會之類的活動，往往避之唯恐不及，沒有給自己一點進修的機會。至於花蓮的民意代表，也不見得是真正秉持社會正義的良心問政，他們總是強調自己代表多少萬張選票，質疑每一個與他們意見相左的人，批評這些反對者沒有資格發言。所以，我衷心希望媒體能夠指派最好的記者人才到花蓮來，實地觀察、報導花蓮的狀況，不要只用煽動或悲情的語言，也不要偏頗於哪一方，畢竟這樣對於地方的進步並無助益。

夏禹九　回應：

在花蓮，我想十個教授比不上一個縣議員，因為他們實在很會玩弄手法。就我的經驗，原本我想在花蓮推動公民論述，但結果是大家一直喊口號，只有「抗爭的動作」，卻沒有「教育的過程」，這是很可惜的事情。我想說的是，如果台十一線失敗了，我們不希望有

第二條，而不是一條條的抗爭。我希望政府能給民間資源，讓我們能夠舉辦的論壇，使不同的聲音可以出現，而不是把資源保留給公家機關辦說明會、辦宣傳、辦公投，這樣不叫公平。

與會者　發言：

民眾參與國土規劃很重要，不過這些「民眾」的組成，我們也應該有所瞭解。尤其在處理環保的案子時，廠商和利益關係人的參與往往很多，而公部門竟也非常歡迎他們，實在教人奇怪；相對的，主張環保、生態的團體，參與卻很少。例如幾年前，花蓮的亞洲水泥擴廠，原本應該進行環境評估，但是我們並沒有看到這項工作的進行，即便是到環保局查，也沒有這回事，而亞洲水泥後來還推說是商業機密，不再對外說明。我要提醒的是，倘若應該參與的人不能參與，不該參與的人卻參與太多，將會發生嚴重的後果。再者，我在國家公園做志工，發現到工程部門的營建預算比保育預算高出很多，但是相關人員都認為自己對預算分配沒有置喙餘地，他們只是執行；我覺得這樣的心態不夠健康，許多事情會無法執行，因為每個人在自己的範圍內，其實都可以做些改革的事情。最後我想鼓勵環保署和其他官員儘量公開資料，讓決策過程透明化，也讓應該參與的民眾盡情參與，台灣才有愈來愈好的可能。

與會者 發言：

由於工作的緣故，我常開車往返台北與苗栗，而在中壢路段，則會看見一座垃圾山。請教諸位，現在台灣的垃圾幾乎都採用掩埋法，但是這會造成嚴重的細菌滋生與衛生問題，甚至隨著水的流動，造成大範圍的疾病；有鑑於此，我們應否趕快興建焚化爐，縱使會犧牲某些地方的利益，但是卻能徹底解決垃圾堆積帶來的後果？其次想請教於幼華教授，往後十五年，台灣究竟會面臨哪些問題，什麼是我們應該加以預防的事情？

於幼華 回應：

今天台北市的用水是每人三二〇公升，如果十五、二十年後，每位台北市民仍然可以使用三二〇公升的水，而且品質不變，那麼我們可以說就是永續發展。倘若屆時用水能夠達到三四〇公升更好，這則表示我們有進步。不過，很可能十五年後，台北市民只能用到一六〇公升的水，而這有兩種解讀，一是我們這一代對不起下一代，二是下一代用水比我們這一代有效率——如果那時人們覺得一六〇公升夠用的話。總而言之，關鍵是我們能否在十五年之內，把有效率的技術發展出來，移轉給下一代，至於我現在能夠做的，只有祝福大家。

林素貞　回應：

從國土規劃到政策環評、民眾參與，都是非常沉重的課題，任誰來做都很困難，不過我們仍然應該把握這個契機，從正面的觀點來看它。對於政策環評，我們要有期待，但不能寄予太多的希望，應該透過務實的做法，才不致失落太深。例如國土復育條例波及到中南部山區五百公尺以上的居民，而這些人正巧多是弱勢的族群，那麼如何規劃配套方案，才能讓在地居民感受到這不是個人的犧牲，他也得到某種程度的保障，因而願意共同促成這項公義，是很重要的事情。換句話說，決策者的品質和機制的公正性，足以影響國土規劃的成敗。

鐘丁茂　回應：

幾點總結的看法：（一）國土規劃的上位價值觀必須確立，而上位價值觀有待教育改革。（二）國土規劃的首要目標是維護自然生態，因此不僅要考慮人與人之間的代間正義、社會正義、族群正義，更重要的是物種與物種之間的種間的正義。（三）民眾參與的機制要儘速建立，並且應當釐清誰才是真正的民間代表，不要被政府、企業所補助的環保團體，搶佔掉代表的地位。（四）我們必須排除以「開發」為導向的思考模式，認真看待人與自然的互動關係，錯誤不當的決策應予擱置，不可蒙頭推動，徒增環境負擔，卻讓企業坐享其利。

張祖恩　回應：

有關亞洲水泥的案子，我們會回去再查一下，而資訊公開部分，環保署也會儘量配合。眾所周知，環境署不能代表政府各部會，但是我們會積極任事，希望對於環境教育、公民參與能夠有所提升。目前環保署與教育部已共同展開環境教育的規劃，關於教材的編纂，也正在努力中，今後還將繼續研擬「環境教育法」，請大家多多提供意見，並且拭目以待。

陳錦煌　回應：

過去我們都是以「移民」的態度對待台灣，好像換一個地方居住，原先的環境問題便不存在，殊不知這是「債留子孫」的作法，未來會導致更多的災難發生。若欲避免負面的情勢蔓延，我們應該採取實際的行動，在手可以動、眼可以看、腦可以想的時候，從現在、從自己做起，為台灣的永續發展找尋出路。

議題四

水水台灣（上）
水資源組織再造

- 水資源計畫——五十年的回顧及未來的展望
- 未來眞的有水可用嗎？
- 建立前瞻有效率的水資源組織機構

● 台灣地區之水資源永續發展策略

● 水組織的改造——「資源環境部」組織之芻議

● 爲環境與資源設部的省思

● 追求環境與資源之永續發展

● 期待一個水利事權完整的水資源組織

主持人　葉俊榮（行政院研考會主委）

發表人　黃金山（行政院經建會顧問）

回應人　馬以工（監察院監察委員）

黃煌煇（成功大學水工試驗所所長）

陳伸賢（經濟部水利署署長）

發表人　李鴻源（台灣大學土木系教授）

回應人　胡念祖（中山大學海洋政策研究中心主任）

虞國興（淡江大學水資源管理與政策研究中心主任）

吳憲雄（經濟部水利署顧問）

發表人

黃金山

日本明治大學農學博士。現任行政院經濟建設委員會兼任顧問。曾任經濟部水利署署長、經濟部水利處第一任處長、台灣省政府水利處代理處長、台灣省政府水利處副處長。專業領域為農業工程、農田水利、水資源工程、水利技師、環境工程、環工技師。代表著作有《台灣永續水資源系統的研究及建立》。

回應人

馬以工

美國新澤西州立大學都市與區域計畫碩士。現任監察委員、清華大學兼任副教授。曾任中華大學景觀建築系主任、行政院環境保護署環境評估委員會委員、諮詢委員、行政院文化建設委員會研究員、新竹市政府都市計畫委員會委員、大自然季刊總編輯、副社長。專業領域為文化地景、景觀設計與規劃、文化與生態保育。

回應人

黃煌輝

成功大學土木工程學系博士。現任成功大學水利及海洋工程系教授、成功大學水工試驗所所長、台灣海洋工程學會理事長、地層下陷防治服務團團長。曾任中興大學兼任教授、成功大學研究總中心主任。專業領域為熱污染擴散、碎波現象、海洋放流。

回應人

陳伸賢

台灣科技大學營建管理博士班肄業、美國科羅拉多州立大學土木工程碩士。現任經濟部水利署署長。曾任經濟部水利署副署長、經濟部水利處副處長、經濟部水資源局代理副局長、高屏溪流域管理委員會執行長。曾榮獲榮獲八十五年行政院模範公務人員、行政院國家策略研究班第一期研究員。

發表人

李鴻源

美國愛荷華大學土木暨環境工程博士。現任台灣大學土木工程學系教授。曾任台灣大學水工試驗所研究員、台灣大學土木工程學系副教授、台灣省政府水利處處長、台灣省農田水利聯合建設基金管理委員會主任委員、曹公農業水利研究發展基金會顧問。專業領域為輸砂理論（河川水力學）、擴散理論（環境流體力學）、生態水利學。

回應人

胡念祖

美國德拉威爾大學海洋政策哲學博士。現任中山大學海洋政策研究中心主任、中山大學社會科學院教授、行政院國家永續發展委員會委員。曾任美國夏威夷東西文化中心環境與政策研究所博士後研究員、中山大學水資源研究中心主任。專業領域為海洋政策、海洋法。代表著作有《海洋政策：理論與實務研究》。

國土規劃

回應人

虞國興

美國普渡大學土木工程博士。現任淡江大學水資源管理與政策研究中心主任、淡江大學水資源及環境工程學系所教授、中華水資源管理學會秘書長。曾任淡江大學水資源及環境工程學系系主任。專業領域為統計及序率水文學、水資源管理與政策。代表著作有《二十一世紀水資源管理》等。

回應人

吳憲雄

成功大學水利工程系畢業。現任經濟部水利署顧問、逢甲大學水利工程系兼任副教授。曾任經濟部水利署副署長、經濟部水利處代理處長、台灣省政府水利處副處長、台灣省水利局總工程司。專業領域為水利工程。代表著作有《河川環境管理與生態治河》等。

水土林整合的組織再造深具關鍵意義

⊙葉俊榮

「國土規劃——政策環評與民眾參與」研討會設計了國土規劃、水資源利用及保育方面的課題，而這些問題均牽涉到政策與機關互動層面的「組織再造」工作。目前行政院組織法現已送至立法院審議，十月初完成一讀；在行政院研擬設立的十三部中，「環境資源部」與「水水台灣：水資源組織再造」議題特別相關。該部係屬新興五部（環境資源、文化、衛生與社會安全、勞動、農業）之一，其設計理念與方向，主要考慮到任何國家在經濟發展至一定程度後，未來繼續向前走的各種課題，譬如環境資源、文化、衛生與社會安全、勞動、農業等，如何透過組織的提升，使其量能更為擴充。環境資源部之新興構想為：透過水、土、林及其管理機關上中下游之整合，來面對並解決台灣天然災害頻仍與環境資源的管理問題。「水水台灣：水資源組織再造」的探討，十分合乎時代的需求，相信經過大家的互動交流，對於水資源管理與政府組織再造的議題，必能激出更多的火花。

就現在的狀況而言，倘若環境資源部確認設立之後，將會有一年的時間，可以規劃環境資源部的業務內容及編制安排，換句話說，我們尚有足夠的時間舉辦各種公聽會，可以邀集環保署、經濟部、農委會、內政部等與環境資源部有關的單位，以及學者專家、社會人士，供同探討水、土、林整合的意義所在；水、土、林整合的大方向確立，對於台灣未來的環境發展，具有十分重要的指標性意義。

國家的水資源問題，不僅只牽涉水利工程而已，亦與組織、政治協調、社會觀念等方面的進步息息相關，加上大環境的變化、全球氣候的變遷、降雨量的集中，在在均對台灣造成很大的考驗。眾所周知，每次用水方面發生問題時，水利人員就成為眾矢之的，承受著很大的壓力，而這次組織再造便是一個機會，希望內部架構與權責設計能夠良善，充分發揮應有的功能。也期盼透過這次研討的機會，整合各方意見，作為組織設計的參考，今後若有機會，行政院也將會多辦幾場公開會議，以與各界意見保持緊密的接觸。

《主談》

水資源計畫——五十年的回顧及未來的展望

⊙黃金山

緒言

台灣過去五十年的社會經濟發展，與水資源計畫的發展息息相關，不同階段有不同水資源計畫的配合，而水資源計畫的有效配合，更佔有舉足輕重的分量。筆者有幸於一九五六年十月開始加入台灣水資源建設的行列，五十多年來，台灣經濟發展過程，以及水資源計畫如何配合，彷彿歷歷在目，如今以躬逢其盛的心情加以回顧，相信檢討過去正可以做為策勵將來的參考。

五十多年來，台灣的變化似乎可以用史無前例加以形容。五十年前的所謂國家重大建設，幾乎都是水資源計畫。當時國家公共建設的總預算，水資源計畫佔絕大部分，以一九六〇年代南部曾文水庫的興建為例，當時為優先充裕軍需民食的糧食增產，硬將大鍊鋼廠計畫延後建設。五十年前，南部嘉南水利會轄區橫跨雲嘉南五個縣市。當時一年嘉南水利會的年度預算竟是上述五個縣市預算的總和，如今僅為其中任何一個縣市的幾分之一，如何想像。人口的增加，社會的發展加速工業及都市化的結果，民眾單位用水也倍數的遞增。更由於全球的暖化，氣候的變遷，水資源的可靠度越來越差。生態及環境保護要求的提高，大型水資源開發計畫已難以推動。

地球村共同願景的物種多樣化及資源永續利用的前提下，水資源的利用已從不斷擴充量的開發，走到使用效率的不斷改進。換言之，也就是從供應管理的策略改變為需求管理，從用後即丟改變為不斷的循環使用。最後達到所謂零液體排放（Zero Liquid Dischange）。因此今後的水資源計畫絕對與過去的水資源計畫不同，也因此，為達到有效的經營管理，即所謂Integrated Water Resources Management，其管理體系也必須做靈活而有效的調整，才能符合時代的需求。

早期的水資源計畫

所謂早期在此定義為所回顧的過去五十年以前。也就是先民渡海來台到台灣從日本的佔領下光復。這一段時間長達二百多年，如果再將它區分為日本佔領的五十年以及佔領前二段來看，更可以看出兩種完全不同的水資源利用的思維。

一、先民來台開闢洪荒到日人據台以前（一八九五年以前）

鄭成功驅逐荷人之前，漢人已有零星渡台墾荒情事。鄭氏克台之後，大量漢民更陸續來台，直到有清一代，在台人口於日人據台之前已近二百五十萬人。在台墾殖為生，最重要的是灌溉事業的興辦。台灣降雨總量雖不少，但豐枯不均自古既然。因此為保障種植能有良好的收成，除仰賴天雨，依照降雨季節安排作物種植的制度之外，如果沒有人工的灌溉補充，農人收成仍難確保。因此各地開鑿淺井，以水車戽水灌溉到大河川攔河引水，均蓬勃地發展。從北到南，大家耳熟能詳的瑠公圳、胡蘆墩圳、八堡圳、引西圳、曹公圳等，均為此一時期的水資源利用系統。其次更為調節豐枯，利用天然窪地或開挖陂池，蓄存豐水期引入用後剩餘之水源，形成以引水圳路結合陂池之水資源系統。此種系統如以今天的觀點檢討，它是確實可以永續利用的水資源系統。只不過它的缺點是陂池容量有限，難以支應漫長枯水季大量的用水需求。此外，簡陋的河川引水設施也容易於雨季遭受洪水沖走，必須冒著生命危險與洪水搏鬥，頻頻修復攔河的設施，非所謂現代的堅固安全的工程構造物 1 。

二、日人據台期間（一八九五年至一九四五年）

日人據台之後，針對上述水資源引用系統的缺失，考慮以現代土木工程的技術謀求改善。不論河川引水以及陂池的大型化均投入不少努力。直至光復之前，在台已完成了暖暖、日月潭、蘭潭、鹿寮溪、尖山埤、烏山頭及澄清湖七座大小水庫。除暖暖、蘭潭及澄清湖為公共給水，日月潭為發電之標的外，其他三座均為灌溉目標所興建之水庫。當然其中尖山埤及鹿寮溪水庫除蔗田灌溉之外，也做為製糖廠工業用水的水庫。如果包括台南縣的虎頭埤、高雄縣的中正湖，台灣光復以前已有大小九座人工興建的壩及水庫的水資源系統。檢討此一期間的水資源計畫，主要為現代土木工程技術的引用於水資源計畫，其優點為堅固安全進步了，但由於泥沙平衡及生態保育未獲考慮，仍無法永續使用[2]。

光復後五十年發展的回顧（一九四五年迄今）

光復後迄今，嚴格算起來已滿五十九年。在這五十九年的期間，依水資源計畫所擔當的不同任務，大略又可以區分為第一期一九四五年至一九六四年，農業生產的恢復期；第二期一九五四年至一九七三年，為農業孕育工業發展期；第三期為一九七三至一九八三年，為以工業為主的經濟發展期；第四期為一九八三年至一九九三年，為工業起飛的時期，最近從一九九三年以後到現在為經濟發展的反省期。在以前不同的時期，有著不同的水資源計畫配合，以下依次逐期的檢討其內容及意義[3]。

一、農業生產的恢復期（一九四五年至一九六四年）

台灣雖然光復了，但百廢待舉，筆者自一九五六年加入台灣水資源的工作行列，月薪為二百六十元新台幣，十八．五公斤的糙米。當時新台幣與美金的匯率為三十六比一，即月薪不到十元美金。由於舊台幣剛換為新台幣不久，當時四萬元舊台幣換一元新台幣，同事之間還經常談論往日，發工資得用卡車運鈔票，領錢須裝麻布袋的事。一個月二百六十元如何養家活口呢？當時為了加速農業生產，尤其是糧食生產的恢復，石門水庫剛開始決定興建，據說到石門水庫工作一個月可以領一千五百元，於是便想盡辦法前往，但因兵役關係未能如願。石門水庫於一九六三年完工，隔年正式啟用灌溉，豐富的水資源讓台灣的糧食生產一下子豐裕不少。除石門水庫之外，其他如石門大圳、斗六大圳、阿公店水庫及復興渠、東部的關山圳及鹿野大圳等，都在此一時期完成，加速了農業生產的恢復。

二、農業孕育工業發展期（一九六四年至一九七二年）

農業生產大致恢復以後，在台灣一個關鍵的經濟發展時期為「以農業培植工業」的發展。尤其當時為了更充裕軍需民食，暫緩大鍊鋼廠的興建，集中有限政府公共建設經費於曾文水庫的興建。雖然如此，政府自有財源仍然不足，必須向日本貸款以及發行糧食債券籌措經費。曾文水庫自一九六七年決定興建到一九七三年完工，為農田灌溉所推動的水資源計畫也到此劃下了句點。從此爾後，所有單獨為農田灌溉所興辦的計畫全部停擺，除非為工業用水所需而兼顧農業。筆者終生遺憾因兵役而未克參加石門水庫的建設，但是曾文水庫卻能從最初的水文站設立，水文測驗到工程規劃均有幸參加。但施工期間又因東部河川地開發工作的耽誤而未能參加，也是一大憾事。

三、以工業為主的經濟發展期（一九七三年至一九八三年）

一九七三年曾文水庫完成，隔年正式服務之後，糧食生產更為充裕。記得當時政府下令，一切研議或進行中的農田水資源計畫全部停辦。被波及最嚴重的為岡山地區的二仁灌溉計畫及苗栗地區的鯉魚水庫通霄地區灌溉計畫，一直到現在仍然是胎死腹中。當時筆者正負責設計二仁灌溉計畫十餘公里的導水路，依據不同地形分為八個工區，設計及發包預算書都辦理完成，等待發包的時候卻臨時叫停，心中真是五味雜陳。由於體會到自己所從事的農田水利計畫以後恐怕沒有事做，不得已於一九七八年參加省府公費考試，選擇水資源規劃及水質控制，進修自己的第二專長。在美國伊利諾大學研究期間，更深感台灣以水庫開發水資源方式，除非水庫淤沙的問題能研究解決，否則並非永續的做法。不過為了工業及民生用水的緊急需求，四個非灌溉標的的水庫卻在此期間完成。鳳山水庫為臨海工業區，仁義潭水庫為嘉義地區用水，永和山水庫為新竹及苗栗地區用水，寶山水庫為新竹科學園區用水分別先後完成，使得我國能順利的工業化成功。

四、工業起飛時期（一九八三年至一九九三年）

在過去五十年當中，我國從農業社會逐漸的轉變為以工業為主的國家，一九八二年至一九九一年間為經濟成長率最高的一段時期，年成長均在十%以上。也因為如此，加速工業化的結果更導致都市化的發展，人口快速向都會區集中。除工業用水之外，都市用水也因個人生活水準的提高而快速增加。都市及工業用水（M & I Uses）不斷的往上爬昇，水源的開發不得不更積極的努力。因此，由北到南，四大水庫分別在此一時間先後完成。翡翠水庫為大台北地區的用水，鯉魚潭水庫為大台中地區的用水，南化水庫為台南及高雄地區的用水，牡丹水庫為台灣最南端的核三廠及墾丁國家公園地區的用水，分別擔當了經濟起飛發展的配套角色。也因為經過這一段時間水庫的積極建設，更感覺水資源的供應恐怕難以完全依賴興建水庫之一途。因此於一九八八年筆者首次提出水庫與海水淡化的評估比較，更以永續水庫為目標，於一九九三年提出恢復考慮平地陂池的價值及現有水庫的永續改造。目前改善中的阿公店水庫即將於二〇〇五年完成，完成之後即為一永續水庫的試驗及先驅計畫。平地水庫（人工湖）及廣建農塘則更為永續水資源往前跨出了一大步。各標的用水的機動調度更於一九九三年積極鼓吹，希望我國水資源的使用效率能不斷的精進 4

。

五、經濟發展的反省期（一九九三年迄今）

永無止境的經濟發展是否真能為人類帶來幸福？近年來許多研究人類永續發展的經濟學家已經提出所謂「Sustainable Development means Development without Growth」，所謂「Development means the Improvement in Resources Efficiency」，所謂「Growth means the Expansion of Resources throughput」，由以上觀點檢討，水資源更不可能無限的膨脹資源的開發。目前除為新竹地區民生及科學園區二、三期用水所興建的寶山第二水庫以及為雲林地區民生及離島工業區用水所興建的湖山水庫之外，今後水庫興建的計畫恐怕將到此劃下句點。水資源如何永續利用，地區分布不均的調度，永續水庫（人工湖）的研究推動以及不斷回收利用以替代用後即丟的習慣等，恐怕非由衷的反省檢討，確實遵循永續發展及生態物種多樣化的原則，人與自然和諧共存共榮的發展方向邁進不可。

未來的展望

目前的水資源計畫已經根據過去五十年發展的經驗檢討，陸續提出較為進步的水資源利用方向。茲分別予以說明並展望今後更進一步發展的策略5。

一、寶山第二及湖山水庫

水庫的功能為調節豐枯。如無水庫，台灣豐枯懸殊的降雨將使得吾人於枯水期難以維生。最理想而永續的水庫為無集水區的平地人工湖，其空間可調節豐枯，但無水庫被泥沙淤埋之虞。其次為集水區很小的離槽水庫。寶山第二及湖山水庫均為離槽水庫，集水區很小，泥沙不多，水庫可長期使用。雖然目前湖山水庫有八色鳥的問題，不過八色鳥並非台灣的留鳥，更因水庫完成後之湖光山色為八色鳥最喜歡的棲息環境，人與自然應不難謀求共存。

二、荖濃溪越域引水計畫

為補充曾文水庫的水源不足，將近十五公里的隧道將把荖濃溪豐水期的餘水引入曾文水庫以充裕整個南區枯水期的用水。類似的區域平衡計畫也正積極研究。不過計畫的推動仍以能在不影響當地人的權益並能增加其權益的條件下進行。

三、廢水處理回收利用及海水淡化

為了有限水資源能永續利用，水資源用過即丟的習慣必須改善，以不斷的回收利用，最後達到零排放為目標。目前其最大的障礙為我國污水下水道系統的建設落後。因此先由工業區優先辦理，配合污水下水道系統的加速建設，日後市區用水的部分也能陸續發展。必須保證用水的高經濟用水則局部輔以海水淡化補充。不過由於其成本仍高以及必須依賴進口能源，大量的利用仍有困難。

四、平地人工湖及廣建農塘

以台糖及台鹽土地由政府規劃興建大型人工湖，永續為調節豐枯使用。另外更可檢討鼓勵農民廣建農塘，藏水於民，盡量將天賦雨水留在陸地，充裕水資源的供應，達到永續利用的目的。

五、機動調度各標的用水，提高使用效率

永續發展的所謂「發展」就是發展資源使用效率的提高。不擴張資源的需求，在同樣資源的情況下，其使用的效率－包括經濟的產出及對環境的效益－不斷的發展提高。所謂「Integrated Water Resources Management」，包括上述各項軟硬措施均必須予以整合，從供應

的管理走向需求的管理，才是今後的經營策略[6]。

結語及建議

水資源計畫必須因地因時制宜，不同時代更應有不同的水資源計畫與社會的需求結合。不過今後水資源的永續利用：包括資源本身及水資源利用系統均必須能永續的利用。水資源利用系統更必須從過去依賴大型硬體系統轉變為以軟體：經營管理系統為主配合輕微的硬體工程系統為輔，有效的不斷提昇水資源的利用效率。並在利用的過程中，盡量減少對環境及生態體系造成負面的衝擊。

為達到水資源的有效經營管理，目前水量與水質分家管理的方式必須整合，各標的用水更應統合管理，在政府組織再造時上述組織功能應加以整合。其次應依時代及社會環境的演變，隨時機動做必要的調整以應需求。

參考文獻

1 台灣省文獻委員會（2000），《台灣地區水資源史・第二篇》。

2 黃金山（1994），「水庫防淤以建立台灣水資源永續發展利用系統的研究」。

3 台灣省政府水利處（1997.08），《水利五十年紀念專輯》。

4 黃金山（1988），「水庫興建及海水淡化發展評估」，《第四屆水利工程研討會論文集》。

5 黃金山（2004），「台灣水資源利用的演變及其多元化的經營」，《第十四屆水利工程研討會論文集》，新竹：交通大學。

6 Mahmoud A. Abu-Zeid. 1998. Water and Sustainable Development, the Vision for World Water, Life and the Environment. Water Policy.

《回應》

未來眞的有水可用嗎？

⊙馬以工

水資源與組織再造的課題，主談人經建會顧問、也是前水利署署長黃金山先生，就水資源計畫部分，提出五十年的回顧及未來的展望一文。以書面資料看來，前三章均為史料回顧，其第四章提出五項較為進步水資源利用方向，以為未來的展望。故本文僅就五項較為進步水資源利用方向，提出淺見。

若自國外至中正國際機場降落，必然會飛過佈滿水塘的桃園沖積扇。地理學家陳正祥教授指出，大嵙崁溪上游被淡水河奪川，致河流水源不足。石門水庫完工前，早期的開墾者挖地為塘，稱之為溜池。而根據陳正祥早年的調查，桃園地區的溜池約四千四百餘座，再依石門農田水利會的資料，灌區內約有三千餘座，一九八九年時，曾核定將保留四百六十座。

行政院文建會這兩、三年規劃參與指定World Heritage時，曾有學者認為溜池極具潛力，文建會仍持保留態度。然多年來僅餘的溜池並未受到重視，不少被填埋（桃園縣政府網站還可下載申請填埋的表格）或水質嚴重污染。

目前黃顧問在經建會推動平地水庫計畫，將所謂平地人工湖及廣建水塘，為未來展望之之一。據悉，推廣的地區遍佈全省，亦以為雲林沿海地區解決超抽地下水問題的方案，並以挖方為墊高屋基之土方。

我們對過去以建大型水庫為水資源計畫的文化，到了要反省的時分，因而這項展望首先提出來討論。試想石門水庫完工慶祝時，誰曾想過五十年後供水的重任又會回到溜池。溜池在桃園沖積扇上有密佈的歷史，在其他平地農村推行類似的計畫，對環境的影響可參考桃園的案例。

至於計畫用台糖或台鹽土地，來興建大型的人工湖，不知經建會禍水利署有無提出政策評估，或至少環境影響評估？

首先在國土規劃的層面，或行政院永續發展委員會所謂國土復育層面，大面積國有土地的利用，固可配合政策使用，然規劃學上所謂最佳使用不能達成時，至少要做到最適使用的原則。令人擔心的是在提供私校土地、提供空污費種樹綠地等政策配合後，又有多少台糖土地要淪為人工湖。

平地大型人工湖並非全無條件即可造成，桃園的溜池大都向石門水庫繳費，在降雨量不足時，仍可經水庫取得用水。如不能與水庫形成網絡，在雨季、旱季分明的台灣地區，絕不是挖一個大坑就會變成平地人工湖。如嘉義鰲鼓的溼地，在降雨量不足一千四百公釐，蒸發量高達一千八百公釐的條件下，面臨水量不足的危機。

顧及蒸發後還得面對如何防止滲漏，是第二個難題，埃及阿斯旺水庫的災難，就是蓄水趕不上蒸發，又加上滲漏，成為一個個爛泥塘。此外，即使所有的湖底都打水泥，也不能保證沒有漏水的縫隙，倘若只漏掉積蓄的雨水倒也罷了，萬一滲漏的是水庫運來的水，可就損失慘重了。如何來能確保平地人工湖有水，當然要做環境影響評估，千萬不可設五公頃以下免的門檻，我們就會有許多四．九九公頃的爛泥潭。

優養化會是平地人工湖的第三個大挑戰，水體龐大如翡翠水庫，都不能逃避優養化的命運。甲藻曾讓德基水庫夏天一到成為醬油湖。若能防止農藥、化肥、養豬廢水、生活污水等，排入這些平地人工湖，則台灣所有的河流無論上、中、下游，早就都是清澈可飲。

公有者永遠最先被犧牲，這種共用區的悲劇早在一九六八年，即有Garrett Hardin所撰「The Tragedy of the Commons」一文分析甚詳。

黃顧問也提到離槽水庫與越域引水的兩個個案，這些稱之為展望，姑不論越域引水對河川流量改變所帶來的環境影響，亦忽略兩者都須有相當地理條件方可完成。

至於機動調度各標用水，確實是一個重要的計畫，供水雖不如供電般較易做機動調度，所謂「北水南運」或「南水北運」迄今亦未見具體計畫，然水源不能依靠單一來源，有備用水源救急（如溜池、封存的地下水井，或昂貴的淡化海水等），也有平時即規劃好的緊急處分措施，就不會發生這次桃園的事件。

水資源的取得困難，早就是全球課題，從IUCN一九八〇年「World Conservation Strategy」到二〇〇二年「Rio＋10」，未來最嚴重的環境問題永遠是淡水體污染，及缺乏飲用水。面對未來我們不能掉以輕心，問題不如想向的那麼嚴重，而是比想像的還要嚴重。

《回應》

建立前瞻有效率的水資源組織機構

⊙黃煌輝

一九九七年在摩洛哥舉行第一屆世界水資源論壇時，世界各國已經警覺到水資源乃是二十一世紀全球共同面臨的問題。由於人類盲目的追求成長，以及日益嚴重的污染水資源，目前全世界已有五分之一的人口，無法獲得足夠的清潔用水。再者，氣候變遷而導致降雨失調，致使近年來全球各地洪災、旱害頻傳，因此在可預見的將來，水資源的窘境與災害必會更加嚴重。然而台灣由於特殊地理環境以及降雨時空不均，加上水資源主管官署事權不一、調度不易、效率不彰，未來台灣水資源的問題，將勢比其他世界各國更為嚴重且急迫。

由於水資源問題是十分專業性的事務，然而在國內受到政治的干擾以及行政部門的不重視，始終無法有效的發揮。以水量使用的調配而言，五十餘年前農業社會的水資源使用觀念延續至今，如何能應付國內其他用水的需求呢？因此政府實有必要急速檢討調整，提出具有前瞻性的水資源統一規劃。另外，對於水資源永續利用觀念的建立，以及多元化的水資源利用，亦是在台灣境內百姓應有更深的體認，期使水資源能有效率的使用。

事實上，大家都瞭解水資源的重要性，也都能體會水害之苦，不過由於水資源的問題來得快，去的也急，因此風和日麗的日子總易把水資源的問題丟到腦後去。但是政府部門應有前瞻性的思考與作為，既然瞭解台灣水資源的重要與水資源的問題所在，即當用心的解決。

首先，應將主管水資源的部會機構作一有效的整合，切莫把一種水分割成三種不同使用目的的經營管理，無怪在介面上會出問題，無法有效的調配使用。同時，政府部門對於國內的水資源的問題是否用心考慮到整體的供需平衡，進而從各方面解決未來可能面臨的水資源問題，並將其視為政府未來的上位計畫，將會影響到台灣水資源政策的成敗。再者，水資源組織機構建置在哪一部會，以及組織位階的考慮，都涉及日後水資源使用效率的重大關鍵。值此政府部門組織再造的期間，吾人均應摒棄主見，擺脫長久以來的觀念，重新面對未來台灣水資源問題，包括水資源的利用、水害的防治以及水資源的經營管理，讓我們共同建立具有前瞻性又有高度效率的水資源組織機構。

《回應》

台灣地區之水資源永續發展策略

⊙陳伸賢

甫邁入二十一世紀之際，對於高經濟發展、高人口密度、高都市化及高用水需求成長的台灣而言，水資源的危機已然浮現。尤其在遭逢九二一大地震後，國土脆弱及山區土砂等之問題，加劇水資源經營管理的困難度。今年敏督利颱風及七二水災重創中部地區及大甲溪流域之水利設施，其後之艾利颱風豪雨更挾帶大量泥沙，造成石門水庫嚴重淤積，並導致桃園地區供水中斷。相當多跡象顯示，除非改變水資源管理思維，否則難以有效克服當前水資源面臨的困境，甚至影響社經發展及民生福祉。

台灣過去五十多年來，水資源計畫已成功地為台灣經濟奇蹟奠定基礎。隨著台灣的社會經濟發展及產業轉型，從「追求糧食安全」到「推動經濟起飛」，乃至於「提升人民生活品質」等各個階段，水利機關均成功扮演後勤支援角色，充分的提供農業用水、產業用水及生活用水等（圖一）。

今為因應國際與社會大眾對於永續發展之呼籲，水資源經營管理策略亦須由配合「經濟發展」之被動角色，逐步轉型為兼顧「經濟發展」及「永續發展」，亦即以務實管理需求替代積極開發供應，落實分區需求總量管制之原則下，強化水資源調度機制及市場機能與增設備援供應系統等管理能力，必要時輔以多元化之水資源開發計畫。

台灣地區之水資源現況

一、有效之水資源不足

台灣年平均降雨量二千五百公釐，降雨就總量而言高達九百億噸，惟因人口密度高，平均每人每年可分配降水量僅為世界平均值之八分之一（圖二）。復因降雨在時間及空間上分布極不均勻，豐枯水期明顯，全年平均逕流量六三八．九億噸，十一月至隔年四月枯水期逕流量約一四四．八億噸，占全年二十二．七％（圖三），愈往南差異愈大。由於多數河川發源於中央山脈，（海拔一百公尺以下土地僅佔台灣面積三十七％）[2]，且多已高度開發；河川坡陡、流急、沖刷性強及含沙量大等特性（上游坡降多超過百分之一，下游亦達二百分之一至五百分之一）（圖四，[1]），保水困難。又因台灣地區之蓄水設施抗旱能力不足[3]（水庫有效容量約二十三億噸，不及總用水量八分之一），且中下游河川污染問題嚴重（根據一九八三年至二〇〇二年之十九年間統計，未受污染河川長度由七十四％遽降至六十二％，嚴重污染河段則由六％攀升至十四％）（表一，[5]，[6]），供水可靠度偏低。

二、用水需求日益增加

聯合國二〇〇三年世界水發展報告指出[4]，高所得國家工業用水平均佔總用水量之五十九％、公共給水十一％、農業用水三十％，而低所得國家工業用水平均佔十％、公共給水八％、農業用水八十二％（圖五）。台灣自一九五二年迄二〇〇一年國民所得雖進入已開發國家，且加入WTO之後，大量農地釋出，且產業結構大幅轉變，惟農業用水僅由九十八％降至七十％（與高所得國家農業用水佔三十％，相去甚遠），工業用水則由一％增至九％，而公共給水由一％劇增至二十％。由於工業與民生用水需求不斷攀升，生態保育用水（如河川基流量等）在環保團體之呼籲下，亦必須予以納入。

因此，在河川水質條件未能提升及維持河川生態流量的呼聲下，二百億噸的總量規劃（圖六）應幾達可供給水量之上限，倘無法有效管理用水需求並協助農業用水配合產業結構調整順利移轉部分供其他標的用水使用，將限制經濟發展，並增加供水風險。

三、水環境急遽變化

氣候變遷造成之水文環境衝擊，包括極端降雨事件（異常多雨、異常少雨）、氣溫上升（蒸發散量增加、農業及生活用水需求增加、影響生態等）、海水面上升（部分陸淹沒、海岸侵蝕及海岸線倒退、海水入侵、海水倒灌及海岸防護設施破壞等）[13]。

台灣海拔一千公尺以上之土地，多已劃為水質水量保護區，但海拔一百至一千公尺佔面積三十一％之丘陵與台地，開發日益嚴重，集水區之水文條件因而改變。在相近的年逕流量下，近幾年來，洪峰流量卻急劇暴增，而河川低流量日數亦大增（表二），水源不穩定度大幅增加，各種用水被迫競逐水庫之蓄水。另九二一大地震造成山區土石鬆動，土砂問題嚴重危及水利設施，在二〇〇四年敏督利及艾利等幾次颱風，即可得到印證。

危機與挑戰

一、如何重建水文循環體系

隨著社會經濟發展，河川上游山坡地超限利用、中下游水田及綠地減少（都市化，不透水面積擴大）、洪泛區嚴重縮減等，使降雨尖峰流量增加、集流時間縮短，逕流直接奔流入海；天然窪蓄、入滲及滲漏水文循環因而中斷，大地保水困難，河川基流量減少（圖七）。如何促進雨水貯蓄及入滲（地下水補注）、增加中下游水量之可取用性及如何提高水資源利用效率，實為重建天然水文循環體系之關鍵。

二、如何管理需求並調和各標的用水競爭

水價偏低且現行法令及制度缺乏獎勵或制約節水及水回收再生利用之誘因，造成用水需求不斷成長。而多目標水庫水權爭執、農業用水移用補償爭議、自來水水質水量保護區回饋呼聲等問題，以目前採行的乾旱時期調配短期措施及恩給式回饋補償，亦難以有效落實「使用者付費或受益者付費」原則。如何管理需求並調和各標的用水競爭，將無可避免，應及早因應。

三、如何降低供水風險

近幾年台灣蓄水庫開發，在美濃水庫緩建之後，已趨停滯（圖八），台灣地區供水能力脆弱，民生及工業用水之缺水容忍度偏低等問題，已經浮現。而農田水利會及自來水公司為各獨立且平行的輸送體系，無法互相支援。又淨水及輸配水設施佈建不趨完善，多迴路之供水管路尚待建置，在水環境急遽變遷之當下，供水風險與日劇增。

台灣地區之水資源永續發展策略

永續發展是人類因第一次石油危機，而感受到「成長極限」以來[7]，所思索提出的新生活態度。構思於調和人類經濟開發與生態環境保育，其思潮首度揭櫫於一九七二年瑞典斯德哥爾摩舉行之聯合國「人類環境會議」[8]。經一九八七年聯合國世界環境與發展委員會發表的「我們共同的未來（Our Common Future）予以詮釋，而於一九九二年巴西里約熱內盧聯合國「環境與發展大會」中，以「二十一世紀議程（Agenda 21）」[9]，將永續發展的理念、規劃化為具體的行動方案。透過一九九二年簽署的森林原則[9]、一九九四年簽署的氣候變化綱要公約[10]、一九九三年簽署的生物多樣化公約及一九九七年簽署的京都議定書[11]等國際公約，永續發展逐步成為可操作的理念。台灣與地球一樣，都只有一個，水資源發展不可能配合需求成長，無限制開發。水資源經營管理必須符合「能滿足當代的需求，同時不損及未來世代滿足其需求之發展」之永續發展真諦[12]，在世代公平（落實總量管制，留資源給下一代）、經濟發展（提升供水可靠度）、環境保育（節流與開源並重、生態保育與開發利用兼顧）及社會公義（用水者付費、受限者得償及獎勵保育者）等原則，落實水資源永續發展。

台灣地區（不含澎湖、金門、馬祖）年平均總用水量約為一百八十億噸（圖九），惟為因應經濟成長及環境與生活品質提升所需，在充分考量河川潛能量、地下水安全使用量及水資源之經濟利用效率下，乃將二〇〇一年以後台灣地區總需求用水量定為每年二百億噸作為需求總量管制之目標。

一、推動積極性水質保護措施，提高可用水量

措施：上游集水區：建立河川生態廊道

鄉村區：發展生態農業及產業

都會區：提高污水下水道普及率

指標：河川未受污染長度比例

二、強用水需求管理，建立節水型社會

措施：推動合理水價、研訂獎勵或制約節水之相關法令、汰換舊漏自來水管線、加強檢漏及防漏機制

指標：民水、工業及農業節水目標、水回收再生利用率等

（一）發展新興水源，增加供水可靠度

措施：水量多次利用：推動污水回收利用系統

海水淡化：興建海水淡化極深層海水利用廠

雨水貯蓄利用：二元供水系統

確保蓄水設施功能：河道疏浚及水庫清淤

指標：新興水源量佔總用水量比例

（二）整合水資源輸送體系，滿足不同質量需求

措施：農田水利會多功能化：轉型為區域水銀行或原水輸配公司

增設水源及自來水備援供應系統

建立高品質水供應系統：成立生飲水或高科技純水獨立輸配產業

指標：非農田水利會及自來水公司供水比例

(三) 建立全年性水源調配機制，降低缺水風險

措施：推動預警型乾旱指標：進行全年性水源調度

建立優先停水用戶減價制度

水價附徵抗旱基金：支付優先停水用戶損失及乾旱時期移用水量補償

指標：政府支付移用水量經費

結語

尋找新思維以解決現在的困境與未來的挑戰，是人類進步的動力，對台灣水利部門益形迫切。本文以永續發展為導向，建立操作性之水資源永續發展原則及規劃、興建與管理模式。但欲達成環境保護與量足質優之目標，有賴行政與組織配合新思維之全面調整。

參考文獻

1 經濟部水利署（2003.03），《經濟部水利署簡介》。

2 經濟部水利署（2003.02），《二〇〇一年台灣水文年報》，頁一。

3 經濟部（2002.06），《台灣地區水資源開發綱領計畫》，頁一〇。

4 World Water Assessment Programme. 2003. Water for People, Water for Life: The United Nations World Water Development Report, p.一九-二〇.

5 虞國興（2000.09），《水的關懷——二十一世紀的海島院景研討會》，頁六五-七三，時報文教基金會、經濟部水資源局。

6 溫清光（2003.08），「水質改善引言報告」，《水資源論壇暨水資源保育與管理國土論壇文集》，頁一二七-一四七，經濟部。

7 行政院環境保護署（1998.06），《國家永續發展委員會工作分組績效評估與指標建立》，頁四。

8 United Nations Environment Programme. 1972. Declaration of the United Nations Conference on the Human Environment.

9 United Nations. 1992. Agenda 21: Programme of Action for Sustainable Development‧RIO

Declaration on Environment and Development; Statement of Forest Principles, p.9-15.

10 United Nations. 1994. Convention on Climate Change.

11 United Nations. 1997. Kyoto Protocol to the United Nations Framework Convention on Climate Change.

12 行政院永續發展委員會（2000.03），「二十一世紀議程」，《中華民國永續發展策略綱領（草案）》，頁1-17。

13 IPCC Third Assessment Report: Climate Change 2001.

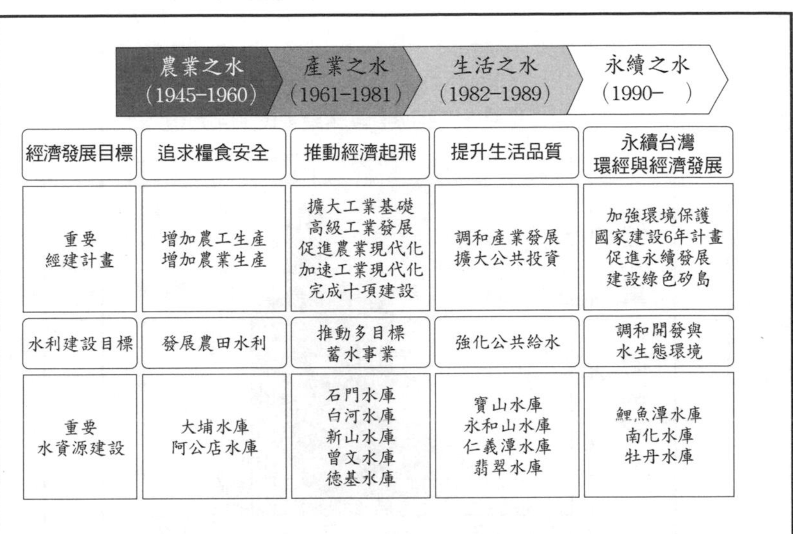

	農業之水（1945–1960）	產業之水（1961–1981）	生活之水（1982–1989）	永續之水（1990– ）
經濟發展目標	追求糧食安全	推動經濟起飛	提升生活品質	永續台灣 環經與經濟發展
重要 經建計畫	增加農工生產 增加農業生產	擴大工業基礎 高級工業發展 促進農業現代化 加速工業現代化 完成十項建設	調和產業發展 擴大公共投資	加強環境保護 國家建設6年計畫 促進永續發展 建設綠色矽島
水利建設目標	發展農田水利	推動多目標 蓄水事業	強化公共給水	調和開發與 水生態環境
重要 水資源建設	大埔水庫 阿公店水庫	石門水庫 白河水庫 新山水庫 曾文水庫 德基水庫	寶山水庫 永和山水庫 仁義潭水庫 翡翠水庫	鯉魚潭水庫 南化水庫 牡丹水庫

圖一：台灣水資源發展與經濟發展回顧

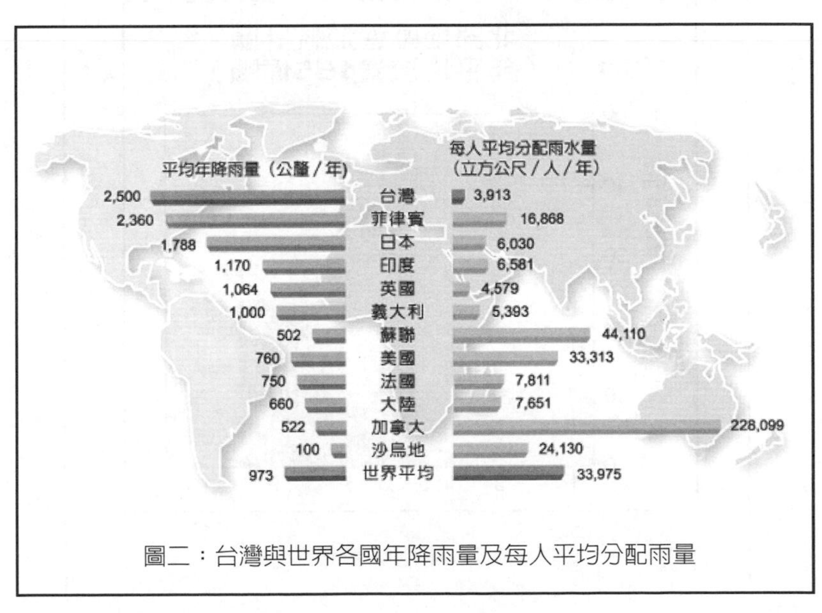

圖二：台灣與世界各國年降雨量及每人平均分配雨量

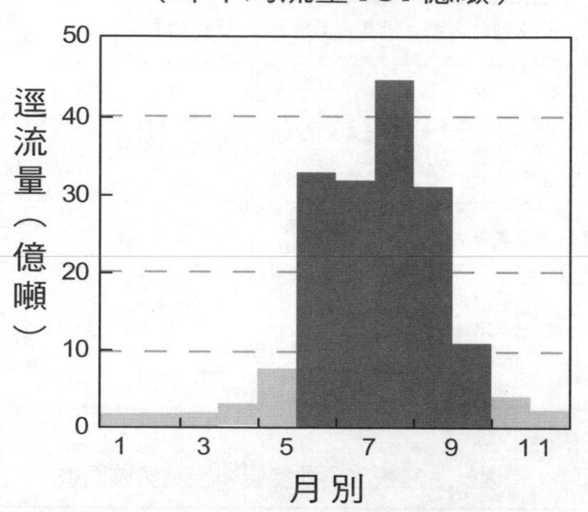

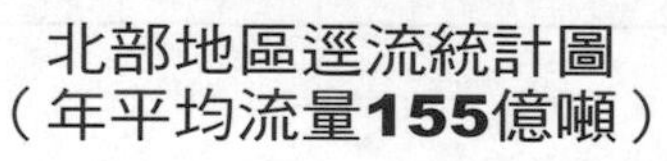

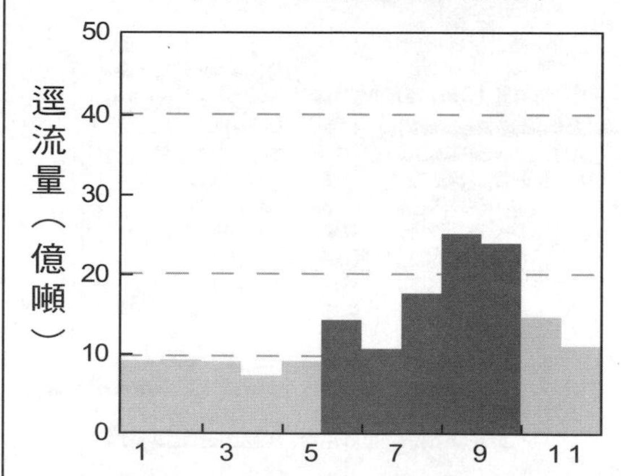

圖三：台灣河川逕流量豐枯分布

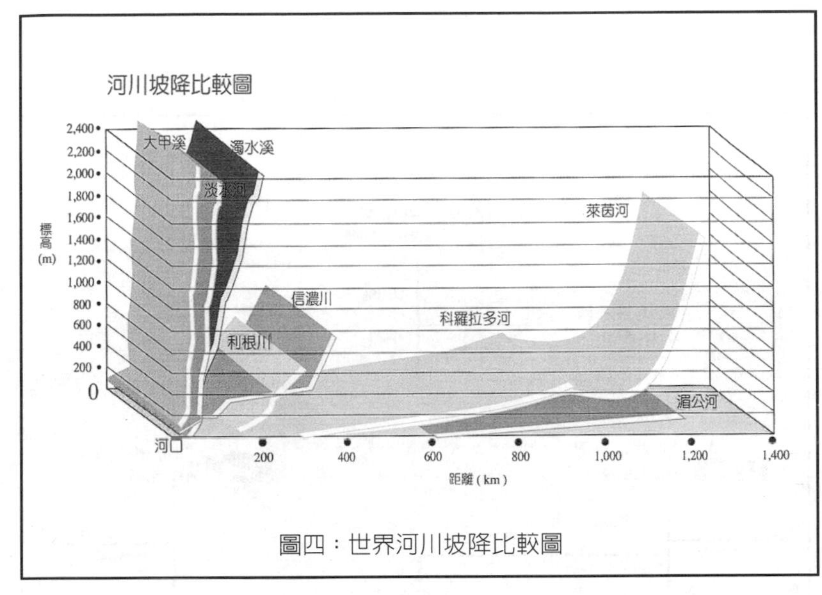

圖四：世界河川坡降比較圖

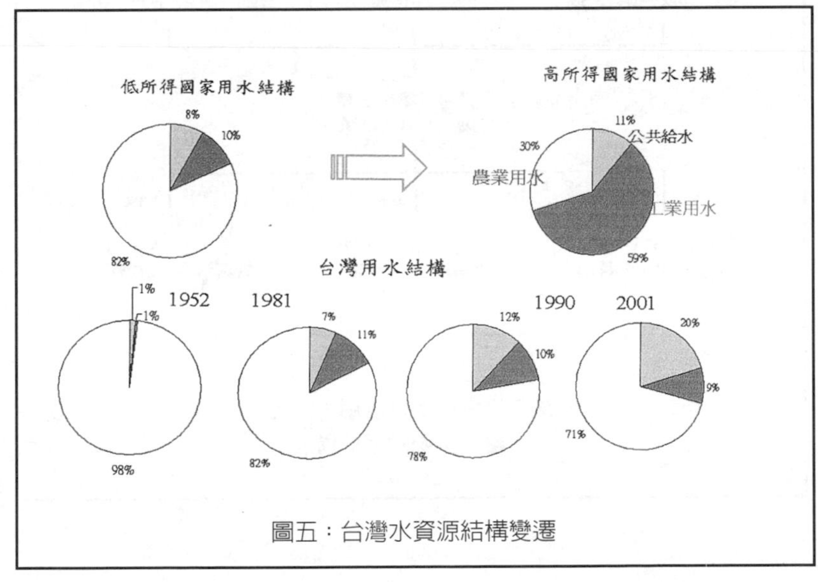

圖五：台灣水資源結構變遷

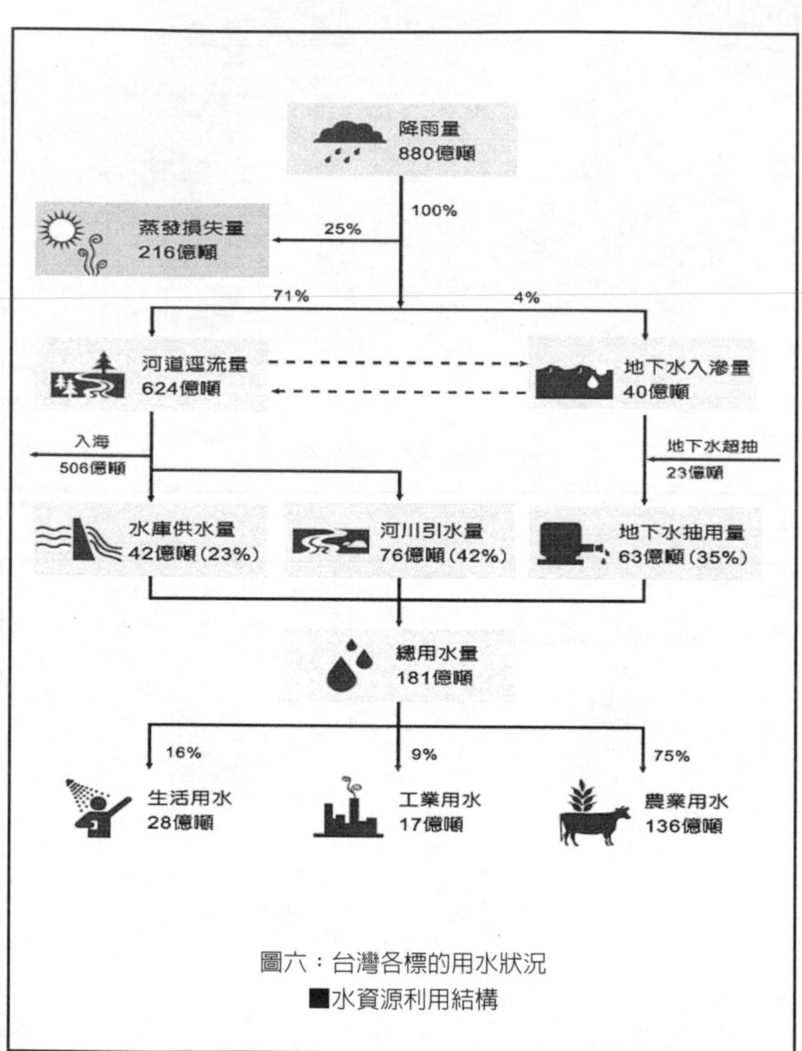

圖六：台灣各標的用水狀況

■水資源利用結構

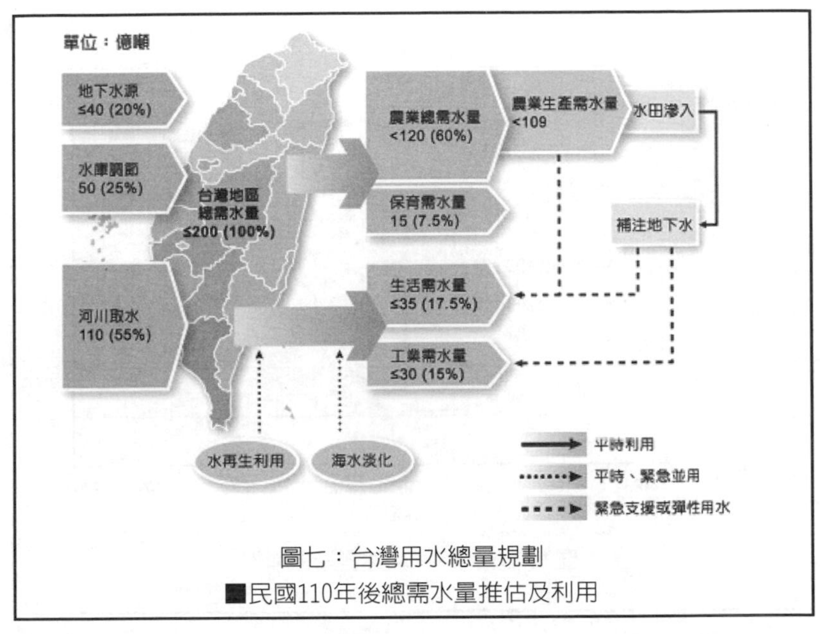

圖七：台灣用水總量規劃

■民國110年後總需水量推估及利用

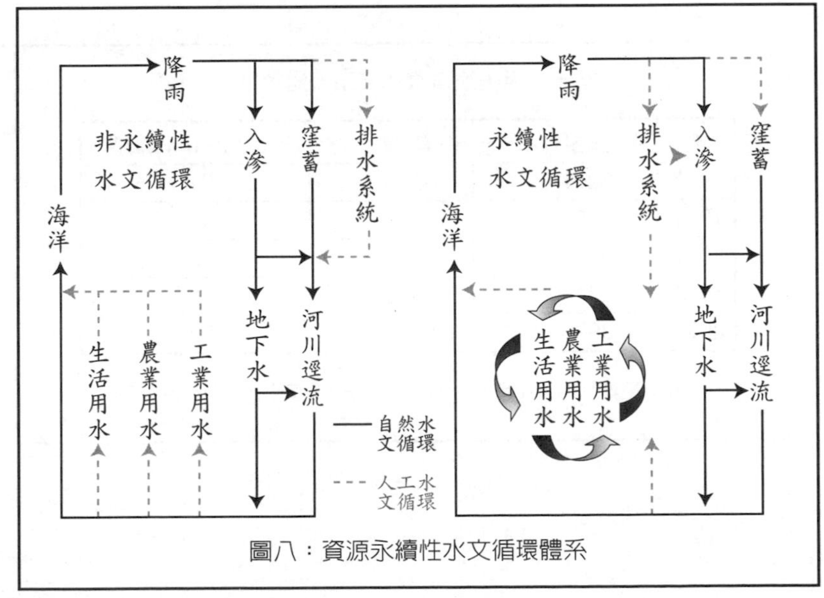

圖八：資源永續性水文循環體系

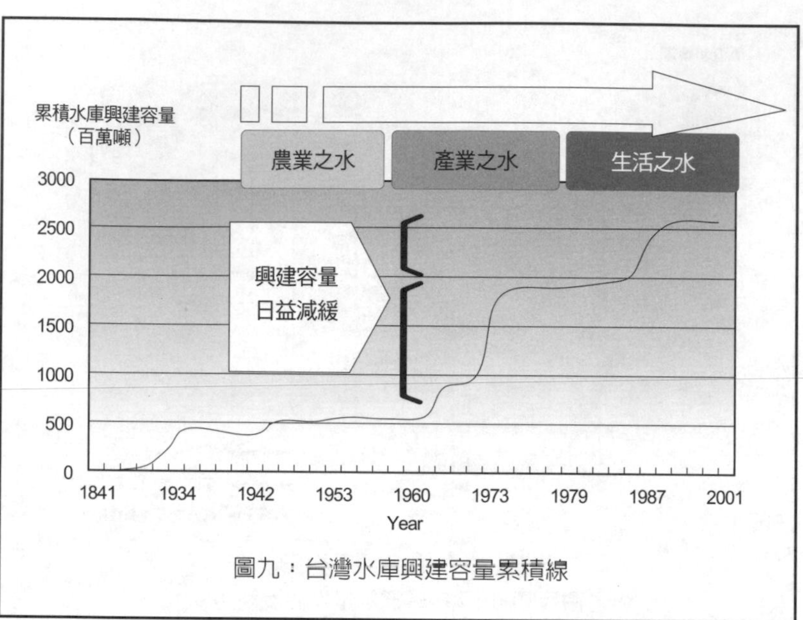

圖九：台灣水庫興建容量累積線

表一：景美溪寶橋水文站流量特性

年	年逕流量(CMS-Day)	尖峰流量(CMS)	流量小於1cms日數
1992	3277.05	208	21
1994	3198.70	705	2
1996	3558.84	894	15
1999	3345.29	362	0
2001	3670.85	1500	52

資料來源：中華民國81、83、85、88、90年台灣水文年報

《發表》

水組織的改造——「環境資源部」組織之芻議

⊙李鴻源

前言

這十多年來，台灣的自然環境面臨了前所未有的考驗，從賀伯颱風、九二一震災，到最近的艾莉颱風，再再都重創著這塊土地，旱澇頻仍，降雨頻破紀錄，土石流的發生成了常態，政府現有的機制和法令在這樣的挑戰下，好像有點力不從心，捉襟見肘。我們不禁要問到底是那個環節出了問題？在面臨不確定的氣候因素的挑戰下，我們應如何因應？本文將從台灣的水文地文環境特性介紹，現有問題的檢討，引出環境資源部設置之必要性及其應有的組織架構。

台灣環境特性

台灣受到歐亞板塊及菲律賓板塊衝撞，造山運動頻繁，褶曲、斷層、曲隆運動非常明顯，高度在一千公尺以上之高山地區，面積佔全島三十九・一％；高度在一百至一千公尺間之丘陵台地，面積佔全島約三十一・八％；高度一百公尺以下之平原區，則佔全島約二十九・一％。台灣環境特性，臚列如下：

一、雨量豐沛但可使用水量少

台灣地區平均年降雨量約二四七二公釐（一九四九年至二〇〇一年平均），為世界平均值九百七十公釐之二・六倍，惟因人口密度高，每人平均分配之雨水量約為三九一〇立方公尺，僅為世界各國平均值（約三三九七五立方公尺）之八分之一弱（如圖一），屬於世界缺水國家之一。復因台灣地區降雨在時間及空間上分配極不平均，降雨多集中於五至十月之豐水期，占全年降雨量七十八%；十一月至四月之枯水期則僅占二十二%。

二、河川長度短且坡降大

台灣計有中央管河川二十四條、跨縣市河川三條、縣市管河川九十一條。由於地形之關係，河川大都具有坡陡、流急、沖刷性強、含砂量高及集水區逕流係數大等特性。由於山區陡峻，水庫蓄水容量有限（如表一）。其中上游河川坡降多超過百分之一，下游則介於二百分之一至五百分之一間。由於上游河谷陡峻狹窄，地質脆弱，下游出谷之後，河床寬淺，易於氾濫，治理困難，也是台灣多數河川共有的問題。

三、颱風災害多

根據中央氣象局一八九七年至二〇〇〇年統計，台灣計遭受三百七十次颱風侵襲，平均每年約發生三・六次颱風，近十年來如一九八七年琳恩颱風、一九九六年賀伯颱風、二〇〇〇年象神颱風、二〇〇一年潭美、桃芝及納莉颱風，以及今年敏督利及艾利颱風等，均造成嚴重災情。歷年災情統計如表二所示。

四、地震頻率高

台灣地震活動十分頻繁，平均每年大小地震超過千次以上。另因約有五十一條斷層密布全島，致使水利設施必須穿越斷層或設置於斷層帶附近。地震除可能造成水利設施損壞外，亦肇致山區土砂鬆動，增加水資源保育及河川治理之困難度。台灣地區斷層帶及重要水利設施分布圖，如圖二。

台灣面臨的挑戰

台灣地區在水環境變遷與社會經濟快速發展之衝擊下，水利業務將面臨重大挑戰。氣候變遷日益顯著，導致極端降雨事件頻率及程度增加（旱澇災害加劇）、氣溫上升（蒸發量增加、農業用水增加及生態問題）、海水面上升（海水倒灌、海水入侵、沿海地層下陷地區），致使異常氣候逐漸變為常態。而二〇〇〇年九二一集集大地震後土石流潛勢劇增及土砂淤積河道等問題，以及社會經濟快速發展所衍生水資源供需失衡及因土地高度利用（高都市化）之現象，將使水旱災害更趨嚴重。可預見的未來，台灣將面臨下列挑戰：

一、洪澇災害日益嚴重

降雨極端化、高度都市化及九二一震災災後土石堆積河道等因素，將使洪澇災害日益嚴重。近年來，台灣發生淹水的地區，已由過去的「地層下陷地區」、「地勢低窪地區」及「海岸侵蝕發生潮害地區」，轉變至「過度開發及超限利用地區」。根據近百年的降雨資料統計分析（以台北氣象站為例，如圖三、圖四），台灣地區有全年平均年總降雨量逐年增加，而年總降雨日數逐年減少，亦即降雨強度有逐年增大之趨勢。在降雨型態上，從近年來幾次颱風在平地（台北）及山地（陽明山鞍部）的累積雨量比較發現（表三），降雨型態已從過去山區多平地少，逐漸轉為山區多平地也多，今年九月十日豪雨在南港地區二十四小時最大之累積雨量更高達七百八十九公釐，倘再考量九二一震災後大量土石堆積河道等因素，顯見未來高度都市化地區之水患問題將更趨嚴重。

二、供水能力脆弱

台灣地區由於降雨在時間及空間上分布不均勻，豐枯水期差異明顯，且河川坡陡流急，水資源之利用有賴蓄水設施調節供應。由一九九七年至二〇〇一年之水資源利用結構圖（圖五）可知，台灣地區平均之年總用水量約一百七十六億噸，其中水庫供水量約四十四億噸（二十五%）、河道引水量約七十四億噸（四十二%）、地下水抽用量約五十八億噸（三十三%）。而台灣地區水庫有效容量僅約為二十三億噸，另須兼負防洪功能，蓄水設施抗旱能力明顯不足。另由於水文之不確定性、水質污染、區域水資源調度系統尚未完善、集水區治理與管理不佳、自來水取水、淨水及送水設施與能力不足等問題，均使供水能力脆弱問題雪上加霜。以二〇〇四年艾利颱風造成桃園地區缺水為例，長時間停水除影響民生用水外，更使工業損失超過二十五億元。

三、九二一震災災後土石流潛勢劇增

根據水土保持局於九二一震災災後調查顯示，台灣土石流潛勢溪流有一千四百二十條，崩塌裸露面積共五〇七五三公頃。其中，苗栗縣、台中縣、南投縣、彰化縣、雲林縣、嘉義縣及台中市等中部七縣市災區，土石流潛勢溪流共三百七十條，較震災發生前增加二百三十七條。

顯見九二一大地震造成山區土石鬆動及土壤結構破壞，也造成土石流潛勢劇增，而一旦颱風豪雨來襲，恐將輕易造成大量土石淤積河道或蓄水設施，增加防洪及水資源管理之困難度。

現有問題探討

台灣現有的水利建設規劃多是延續傳統「人定勝天」的概念所訂定的，於是堤防不夠加高提防，排水不足，加設抽水機組，缺水則蓋水庫，在這工程導向的原則下，台北防洪已耗資超過了二千億，仍無法解決台北盆地的淹水問題，水庫可用壩址多已用完，仍無法解決缺水問題，彰雲嘉因超抽地下水，造成地盤嚴重下陷，即使再耗資上百億也無法根本解決當地的淹水問題。

結論是工程手段已無法解決現有的窘境，必須仰賴非工程手段。什麼是非工程的手段呢？以水資源調配來說，合理水價、節水措施、雨水貯留、廢水回收都是非工程手段，台灣平均每人每天用水約三百二十公升，是歐洲人的兩倍多。水價每度九元，不到開發成本的三分之一，於是自來水公司虧損連連，無力更新管線，造成漏水率高達三十％多。又因水價過低，大用水戶水的回收率偏低。台灣雨水充裕，但雨水貯留系統並不普及，原因也在水價太低。過去節約用水推行多僅止於道德勸說及教育宣導，因此成效不彰，這些應訂在法律上，強制執行，方能收得實質效果。

從水災方面來說，以台北盆地為例，台北兩百年頻率洪水量（25000cms）要比黃河的洪峰量（23500cms）來的大，這麼小的地方有這麼大的洪水量，要住六百萬人，要求不淹水，不缺水是不可能的。因此要從國土規劃的角度來正視這個問題。未來高鐵通車後，若能鼓勵兩百萬人遷移到中南部，則台北淹水、供水問題自然迎刃而解。又從彰雲嘉的淹水問題來說，若能從農業政策著手，將淡水養殖禁止，部分改養海魚，然後將釋出之魚塭規劃成人工濕地加淡水湖，一則可處理當地廢水，同時可當滯洪池使用，並可做為替代水源又可規劃成亞洲最大最美的生態休閒區，是個一舉多得的措施。以上種種都是所謂非工程手段，但這些手段的制訂與執行，關鍵在政策的擬定，國土的整體規劃和跨部會的協調工作，這些都不是水利署這個層級所能執行的。

因此環境資源部的成立是勢在必行的，這個新的單位應建立在水質與水量並重，保育與開發兼顧及水土林流域整體治理的概念上。同時鑑於以往對基本資料的蒐集不夠齊全，造成決策過程的依據不夠，因此資料蒐集及研究工作也是未來環境資源部的重點，另外目前行政院組織法中並無部會級的防災單位，鑑於目前災害土石流及淹水問題佔最大宗，因此在也建議將此業務納入環境資源部的業務範圍，期能發揮全流域的防救災效果。

台灣水組織現況

一、各部會間專業導向分工

水利相關事權，由河川流域上中下游至海岸，涵蓋水資源開發利用及管理、河川治理與管理、防洪排水、海岸防護、水質保護、集水區保育及下水道等，涉及中央各部會及地方政府之權責，各部會間以專業導向分工（如表四）。各業務間雖有「經濟部水資源協調會報」、「經濟部水資源審議委員會」及部會座談等作為橫向連繫機制，惟因屬臨時編組，功能明顯受限。

二、中央與地方協力

中央與地方對於水利相關事權之分工方式，係依各相關法令規定。在水資源管理方面，區域或跨二以上直轄市、縣（市）水資源之開發由中央負責，地方則負責單一縣（市）境內水資源管理；在河川治理與管理方面，係依經濟部之河川等級公告，考量河川屬性及重要性劃分。河川屬於跨縣市河川、重要水資源河川或防洪需求迫切之河川者，歸為中央管河川計有二十四水系，餘僅流經單一縣（市）者，則由各該縣（市）主管，計有九十一水系，另如淡水河等三條性質特殊之河川，由中央與地方共管；在水質保護、集水區保育及下水道管理方面，則是中央負責政策、法規及規劃，地方負責執行（工程興辦及操作維護），分工如表五。

環保署所提環境資源部規劃方案之分析

現環保署所提的環境資源部組織架構方案有二，分陳如下：

一、**甲案（區域業務劃分方式）**：署本部內幕僚單位以目前環保署架構為基準，水土林業務部分由水資源司及保育資源司負責，並設北、中、南、東四區環境管理局負責執行水資源、河川、水土保持、森林、國家公園管理、環境督察、環境工程等業務。

二、**乙案（專業分工方式）**：署本部內幕僚單位以目前環保署架構為基準，不設水土林業務幕僚單位，水土林業務由水資源署、森林及自然保育署、環境資源管理局、水土保持局及環境工程局負責。

三、甲案具有（一）區域環境資源整合管理及（二）三級機關數目精簡（採地方分支

機關方式，可不受三級機關總數五十個之限制）等優點，惟（一）各區環境管理局業務繁雜；（二）缺乏防救災未能統籌指揮（事事依賴部長）；（三）各區轄區遼闊，防救災不易；（四）部內幕僚單位僅設水資源司及保育資源司，難以有效因應涵蓋流域水、土、林、海相關事權，以及對於自然資源及國家公園管理等業務之政策、法規及制度之推動。**而乙案機關變動較小且人力安定性高**，惟（一）各機關平行移入，未能整合，欠缺前瞻性；（二）防救災指揮仍未見統一；（三）四級機關數目過多，水資源署、森林及自然保育署、區域環境資源管理局及水土保持局之附屬機關（四級機關）共計四十五個（含國家風景區管理分署）。

顯見，甲、乙兩案均難以因應台灣環境衝擊，以及即將面臨之挑戰，仍須進一步檢討調整。有關環保署所提之環境資源部規劃方案及優劣分析，如表六。

因甲、乙兩案均無法符合流域整體治理概念及保育並重的原則，因此本文臚列出理想中環境資源部之規劃理念及組織如下：

環境資源部組織規劃之基本原則

一、環境資源部組織之規劃理念，應以環境資源利用與保育的平衡為主要目標，並兼顧自然環境與社會經濟之永續發展。一方面肩負國土及水資源之開發利用之重責大任，作為經濟持續發展之強力後盾；另一方面必須為環境保護與自然生態保育把關，為後代子孫留下淨土，永續經營管理環境資源。為避免球員兼裁判及身分混淆不清，其組織結構建議以「環境保護」、「國土資源」、「水資源」、「大氣及環境調查」及「研究試驗」等為主軸規劃調整，在環境保護之監督及總量管制與「大氣及環境資源調查」及「研究試驗」之規劃、技術及水文氣象等基本資訊之支援下，促進國土、水資源及自然資源之永續經營管理。

（一）爲提升生活品質，減少社會與經濟發展衍生之人爲污染，建議成立「環境保護署」，以有效執行空氣品質保護、噪音管制、廢棄物管理、核廢管制、環境衛生、毒物管理及環境監測等業務。

（二）爲落實國土計畫法劃分國土保育、農業發展及城鄉發展等地區之功能利用、限制許可理念，及研議中之國土復育特別條例，應成立「國土資源署」以有效執行國土整合規劃、國土測繪、國土開發利用，以及林務、水土保持、國家公園及礦業等國土復育等業務。

（三）爲兼顧水質與水量，及整合管理防洪與排水，以有效消滅旱澇災害，應成立「水資源署」，以有效執行水資源、自來水、溫泉、水質保護、農田水利、河川、海岸防護、下水道等業務。

（四）爲防治偶發性之天然及人爲災害，降低災害對於自然環境及社會經濟的衝擊，維持永續發展，應成立「災害防救署」，以有效執行平時減災，災前整備，災時應變及災後復原等業務。

（五）爲充分掌握國土、水資源及自然資源等環境資源基本資料，以及氣象、水環境變遷、地震及防救災資訊等動態資料，以提供施政規劃依據及災害防救支援，建議成立「氣象及環境資源調查署」，以有效執行整合氣象觀測及預報、颱洪資訊、地震測報及國土、水資源及自然資源基本資料建置管理等業務）。

（六）有關整併於環境資源部之試驗研究、檢驗、調查及人員培訓等業務，建議成立「環境資源研究院」，以有效執行環境資源、檢驗調查、地質調查、水利規劃試驗研究、森林及自然保育調查研究、建築研究、環境資源人員培訓等工作。

二、環境資源部之內部單位，業務單位建議成立綜合企劃司、環境管制及監測司、環境污染防治司、國土資源司、水資源司、環境資訊司等（六至八司），輔助單位包括祕書處、人事處、政風處等六司處。環境資源部之組織架構如圖七所示。

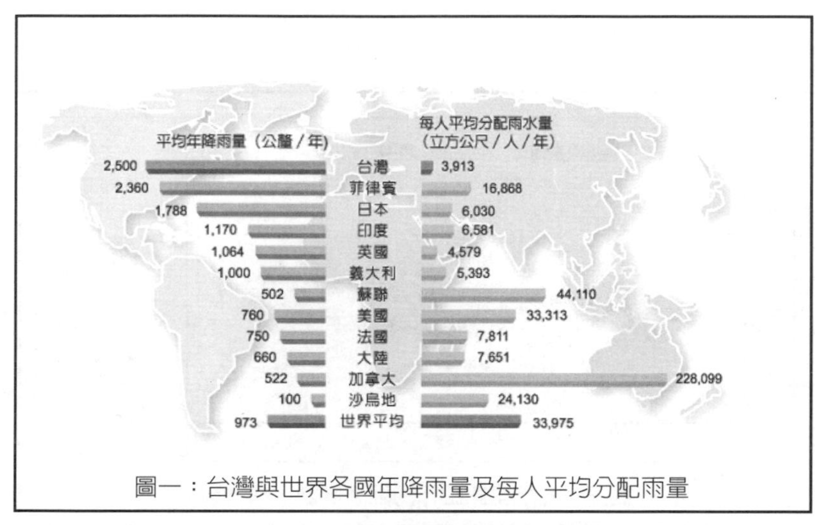

圖一：台灣與世界各國年降雨量及每人平均分配雨量

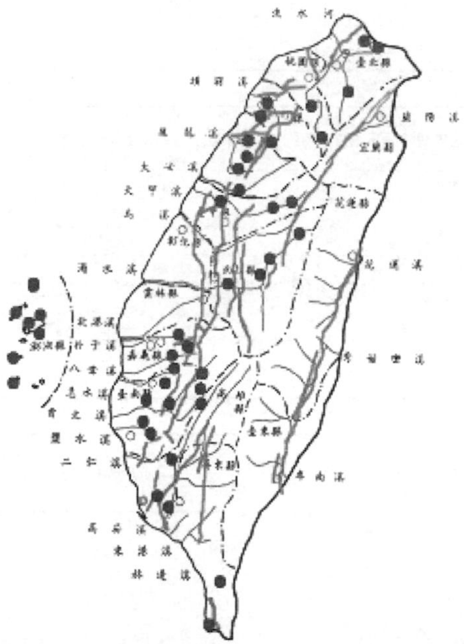

圖二：台灣地區斷層帶及重要水利設施分布圖

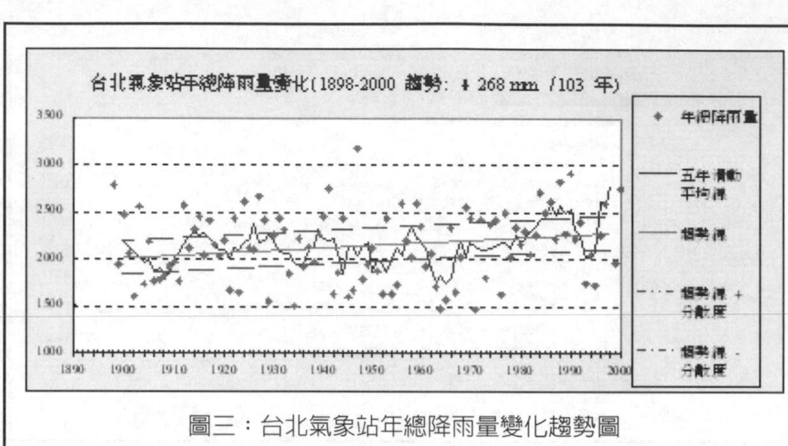

圖三：台北氣象站年總降雨量變化趨勢圖

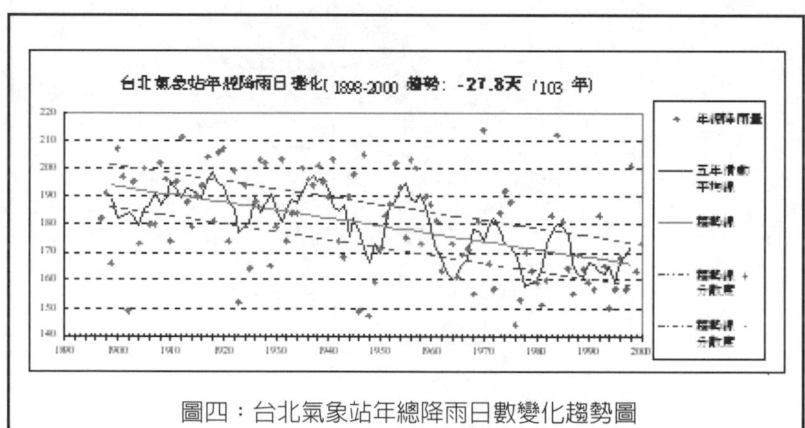

圖四：台北氣象站年總降雨日數變化趨勢圖

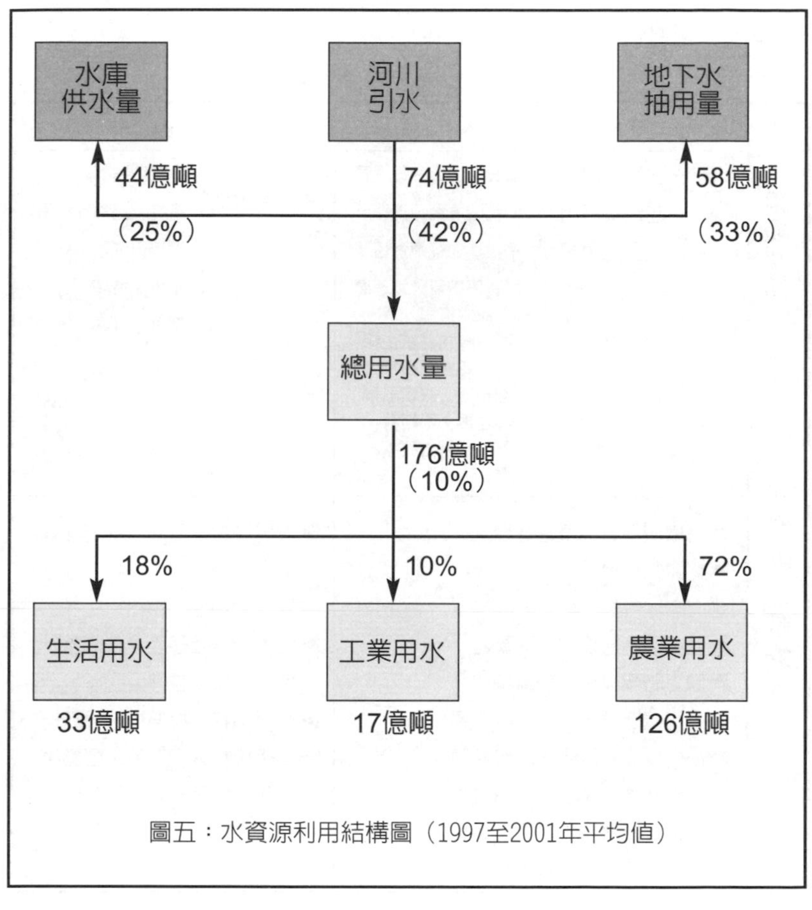

圖五：水資源利用結構圖（1997至2001年平均值）

	甲案	乙案
組織架構	環境資源部 ─水資源司 ─自然資源司 ─環境資源司 ─北區環境資源管理局 ─中區環境資源管理局 ─南區環境資源管理局 ─東區環境資源管理局 （下設水資源、河川、林務暨水土保持、森林暨國家公園管理、國家風景區管理、環境督察、環境工程等分局）	環境資源部 ─綜合計畫司 ─水資源署 ─森林及自然保育署 ─環境資源管理局 ─水土保持局 ─環境工程局
優點	▶區域環境資源整合管理 ▶機關數目精簡	▶機關變動小且人力安定性高
缺點	▶各區環境管理局業務繁雜 ▶缺乏防救災未能統籌指揮 ▶各區轄區遼闊，防救災不易 ▶部內幕僚單位僅設水資源司及自然資源司，難以有效因應龐雜之水、土、林、海之政策、法規及制度推動。	▶各機關平行移入，未能整合，欠缺前瞻性 ▶缺乏防救災指揮仍未見統一 ▶四級機關數目過多，含國家風景區管理分署共計45個。

圖六：環境資源部規劃方案及優劣分析

環境資源部

- 綜合企劃司
- 環境管制及監測司
- 環境污染防治司
- 國土資源司
- 水資源司
- 環境資訊司
- 總務司
- 資訊處
- 秘書處
- 人事處
- 會計處
- 政風處
- 公害糾紛裁決委員會
- 法規委員會
- 訴願審議委員會
- 科技顧問室

- 環境保護署
（空氣品質保護及噪音管制、廢棄物管理、環境衛生及毒物管理、環境監測等業務）
- 國土資源署
（國土規劃、國土測繪【含農林航空測量】、國土開發、林務、 水土保持、國家公園、礦業等業務）
- 水資源署
（水資源、河川、海岸防護、自來水、溫泉、水質保護、農田水利、下水道等業務）
（4級機關成立重要流域或區域管理分署）
- 大氣暨環境資源調查署
（氣象、地震、颱洪等動態資訊及國土資源與水資源等環境資源資料調查分析及建置管理）
- 環境資源研究院
（中央地質調查所、水利規劃試驗所、環境資源檢驗所、環境保護人員訓練所、林業研究所、特有生物研究保育中心等業務）

- 核能安全管制委員會
（屬部會內之獨立管制機關，其組織以法律訂之）

圖七：環境資源部組織架構圖（草案）

表一：台灣與其他地區之水庫壩高及蓄水量比較

水庫名稱	壩高（公尺）	蓄水量（億立方公尺）
大陸長江三峽大壩	180	393
美國加州Shasta壩	183	55.4
台灣德基水庫	175	2.32

表二：近年颱風造成之重大災情統計

年別	颱風數（個）	死亡或失蹤人數（人）	受傷人數（人）	房屋全倒或半倒（間）	損失金額（億元）			
					農林漁牧	交 通	水利防洪	總計
85年	5	76	472	1384	218.1	52.5	105.7	376.3
86年	4	46	124	149	36.2	9.9	15.4	61.5
87年	5	47	31	56	83.9	18.8	30.7	133.3
88年	3	6	--	1	19.9	0.5	1.6	22.0
89年	7	110	178	2159	120.6	14.2	25.5	160.3
90年	9	354	585	2624	145.8	116.1	98.9	360.8
合計	33	639	1390	6373	642.5	211.8	277.8	1114.1
年平均	5.5	107	231	1062	104.1	35.3	46.3	185.7

表三：近年颱風豪雨之累積降雨比較

事件／站名	2004年0910豪雨24小時累積(9/10-11)	2001年納莉颱風(9/16-18)	2000年象神颱風(10/29-11/01)	1998年瑞伯颱風(10/14-16)	1998年芭比絲颱風(10/25-27)
鞍部	342	518	672	412	314
台北	789	425	226	277	215

表四：水利相關事權及分工表

水利相關事權	涉及法規	主管機關
水資源開發利用及管理	水利法、自來水法、溫泉法	經濟部、地方政府
河川治理與管理	水利法、基隆河流域、整治特別條例、河川管理辦法	經濟部、地方政府
防洪排水	水利法、排水管理辦法、水利建造物檢查及安全評估辦法、	經濟部、地方政府
海岸防護	海堤管理辦法	經濟部、地方政府
水質保護	水污染防治法、飲用水管理條例	環保署、地方政府
集水區保育	森林法、水土保持法	農委會、地方政府
下水道	下水道法	內政部、地方政府

表五：中央與地方水利相關事權分工表

水利相關事權	中央	水利相關事權地方
水資源開發利用及管理	整體水資源開發、水資源統籌管理	地下水資源管理
河川治理與管理	中央管河川	地方管河川
水質保護	政策、法規、規劃	執行
集水區保育	政策、法規、規劃	執行
下水道	政策、法規、規劃	執行

《回應》

爲環境及資源設部的省思

⊙胡念祖

中央行政機關組織重組在我國並非經常發生之事，換句話說，為因應社會主流思潮與價值的變化，以及各種公共問題之浮現，而進行行政機關組織重組的「實驗」機會與經驗，迄今亦頗為欠缺。更甚者，以環境或資源作為政府行政機關設立之「標的」的經驗更是稀少。當國家社會中出現切越（cutting across）傳統以功能分工設立行政機關之架構與思維的公共問題時，吾人幾乎都有「不知所措」之感，而環境與資源事務正是此種切越傳統功能分工架構與思維的事務。事實上，處理環境與資源事務能力之優劣，正是國家是否先進的指標。

吾人在面對以環境及資源為標的而設立行政機關時（譬如環境資源部、海洋事務部之設立均屬之），即應跳脫政府必須依功能分工設職的傳統思維，否則以環境及資源為標的設立機關，用以突破過去功能分工造成決策破碎衝突之現象，並圖統合決策價值之目的又如何達成？設立環境資源部的作為又與過去作為之間有何差異？

李鴻源教授所撰「水組織的改造——「環境資源部」組織之芻議」一文的內涵就有如其文章標題所示，由水資源問題出發，最後涉及為「環境與資源」設立專責機關的組織設計。但或許即因為李文所欲處理議題其實是環境資源部之組織規劃，而非僅探討水資源專責機關而已，故在破題之際，李文或許應由釐清「環境」與「資源」兩者之間的本質異同或聯繫關係切入（不要忘記，環境被人類利用時即成為一種資源，但同時環境又是支持所有生物或資源存在的基礎），並提出「環境資源部」（或「環境暨資源部」）所欲涵蓋或處理之公共政策議題領域（issue domain）為何，或許可更容易地推導至一個李教授心目中認為最適當的組織架構設計。

李教授文中「現有問題探討」一節中很清楚地辨識出當今水資源的問題必須靠「非工程的手段」來加以解決，如果所謂「非工程手段」係指「典章制度」面上的重大調整，那又應該如何反映至「環境資源部」的組織架構設計上呢？其實，吾人都知道，今天水資源，甚至整個資源或環境事務之所以難以處理，問題常出現在「令不出部會官署之門」及「令出多門」，譬如中央機關要求地方政府取締違法抽取地下水，地方政府在民意壓力及政治考量下不予執行；又譬如環保機關欲採「離牧限養政策」限制豬口即可使河川潔淨，但農政機關卻追求豬隻出口之經濟利益與維護豬農福祉之政策等等。這些不同行政機關追求不同政策價值與取向的問題是否可藉環境資源部之組織架構設計而得以解決，恐怕可以作為組織架構設計是否有效的測試標準。

李教授文末分析現有環境資源部組織規劃甲、乙兩案之優缺點，並提出其個人之設計構想。但李教授所規劃的組織架構似乎仍將「環境」與「資源」切割為二，亦未能將水、土、林統合為一；同時又將部本部中之政策幕僚單位與其下之執行機關（署）作同一名稱的設計，並不符合機關組織設計之常理（譬如國防部下有陸、海、空軍總司令部，部本部中即不會有陸、海、空軍司）。

環境資源部之設立雖然獲有社會民意一般性的支持，但民眾的支持並不保證會帶來或產生一個合理有效的組織架構設計，因為「環境資源部」或「環境暨資源部」的組織架構設計涉及對「環境」與「資源」的價值、認識、理解與定位，亦涉及不同行政機關間職能之規劃，實宜參酌先進國家之類似組織運作實務經驗，並匯整對我國政府運作實務有深刻瞭解人士的意見，予以仔細規劃，以免造成「先天不良、後天失調」的窘境。

《回應》追求環境與資源之永續發展

⊙虞國興

一個相互依賴、相互依存的國際社區與新社會秩序正快速形成，而世界各國均面臨新一波全球化新趨勢的挑戰，我國如何藉由政府部門之體質改造工程，從外在組織的結構調整，到內在組織文化新氣息的建立，進而創造一個充滿活力、朝氣，具有前瞻性與全方位視野之優質政府體制，以因應世界趨勢與國內需求，實為國人所引頸期盼。

國內水組織改造自一九八九年全國水利會議開始即提出水利事權機關整合之倡議，期間經一九九八年全國國土及水資源會議提出一元化流域水土管理體系，以及整合農業及水利部門等相關建議，至二〇〇三年全國水利會議結論確立整合流域水資源、土地、森林、海岸事權成立部會級管理單位，終於今年九月確定將水組織整合環保單位成立「環境資源部」。

本人很榮幸有這個機會，能與各位先進共同來關懷有關國土規劃與水組織改造的議題。本場次議題之主談人李教授鴻源，曾經擔任過水利機關首長，對於相關組織分工、業務與管理制度相當熟稔，其針對「環境資源部」原規劃甲、乙兩案利弊得失之分析可謂一針見血，更進而提出其精闢的建議方案，該論述不僅深入淺出，且更足以因應台灣未來接踵而至之種種挑戰，符合未來環境發展之需求，本人深感佩服。

以下則就主談人所提出之建議方案，站在思考如何作妥適地細部調整，可使得水利機關在環境資源部門下充分發揮並扮演積極角色，提出個人淺見，以供與會各位先進廣泛討論。茲將相關建議臚列於后：

（一）環境資源部之成立原則應兼顧國土整體規劃、自然資源保育與利用，達到環境與資源之永續發展。目前主談人所提之方案僅設有「國土資源」署、「水資源」署、「環境保護」署，獨缺「自然保育」署。爰此，建議成立「自然保育署」，以負責規劃與執行河川流域上游林地及坡地保育、國土復育、林務、國家公園及自然資源管理等工作。

（二）台灣因地區氣候變遷、自然環境之關係，洪水、乾旱、土石流等災害可能每年均會發生，故建議成立「災害防治司」，扮演幕僚單位角色（如圖一），平時統籌水、旱、土石流、水質污染、森林火災等災害防治業務，災中及災後則負責協調各相關業務執行單位進行救災工作，貫徹防救災業務一條鞭，以有效提升災害防救效率。

（三）環境資源部最大之爭議在於土地、水資源開發與環境保育為相互對立之業務性質，且未來重大開發計畫也應納入地方團體與民眾意見，故建議成立一專責單位，負責各項開發計畫之審議，居中協調可能之爭議。另外，目前政府積極推動「法人化」、「地方化」、「去任務化」與「委外化」，未來小而美的政府不再可能凡事自己來，目前政府投資於水資源相關建設之經費逐年遞減（如圖二），為減輕政府財政壓力，避免延誤水資源相關事業之建設，可考慮適度開放民間參與，引進民間豐沛活力與資源，故政府應儘速思考、規劃相關法律與規範之訂定，以滿足未來發展之需求。因此，建議成立「計畫審議與民間參與司」，推動上述相關業務。

（四）至於是否進一步成立流域管理局等相關四級單位，則值得我們深入探究。事實上，「流域管理」概念提出之後，並未獲得世界各國的支持，原因在於多數國家水資源管理組織之轄區劃分多基於行政界線，而非流域界線。美國在一九三〇年代成立田納西谷地管理局，並於一九五〇年代劃分全國為幾個谷地管理局，然因機關組織過於龐雜，且任務超過能力負荷，導致成效不彰，終於一九八二年放棄了這種制度；英國在一九六三年成立二十九條主要河川管理機構，隨後改為成立十個區域性水資源單位，但由於成效不佳，一九八九年改由民營化的水資源企業經營水資源相關業務，所以英國也在實施二十五年後放棄了流域管理制度。因此，我們必須先盱衡國內、外情勢與經驗，以行政執行可行面及效率面進行考量並審慎評估。

依上述組織結構規劃概念，本文建議有關環境資源部所屬之機關組織詳如圖三。

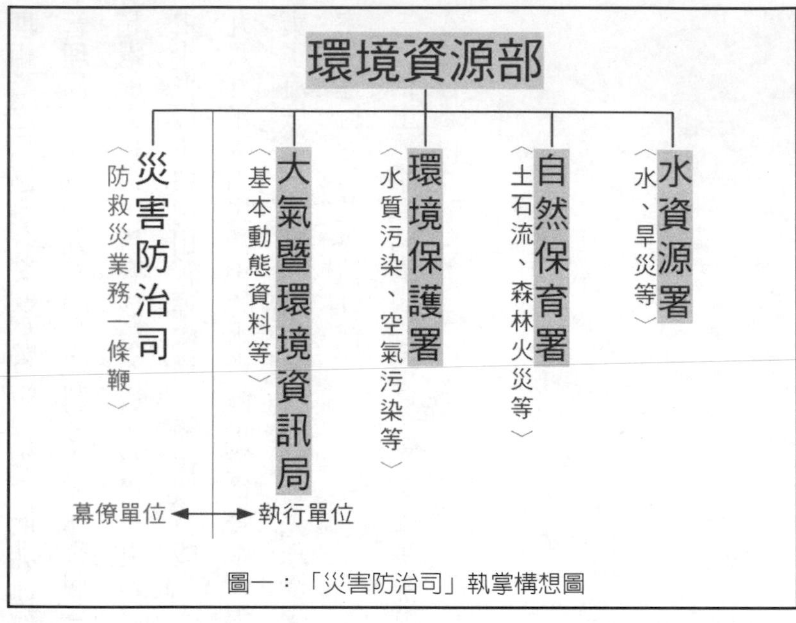

圖一：「災害防治司」執掌構想圖

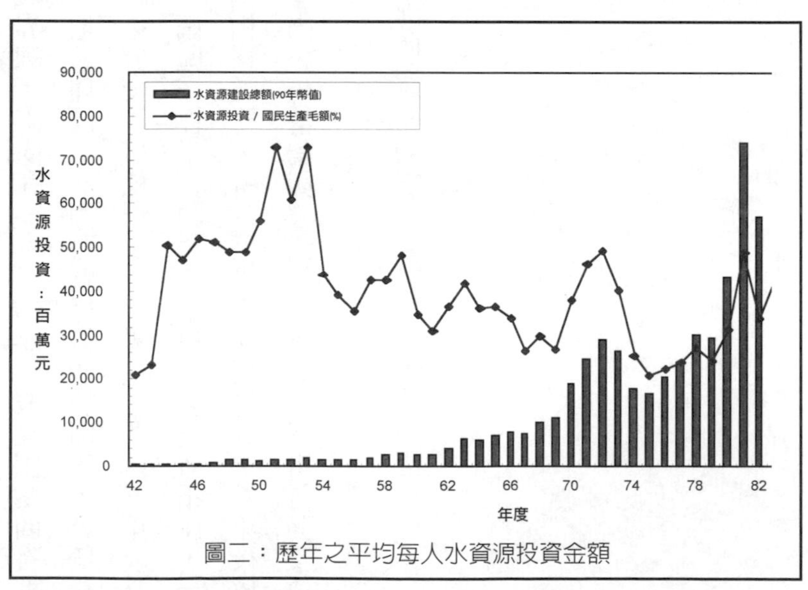

圖二：歷年之平均每人水資源投資金額

環境資源部

- 綜合企劃司
- 環境管制及監測司
- 環境污染防治司
- 國土資源司
- 水資源司
- 環境資訊司
- 總務司
- 資訊處
- 秘書處
- 人事處
- 會計處
- 政風處
- 公害糾紛裁決委員會
- 法規委員會
- 訴願審議委員會
- 科技顧問室
- 核能安全管制委員會
  （屬部會內之獨立管制機關，其組織以法律訂之）
- 環境保護署
  （空氣品質保護及噪音管制、廢棄物管理、環境衛生及毒物管理、環境監測等業務）
- 國土資源署
  （國土規劃、國土測繪【含農林航空測量】、國土開發、林務、 水土保持、國家公園、礦業等業務）
- 水資源署
  （水資源、河川、海岸防護、自來水、溫泉、水質保護、農田水利、下水道等業務）
  （4級機關成立重要流域或區域管理分署）
- 大氣暨環境資源調查署
  （氣象、地震、颱洪等動態資訊及國土資源與水資源等環境資源資料調查分析及建置管理）
- 環境資源研究院
  （中央地質調查所、水利規劃試驗所、環境資源檢驗所、環境保護人員訓練所、林業研究所、特有生物研究保育中心等業務）

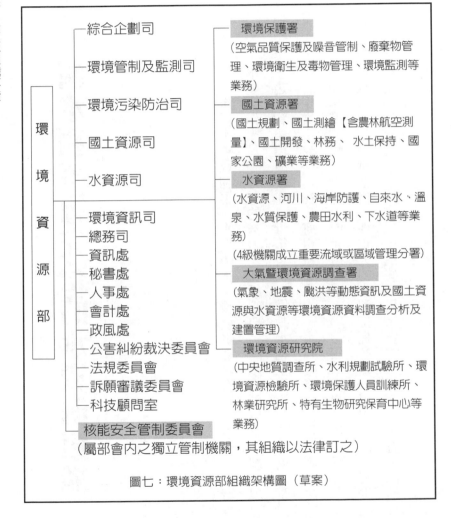

圖七：環境資源部組織架構圖（草案）

期待一個水利事權完整的水資源組織

《回應》

⊙吳憲雄

有關水的工作，包括水資源利用、水災防護、環境生態保育等，對台灣永續發展是極其重要的因素。水利工作人員多年來的努力，在極端惡劣的水文環境下，創造現有免於洪患災害及穩定供水之水利環境成就，且近年來，在推動水利工作的同時，也能兼顧環境生態保育及景觀美化，相當不易；但在政府組織架構中，水利業務從未獲得應有之重視，水利經費已由二〇〇一年度的每年近五百億元遞減至二〇〇四年度的不到一百八十億元，因此最近五年來政府未曾核定執行任何一件重大的水利工程計畫，現在台灣還有災能防，有水可用，都是在利用消耗早期建設的成果，這些成果、資源可能在三、五年內消耗殆盡，台灣將陷入災害頻繁、無水可用之窘境。本次政府改造方案中，水利將併入環境資源部，仍感委屈不足，但已成定局，為今之計，應用心於環境資源部將來之組織架構，如何規劃水利組織，使水利事業能環境生態保育及資源利用平衡的原則下永續推動發展，特提出幾點淺見供研討。

（一）環境資源部係整合原屬他部會業務而成立之新部會，不是原環境保護署整併其他業務而擴大組織，其組織目標應是尋求環境保護與資源利用之平衡，故其組織架構的規劃，應配合各項業務之特性與需要，重新設計，而非以原環境保護署的組織架構修正添加擴大。

（二）環境資源部的業務，依不同法系設計，可大分爲政策指導與業務執行二類。所謂政策指導指中央負責訂定法規政策，指導地方負責執行，如環境保護、水土保持、礦業、農田水利等。另業務執行係中央除訂定法規政策外，並依中央與地方分工直接執行者，如水利、森林、國家公園、國土規劃等，因此在組織架構規劃時，屬政策指導之業務，應以設置內部幕僚單位爲主，俾能因應政府組織基本法規定三級單位不得超過五十個之要求。

（三）附屬單位之規劃上，應考量業務屬性及原有工作團隊之延續性，業務有其區域性或在地急迫性者，如負有災害搶險修復任務者不宜整併爲大區域單位，宜直接設置四級單位就近執行。

（四）部內幕僚司處設置，應考慮不同業務之均衡性，避免產生對提供首長決策參考資訊之偏頗。

（五）台灣之天然災害，以颱風帶來之水土災害最多，政府組織中雖有防災會及消防署之設置，但其工作性質著重在災害發生當時之救助，如何做好防災、減災與災時之搶險，以及災後之搶修、復建等，仍有賴水利及水土保持單位之執行，故環境資源部有必要設立專司，統籌規劃防減水土災害及災時搶險、災後搶修復建之策略，再交付附屬單位及指導地方政府執行。

新將成立之環境資源部，業務繁多複雜，機關員額龐大，將成為行政院之第一大部，其組織架構之設計成敗，關係將來業務推動成效，亦影響行政院整體施政績效，關係國計民生。故應廣聽學者專家及原有機關團隊意見，審慎思考規劃設計。原由環境保護署所提之甲、乙案，有待商確之處甚多，李鴻源教授已對兩案之優缺點提出詳細深入評估，並規劃出新組織架構，深具創意且能切中實際，有利水利事權之完整，已較原甲、乙兩案更見理想，盼能以李教授之提案為藍本作為研討之基礎。

與會者　發言：

興建衛生下水道不是處理廢水的唯一方法，例如台北縣政府已在板橋採用生態循環的方式，將五千戶家庭的廢水，乾淨地排出去，希望這種方法能受到水利單位的重視。此外，我們對水的重視，應該也要擴及到水利之外的其他相關工程，例如人行道的鋪設，目前多是用磁磚或水泥作為鋪面，如此一來，水只能走水溝，無法普遍的滲入地下涵養水源，殊為可惜。至於組織改造的部分，我認為應設立一「國際事務司」，負責整合國內外的環保資訊與議題，進行長期的環保研究及規劃。

與會者　發言：

針對組織再造，本人有一篇關於國土規劃建設部成立的拙作，刊登在立法院法制局《國土規劃》專書第一篇上。我認為每個行業都各有專精，但一輩子埋頭研究，未將觸角延伸至其他領域，恐怕又是坐井觀天的另一典型，也因此，政務委員的工作是將各種看法加以整合，好讓問題能夠浮上檯面。

再者，關於民眾參與，原先是寫在都市計畫法中，但是令人遺憾的是，行政程序法修正之後，全國各機關都把環評機制中民眾參與的「公聽會」，改為「說明會」。然而我認為，公聽會或聽證會的概念較佳，並且還應加強NGO參與的法律地位，以促進民眾參與的實效。

與會者　發言：

從黃煌輝顧問的論文可得知，高屏溪支撐了南化、曾文、阿公店、烏山頭四個水庫的水源需求，其水源主要是依靠上游的森林涵養而來。

不過，萬一發生火燒山或天候變遷導致用水不足，大高雄地區是否有其他配套因應措施？另一方面，黃顧問也提到，我國可以向國外買米，以減少水資源的使用，但是就我所知，環境條件與我國相似的日本，卻不曾動過這樣的念頭，因為在整個水循環系統中，農田具有調節氣候與生態的作用，因此不可輕易放棄農田，這個觀點提供諸位參考。

於幼華 發言：

大家對於「組織再造」的課題，似乎還有很多想法，希望有關單位能再舉辦相關的研討會，多多參考各界的意見。而我要說明的是，國家重視水利單位與否，不應只從機關層級來認定，能否對後續的推動提供支持，更為切實。進一步言，政府改造必須抓住大目標，走向有效率、精實化的改革，千萬不能淪為人事重新安排的手段。

馬以工 回應：

自美國於一九七〇年代立法施行環境影響評估制度以來，其主要目的便是在於打消各個過於專業領域的盲點，納入其他因素的考慮，因此政策環評確實應該集合各行各業人士的意見，再由適當的機制加以整合。

這個負責整合的機制必須具有全面性考量的功能，注重專業與必要的協調，之後再交由政治與政策的層面考量，亦即透過層級式的程序，來解決政策制訂中「太專」或是「太泛」的問題。最後強調一句：「生態學沒有你想的這麼複雜，它遠比你想的還要複雜！」再次奉勸其他的專家學者，不要替生態學家下結論或做決策，應該要尊重他們的專業。

陳伸賢 回應：

廢水處理確實不必等到污水下水道建設完成才開始，現在就可以做一些自淨的動作，但是有個先決條件，也就是要有土地供污水沈澱與曝置之用。目前新店溪已著手推動相關計畫，若各地條件許可，水利署自將積極推動。

關於雨水貯留部分，我們在建築技術規則中，已建議新建房屋必須具有雨水貯留系統的設施，而不透水的鋪面亦須留設一定比例的可透水地，以提昇水資源利用效率並涵養地下水源，減少流失與浪費；不過這些尚未成為法定強制項目，未來仍須透過立法強制要求。

至於民眾參與，係指所有的Stakeholders與利益團體都能加入討論的情形，但是如何建立公平合理、透明化與公開化的參與機制，讓最終的決策能夠被大家接受、實踐，才是最大的挑戰所在。公共參與是抵擋不住的趨勢，究竟應該在環評之前、之中，或之後開放？細部該怎麼做？均應於機制設計中詳加考慮。

另外，大甲溪是目前全台用水最多的河川，約四十六%，而高屏溪則是用水最少的河川，約十二%。高屏溪沿河並無水庫，所以它是利用南化、曾文水庫，把豐水季的水導引並貯留下來，可見可以利用既有水利設施以減少開發衝擊，也是一種方式，不會造成太大的環境負面影響。

最後，我想澄清一下水利人員面臨的兩難局面。眾所周知，水災或缺水時，社會常是歸責於水利人員；不過，一旦需要開發水利設施時，水利人員又會遭到環保團體的批評。事實上，我們很希望有一套全面的計畫或是機制，能對國土規劃與水資源應用進行合理調配，建立明確且合理透明的「遊戲規則」，告訴我們到底要做什麼、不做什麼，讓水利人員做或不做都心安理得，也讓民眾能夠預期水資源建設管理的成效，以免雙方始終處於彼此誤解、不滿的狀況。

虞國興　回應：

提到民眾參與，當然不只是企業界的投入，也要善用民間的雄厚力量，以彌補政府經費不足的窘境，或補強管理層面無法周全之處。未來政府財政改善的可能性不高，因此引進民間資源，使水資源經營管理民營化，事實上有其必要性；屆時，原先政府的水利經費可以轉投注在無法由私人接掌的用途，像是各種防治水患的工作等，如此不失為未來水資源管理的可行方法。推動民營化的好處，就是不讓政府的政治力介入干涉水資源的合理使用及其配套，舉例來說，現在的水價被政府大幅壓低，無法反映合理價格，長遠來看，不見得有利。

此外，重要的水資源計畫應該廣納地方鄉親、民間團體的意見，這樣對於計畫周延性、推動的順利性，均有很大的幫助，因此我也非常贊成民眾參與除說明會之外，還要有更高層次的公聽會。

黃金山　回應：

目前確實有用濕地處理廢水的方法，但是它有一定的限制，只能在水污染與污水排放量較小的鄉村方可使用。農田，尤其是水田，是一種永續利用的生產方式，但台灣加入WTO之後，水田面積從原來最高峰五十六萬公頃，現在已經降到僅餘十八萬公頃；或許可以讓非水田的旱地轉變為農塘，一方面補助地下水，另方面亦可留住水資源以供利用，以維繫水田調節氣候與涵養生態的功能。

葉俊榮 發言：

從各位的談話可以得知，人是環境的一部分，水也僅是資源的一部分，現行組織與法規非常雜亂，運作上更面對了過去歷史的背景與未來的需求，也因而促成「組織改造」的動力和機會。我在過去三個月之間，看盡各個政府機關單位本位主義的保守心態，許多部門都在強調自己的特殊性與重要性，抗拒組織變動，這種心態實須改進。

但換個角度分析，關於「環境資源部」的籌設或組織改造的立法，我從未聽聞任何民間團體對立法院施壓，促其儘速通過修正案，只有一些雜亂無章的非具體意見，不免令人擔憂人民素質之不足。幸好今後還有足夠的時間可以繼續討論這個議題，希望所有關心台灣環保發展的人，都能繼續重視相關事物的進展，並隨時提供寶貴意見。

議題四

水水台灣（下）

污水下水道與河川整治

● 污水下水道建設問題評析
● 河川水質管理與國土計畫
● 河川水質管理與污水下水道建設
● 引入民間力量興建污水下水道才是長久之計
● 中央地方協力以締造污水下水道普及率

主持人 蔡勳雄（國民黨智庫執行長）

發表人 歐陽嶠暉（台灣水環境再生協會理事長）
溫清光（成功大學環境工程系教授兼工學院副院長）
何東波（成功大學都市計畫系教授）

回應人 余範英（時報文教基金會董事長）
張景森（行政院經濟建設委員會副主任委員）
胡兆康（台灣下水道協會理事長）

發表人

歐陽嶠暉

國家工學博士（中國文化大學）、東京大學研究。現任中央大學榮譽教授、台灣水環境再生協會理事長。曾任中央大學土木系教授、系主任、環工所教授、工學院院長、教育部科技顧問、環保小組執行秘書、國科會環工學門召集人。專業領域為環境工程、水利工程。代表著作有《下水道工程學》、《都市環境學》。

發表人

溫清光

成功大學土木研究所博士。現任成功大學環境工程系教授兼工學院副院長。曾任成功大學環工系暨研究所主任兼所長、環境研究中心副主任。專業領域為水污染防治。代表著作有《曾文水庫水質調查及改善計畫》、《自然淨化強化法處理受污染河水之研究》。

發表人

何東波

美國西北大學都市及區域規劃博士。現任成功大學都市計劃系教授。曾任內政部都市計畫委員、高雄市政府副秘書長。專業領域為都市及區域規劃、都市發展分析、都市財政。代表著作有《地方發展的財政策略與作法》。

回應人

余範英

日本早稻田大學商學士、美國史丹福大學理學碩士及企管碩士。現任中國時報文化事業副董事長、時報文教基金會董事長、行政院國家永續發展委員會委員、財團法人史丹福學術基金會董事、財團法人洪建全教育文化基金會董事。曾任歷任工商時報發行人、中時晚報發行人。

國土規劃

回應人

張景森

台灣大學土木工程研究所博士。現任行政院經濟建設委員會副主任委員。曾任台灣大學建築與城鄉研究所專任副教授、台北市政府都市發展局局長、台中市政府副市長。

回應人

胡兆康

中原大學水利工程學系。現任台灣下水道協會理事長。曾任水利局、曾文水庫工程局、台北市政府工務局、衛生下水道工程處處長。

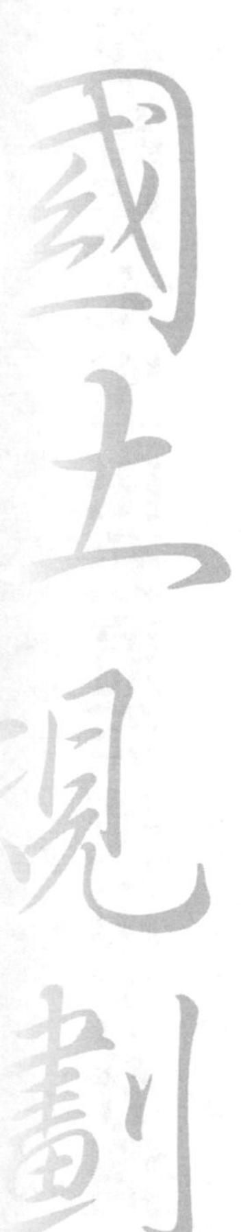

污水下水道建設成本應由政府與使用者分攤

⊙蔡勳雄

下水道建設對於河川整治的重要性，毫無爭議。問題在於：政府在資源分配、行政能力提升上，是否反映出對污水下水道建設的重視？民間參與和財務償還制度是否完善？中央政府與地方政府責任分工是否清楚？

污水下水道的建設，大都由政府負責，完成之後，有些可交給民間經營。一般說來，下水道若百分之百採建設成本，必然非常昂貴，所以像美、日兩國，就分別以五十年、三十年攤提。然而，由於下水道屬末端，因此應該強調「使用者付費」的理念，只不過污水下水道建設的成本、利息，再加上維護費，負擔相當沉重，所以亦不可能全部由使用者付費。是故建設經費一定要分成地方負擔與中央/上級政府負擔兩部分。以美國為例，中央最高補助六十%，最近略降；以日本為例，中央負擔達八十%，地方只負擔二十%。

就台灣而言，中央也希望地方撥列配合款，後來並未達成。因此我在環保署服務之際，只好說服主計處和行政院長，就比較重要的水源地或保護區，百分之百由政府出建設經費，在這種情況下，花費的經費很高；一九九七年時，人均建設成本即為每人一萬六千元。由此牽扯出四個思考：（一）下水道公共建設必須向使用者收費，台灣要以BOT推動下水道建設，家戶負擔與政府補貼的比例，應該有所規劃。（二）在國內人力不足的情況下，利用BOT可加速推動建設，但BOT不一定能減低成本或降低政府支出，不須有過實的期待。（三）台灣建設污水下水道，應採長年建設計畫，若從現在十％，提高到三十年目標五十％，則政府的資源配置勢必需要調整因應。我認為，以永續的觀念，下水道是當前台灣推動公共工程中，最重要的優先項目之一，所以預備一百億元經費應是無慮的，反而年成長二％的目標，可能是過於保守了。以國內的技術水準，每年提高三％至四％應無問題。（四）徵收水污費勢在必行，水質愈好、下水道愈普及，水污費就收得愈少，而水污費就是作為中央補助款的來源。低水費政策所造成的浪費，眾所周知，但應訂出家計支出用於支付下水道費用的百分比，以促進家戶節省用水。相信只要合理訂定費率，透過政策說明，民眾應可接受，這樣也才能讓細水長流。

《主談》

污水下水道建設問題評析

⊙歐陽嶠暉

【摘要】

台灣污水下水道普及率偏低，至二〇〇三年底全國普及率僅十．八七%，更有十一縣市之普及率為零，政府提出第三期實施計畫，以二〇〇八年達普及率二十二．一%為目標。但為加速建設，於公告後半年再加修正計畫，擬採政府自辦及民間BOT各半方式辦理，此舉將使用戶接管率不升反降為十八．二%，在財務分析上，BOT之利潤藉因承擔所謂高風險而可高達總投資額的四分之一以上，原為藉民間活力和效率及有效控管以求效益，但反更不經濟。且污水下水道建設需公權力介入，故仍不能減少政府公務人力，且直接建設費反未降低而有失民間BOT可提高效率及有效控管之原意，顯為一值得質疑的制度，若政府能採訂定專法並有完整配套措施，多元化籌措財源，以為推動，更加可藉污水下水道建設回收再生水利用等，創造污水下水道建設多元效益。

台灣污水下水道建設現況與問題

污水下水道是市鎮基礎建設，其普及率更是象徵國家進步之重要指標，為改善國民居住生活環境品質、防治水體污染及保護水資源之重要基礎建設。我國在全球污水下水道普及率的排序卻落居第四十多位，究其原因，乃長期建設投資每年皆低於GNP的〇・一％以下，以致投資不及人口增加，致普及率提升不明顯。

一、建設普及率現況

台灣地區污水下水道普及率截至二〇〇三年底為十・八七％，其中以台北市自一九七五年開始建設以來，歷經二十九年，其累積普及率已達六十三・三％最高。高雄市自一九九四年開始用戶接管，也已累計三十．二一%。兩直轄市之河川水質已有改善，尤其台北市居住環境品質及淡水河水質，已有明顯提升，而高雄市每年皆舉辦仁愛河水上放煙火等活動等，即為下水道建設的實際成效。

但廣大的原台灣省地區其普及率卻偏低，僅一．七%，如表一，甚至於尚有十一縣市之普及率為零，如表二，究其原因為歷任省主席、省長及各縣市首長不重視，中央補助經費投資不足，人力欠缺所致。

二、污水下水道發展之問題

台灣地區污水下水道建設落後，以致國民生活環境不佳，河川水質持續惡化而未能改善，即使內政部於一九八八年策訂污水下水道發展方案，策訂建設時程及發展普及率，但經十六年來，推動緩慢，探討其主要原因，包括：

(一) 國民對於污水下水道之功能及需求性認識不足，未能形成建設需求之壓力。

(二) 政府長期對於公共建設之經費編列不足，地方政府缺乏經費配合，未能推動建設。現政府雖稱重視，但仍未能彈性調整轉移增加預算。

(三) 污水下水道建設耗費龐大，建設期長，展現效益慢，未能獲致地方首長的重視。

（四）過去都市計畫未能劃設污水處理廠用地，造成用地徵收之困難。

（五）長期以來各地方政府未有下水道專責單位及人員推動建設，不足以主動推動。

（六）污水下水道之技術人力及經驗不足，影響推動進行。

（七）依據採購法廠商低價競標，而拖延甚至無能力投入建設，致延誤影響效率。

（八）過去缺乏規劃、設計、施工之明確技術指南，造成審查工作曠日廢時，影響建設時程，目前已漸完整。

（九）地方首長未能列爲重要施政項目，以致其屬下並積極，影響推動成效。

（十）現政府推動民間BOT，但因污水下水道建設需公權力配合，過去未有先例，各地方尚需摸索，因之備標工作不易，反而曠日廢時。

挑戰二〇〇八污水下水道建設計畫

一、建設目標

政府為加速推動污水下水道建設，特於挑戰二〇〇八國家重點發展計畫中，將污水下水道建設列為「水與綠建設」之子計畫，並核定在六年計畫（二〇〇二年至二〇〇七年）中投資六百五十五億元，於二〇〇七年達到全國普及率二十・三％之目標，其後每年仍以提升二％至二・五％為長期建設目標，以改善國民居住生活環境，防治水體污染，並提升國家形象。再近年來由於水資源之不足，污水處理水再利用已成為第二水資源，提供中水道、工業、冷卻用水及農業灌溉用水，更是污水下水道建設之創造資源效益，而有待推廣之附加效益。

台灣污水下水道建設有系統的提出計畫，可追溯自一九八八年行政院首次核定「污水下水道發展方案」，其後於一九九一年加以修訂，一九揪七年再提出第二期的「污水下水道發展方案」，但方案計畫雖完整具體，卻因政府投資偏低，而一再修改普及率目標。期間屆滿後，再擬第三期污水下水道發展方案，經行政院於二〇〇三年十二月二十三日台內字第〇九二〇〇六八四四七號函核定實施，並於二〇〇八年達普及率二十七・三％為目標。

二、興辦方式

近年政府部門對公共建設逐漸以「民間能做的，政府不做」為思維，各部會成立「民間參與公共建設推動小組」，以為專責推動辦理。污水下水道建設經行政院促進民間參與公共建設推動委員會核定為優先推動民間參與公共建設之類別，而內政部據以研擬「促進民間參與污水下水道系統建設推動方案」，並奉行政院二〇〇三年六月十八日院台內字第〇九二〇〇三〇二五五號函核定，以為民間機構參與污水下水道建設之參據。在前述核定之污水下水道第三期建設計畫（二〇〇三年度至二〇〇八年度），原計畫內容主要區分為政府自行興建與民間機構以BOT方式辦理兩大部分，計畫擬訂之初，內政部因鑑於台灣地區以往尚未有污水下水道建設以民間BOT方式推動之前例與經驗，爰保守採列十一處污水下水道系統以民間BOT參與方式辦理，並先以高雄楠梓及淡水兩系統先行試辦，列為示範計畫，再推廣至其他九處。餘約七十處系統則採由中央及地方政府自辦。

三、興辦計畫之修訂

上述第三期污水下水道實施方案核定後不到半年，為擴大民間參與，引進民間資金、效率與活力，游院長於二〇〇四年五月十七日在聽取內政部「挑戰二〇〇八：國家發展重點計畫」——污水下水道專案報告會議後指示：「目前政府自行辦理延續性計畫有七十處污水系統，為吸引民間投資加速建設時程，經檢討其中已發包施工三十三處，未來建設完成後，宜採OT或ROT方式辦理，另三十七處（未發包設計十七處，已發包設計二十處）宜採BOT方式推動等，要求內政部儘速檢討修正『污水下水道第三期建設計畫』。」

內政部乃依該指示，雖部分自辦計畫已進行至設計或可發包程度，而突然修訂原第三期計畫預計辦理之污水下水道系統，而大量增加民間BOT方式辦理，以撙節政府短期資金。

四、第三期污水下水道建設計畫修訂內容

內政部依上述指示，修訂調整其第三期實施方案，以二〇〇三年至二〇〇八年為計畫期程，至二〇〇八年普及率達十八．二%為目標，其實施分：

（一）政府自辦（A類系統）

污水處理廠已完成或施工中之系統（含台北市）：三十四處

每日污水量未達一萬噸之系統：十九處

合計：五十三處

（二）民間BOT參與（B類系統）

台北縣淡水等污水下水道系統合計：三十六處

其建設經費之籌措，所編列之修正案，依民間BOT範圍之不同分兩種模式估計，分別

由中央、地方及民間BOT投資，其中預估中央投資降為五四三億元至五八六億元，地方額二七七億元至二七八億元，合計八二〇億元至八六四億元，而仰賴民間BOT投資額為五〇三億元至五五一億元，合計二〇〇三年至二〇〇八年總投資額一三六八億元至一三七一億元，如表三。

上述預算又限於預算成長額度之限制，中央各年度需求經費不一定能於年度預算納編，其不足部分預計以納入「擴大公共建設投資特別條例」以特別預算編列。

至於地方配合款預算能否籌措，則未加探討，但台北市則為自編預算。

經修正後之第三期計畫與原計畫對照如表四，顯示經此一修正，普及率下修至二〇〇八年底十八．二％，中央投資額也降低，而依賴民間BOT之參與卻大為提高，但民間之參與與意願不明，且備標費時，未來恐反而影響普及率的提升。

五、計畫修訂不僅損失巨大且普及率反而降低

本一政策的改變，從以政府自辦為重主，大修為政府自辦及民間BOT各半之修訂計畫，使已累積多年才發包設計完成之二十處系統，立行停止後續發包施工，不僅已付上數千萬元之設計費之損失，也因此一轉變各系統必須重新付出數千萬做各系統之民間BOT備

標費。更因此一停頓，將使原本期計畫目標，因改變民間BOT備標耗時，而必須將原預訂之計畫普及率目標，由原二十二・一％下修為十八・二％，造成此一政策變更既耗費且又影響普及率目標。

這一重大的改變以民間BOT為主之政策，事先並未經完善的評估其可行性，如民間BOT之承接量如何，潛在不確定因素太多且風險大，各地方政府有否能力備出合理的標約，將增加人民多少的負擔及總額，所增加之費用的還債能力和可能造成之風險等，也即完全未分析其效益和經濟，而遽行修訂，顯示政策改變過程甚值得討論。

建設財源探討

加速污水下水道建設已是全國共識，但建設財源卻是一大問題，政府而無法為污水下水道建設做彈性增加預算，顯示政府出現未能配合政策優先預算編列之決策，很多道路開闢皆已過度建設，卻仍編鉅額預算，而無法配合污水下水道建設加以挪用，顯有待檢討。

再則將第三期污水下水道計畫過度依賴民間參與，由原本的二六七・一六億元增加一倍至五五一．○九億元，顯不合乎公共建設必須兼顧效率、經濟、品質三大原則，而認為引進民間BOT參與可提升效率，卻不顧經濟，將增加人民總負擔，不僅不能造福後代，更有大量債留後代之慮。至於品質，更無法掌握，因污水下水道管線埋設後，不易抽換，令人無不擔心三十五年契約屆滿後，其殘存接受之設施的可用性，而不能不加顧慮。

大幅採民間BOT之問題探討如下：

一、民間BOT之總支出增加未來國民的總負擔加重

污水下水道建設有異於單純如巨蛋、大廈、高速鐵路、遊樂場等其他公共建設具獨立性，易切割，它必須要有強而有力的公權力介入，因之無論政府建設或民間BOT建設，皆要相同的公權力介入，才能進行，包括土地取得、管線遷移協調、違章取締皆需公權力，而公權力之執行又極其不確定性，無法確定成效。

至於經濟性，依據台灣經濟研究院分析，以淡水地區系統為例，政府自辦與委託民間BOT之成本結構比較如圖一。政府自辦四十七．五億，比BOT之八十二．○六億，可省下三十四．五六億和三十．五％之總支出，而民間利潤約為總經費之四分之一強二十六．四一％，銀行保證利息四．一一％。其認為民間利潤反應的是風險分擔的代價。但三十五年

間，民間利潤高至二十一．七億元，似為一暴利之計算。當然可以透過競標，但參與家數受財力、意願限制，效果不大。但若政府自辦建設費二十九．八億（實際發包可約降至八成），營運費十七．七億，合計四十七．五億元，即使採長期貸款則亦僅三．三七億元利息，總計僅五十．九億元，則為何政府不自行發行長期貸款，若同樣以四．一一％之利息，除可擴大圖利全民外，卻可省下總費用之四分之一以上，也即省下二十一．七億元，甚至於政府發包分標競爭，而更降低總費用。

再引據台經院之BOT具體效果實踐分析，如圖二，認為若政府自辦，其總工程造價、總營運費、政府預算公債利息及政府監督成本會與委託民間BOT分年償付相同。但政府自辦另因有風險分擔（有廠無水等情形）及工程延宕成本，而相對大為增加，最後導致比付給民間BOT達四分之一利潤還要更高的付出，這是最值探討之處，也是最大謬誤和誤導BOT效益之處。

二、問題分析

（一）政府風險分擔（避免有廠無水等情形）

污水處理廠可分成數系統建設，視收集污水量之進度決定，一般而言，小廠可分二期，大廠分三期至四期建設，並不會造成過早投資，通常只提前三年之量施做，而採五年建一期，並不會造成過早投資，或增加因提早建設所造成有廠無水之損失。若有此疑問，這是對污水下水道的不瞭解。

過去部分污水廠因要兼具截流河川污染源，而採以飽和量建設，初期先截流排水系統之污水，以迅速改善河川污染，再逐步進行用戶接管，最明顯例是高雄中區污水廠，因對仁愛河的截流，使仁愛河水質大為提升，怎會有有廠無水之風險？

（二）工程延宕成本

工程延宕不外環保抗爭、土地取得問題、地下埋管衝突遷移問題及用戶接管違章拆除問題，這些皆是公權力問題，也即為何無論政府自辦或民間BOT辦理中政府公務成本皆相同之原因如圖二，因皆需要公權力介入，才能解決，此點民間沒有能力，仍要靠政府，但在分析上除列政府自辦公務成本未降外，卻又增列鉅額所列工程延宕成本，而民間BOT卻無此一成本。實際上因延宕所造成的社會成本包括生活環境未改善，河川水質未改善，其成本是相同的，故此一假設為一不恰當之假設。

綜合上述主導單位為營造BOT有利於污水下水道建設提供決策依據，所做的兩項假設，是一直值得質疑的論點，但現在政府卻要擴大民間BOT也即在未來將增加全民的負擔達數百億債留後代，仍值得檢討。

三、政府自辦總建設費可降低

政府一般工程發包由於工程規模適當競爭者多，故皆可以預算之八折左右辦理，但民間BOT由於資金大，參加之廠商少，如高雄楠梓系統民間BOT只有一家，沒有競爭力，相對未節省政府自辦可節省二成以上之工程預算，而所需政府人力又相同。故由政府自辦採公開發包方式，交由民間建造、操作，但可依政府要求品質施做更具保障，節省鉅額支出，且無界面問題。

多元化籌措財源加速建設

無論政府自辦或民間BOT，皆要委託專業公司進行規劃、設計、施工、操作，政府自辦是扮演審查、監督、控管。而民間BOT的業主只是代籌款，仍要支付專業公司辦理技術業務費用。僅是籌款，以及負擔所謂可能風險，就有四分之一以上的利潤，實增國民負擔至鉅，但其所謂風險卻仍要政府公權力介入，這是污水下水道有異於其他公共工程之處。

因之一套擴大公共建設投資特別條例，並不恰當適用於所有公共建設。但為加速污水下水道建設，仍建議應朝多元化籌措財源，因污水下水道是一重要的基礎公共建設，其建設投資，不僅可促進相關產業發展和改善就業，各國皆在不景氣時積極投入建設，其建設財源之籌措，建議可包括：

一、加強預算編列

過去政府在污水下水道建設之投資，每年皆低於GNP的0.1％，現有賴政府積極擴編投資預算，以能提升普及率為目標，增加編列預算之彈性，以顯示推動之決心，約每年需編列一百五十億元至二百億元增加政府自辦，降低民間BOT量，以減輕未來國民總負擔，達成計畫目標，並減少債留後代，同時可提升經濟成長率，並創造相關產業發展、經濟復甦及就業機會。

污水下水道普及率若空有計畫，而政府不能編足預算，仍將落空。且不能依賴不確定性之民間BOT，在第三期實施計畫列了三十六個民間BOT，若沒有那麼多的承接量時，仍應迅即由政府自辦，以免目標落空，更有待全民監督。

二、充分檢討民間BOT合理利潤及財政

利用民間的活力、效率和控管彈性之能力，以節省投資，藉以獲致應有的利潤，加速提升污水下水道建設，也是財源籌措之一，但如何達到合理利潤且效率、效益甚為重要，有賴進一步檢討，以免造成未來大量增加政府及全民之負擔。因之藉民間BOT之參與仍有待持續檢討其合理的制度和發包規範。

污水下水道建設採民間BOT尚在摸索階段，不宜冒然大量採行，因具不確定性及財務負擔沉重，故先行由高雄楠梓及淡水地區兩系統，試辦倘若依修訂計畫大量執行民間BOT，預計至二〇一六年至二〇一八年其預算將達高峰，恐將拖跨政府財政，不能不加慎重檢討整體財政問題。

三、長期貸款世代攤還

污水下水道設施建設完成後，可供使用五十年甚至一百年，如法國巴黎十九世紀所建的下水道，不僅尚在使用，更成為觀光重點，而世代共享，並不是債留後代，而是為本代及後代建設世代攤還，故其建設經費之籌措可仿國外採長期貸款，分三十年或五十年，由世代使用者共同以稅金攤還。若採特別公債，其利息更可圖利全民，其性質與以BOT向民

間先借錢辦理相同，但不若民間BOT以利潤為目的，且長期貸款建設之利率可較低，並可減輕政府短時間加速建設籌措經費之困難，若能從制度上去突破，將可為世代留下最珍貴的資產。

配套措施

加速污水下水道建設，既為國家政策，但其推動，皆需有完善的配套措施始能推行，包括：

一、舉辦全國下水道會議，宣示政府推動的決心

由行政院長召集各縣市長，尤其已有污水處理廠之縣市，包括協調台北縣、高雄市、台中市、台南市及高雄縣，要求加速配合推動用戶接管，以提升普及率，因皆比預定落後甚多，甚至台中市及台南市完全無進展。二〇〇四年度各縣市進度如表五。另對其他大都市如桃園市、中壢市、豐原市、彰化市、基隆市、嘉義市及永康市等，加速推動建設，改善大都市的都市環境，以備後續提升普及率。

二、集中以都市化容易提升普及率地區加速建設

污水下水道建設必須以已都市化地區、人口穩定、都市計畫道路已開闢、污水處理廠用地已取得且自來水普及率高者之地區列為優先建設地區，否則即使建設仍不易提升普及率，而使預定之普及率及投資效益無法達成。

三、健全行政組織及人力結構

污水下水道是一專業，其推動必須有健全的行政組織體系，日本在三十多年前推動污水下水道建設時，其所成立的中央層級下水道事業團負責技術工作，人力曾達一千二百人，目前我國下水道中央主管機關內政部營建署主管下水道的環境工程組人力僅數十人，不足以擔當龐大複雜的工作，有待提升層級及擴大為下水道工程處，並調整該署內部人力，因無論採政府自辦或民間BOT，同樣皆需相同的督辦人力，加強協助各縣市，積極扮演主導技術和監督之責任。

四、健全分工制度推動建設

各縣市推動污水下水道建設，人力不足、技術不足、觀念未能突破，宜採PCM制度，委由民間顧問公司代為做整體的技術支援，中央扮演技術主導和監督，各縣市則行公權力

的執行，辦理土地取得及用戶接管，全面配合建設，而完成的污水下水道設施則委由民間代為操作管理，將可有效推動建設。

五、評鑑各縣市推動成效

目前尚有十一個縣市其全縣市之普及率為零，為喚起全民重視，應將污水下水道之建設狀況，列為地方競爭力評比，提供縣民瞭解其是否寧做二等公民，以呼應政府加強國際競爭力評比之政策。尤其應追蹤已有污水處理廠之台中、台南、台北縣之推動狀況，加速提升普及率，各縣市應有民間監督團體，長期追蹤公佈成效。

六、制訂發行污水下水道公債專法

推動污水下水道建設，既為國家政策，其財源之籌措，應透過制訂特別專法發行長期公債籌款，在低利率之年代，更是圖利全民之措施，也可解決政府預算之問題。此點應請政府在短期內提出專法，送立法院審議，以使污水下水道建設，成為全國之重大政策。

七、修訂法規推動下水道產業

下水道法已公佈二十多年，已不符現階段之需要，應即修訂以配合建設。另民間BOT

促參條例僅針對設計發包階段，對日後執行之控管機制檢討卻未有依據，宜加修訂。

下水道管線施工所需機具，國外以舊品傾銷國內，既影響安全，更影響國內相關施工推進器之製造和銷售，相對影響產業製造。

污水處理設備國外輸入被列為免稅，且可抵減，影響國內處理設備業的競爭能力，因其若輸入部分重要核心零件又要課稅，以致其產品成本高，反不具競爭力。

應即修訂不合時宜相關法令，以加速推動建設，並進而提升下水道相關製造產業之水準。

八、收取使用費

污水下水道建設完成地區，為維護污水下水道設施之營運，應依法收取污水下水道使用費，合乎受益者付費之原則，以減輕地方政府之負擔，並維護品質。目前除台北市已收污水下水道使用費外，其他系統皆未收費，而賴政府預算支應。

九、污水處理應考慮再生水利用

台灣地區水資源不足，而再生水為一重要之水資源，未來建設應同時考慮其再利用，包括供澆灌都市植生、清洗道路外，更加考慮做為澆灌用水或產業生產冷卻用水等次級用水，甚至做為維持都市河川清流之環境用水，以提升水資源效益。

十、加強國民宣導教育

台灣污水下水道建設之落後，有其歷史背景，但為改善國民生活環境品質，防治河川污染，創造水資源效益，應全面加強宣導教育，喚起全民重視和配合，以利建設推動。

結語

加速污水下水道建設如何成為全民積極推動之共識仍待努力，其阻礙瓶頸有待突破。而如何使污水下水道建設投資更具經濟、效率和效益，避免鉅債留後代。並須朝向多元化籌措財源，而不宜一味依賴不確定性之民間BOT。政府之決策過程有待重新檢討，尤其污水下水道建設的不確定性及風險高，更需政府投入更多的資源及健全配套體系，否則要提升普及率恐仍不樂觀，有賴政府與全民努力之。

參考文獻

1 內政部營建署（2004.07），《污水下水道第三期建設計畫（二〇〇三年至二〇〇八年度）修正計畫》。

2 內政部營建署（2003.12），《污水下水道第三期建設計畫》。

3 台灣經濟研究院，「政府自辦與委託民間機構BOT之成本差異分析」。

表一：台灣地區公共污水下水道歷年普及率累計

年度	台北市（%）	高雄市（%）	台灣省（%）	台灣地區（%）
78	20.22	—	—	3.00
79	21.09	—	—	3.00
80	21.62	—	—	3.00
81	22.35	—	—	3.05
82	22.73	—	—	3.10
83	23.54	—	—	3.15
84	24.30	0.54	—	3.2
85	26.99	2.12	—	3.4
86	33.23	3.91	—	3.8
87	41.06	6.50	0.45	5.06
88	45.31	10.77	0.45	6.75
89	50.76	15.00	0.5	7.2
90	52.5	20.30	0.6	8.0
91	62.1	26.60	1.2	10.1
92	63.3	30.21	1.7	10.87

表二：各縣市污水下水道普及率（九十二年底）

縣市別	各縣市人口	普及率（%）	縣市別	各縣市人口	普及率（%）
台北市	2,641,856	63.14	屏東縣	906,178	0.0
高雄市	1,509,510	31.16	宜蘭縣	464,107	0.0
台灣省	18,301,714	2.29	花蓮縣	352,154	0.0
台北縣	3,641,446	3.10	台東縣	243,965	0.0
桃園縣	1,792,603	2.06	澎湖縣	92,446	0.8
新竹縣	452,679	0.0	基隆市	391,450	4.86
苗栗縣	560,766	0.0	新竹市	378,797	0.0
台中縣	1,511,789	1.1	台中市	996,706	4.08
彰化縣	1,314,179	0.0	嘉義市	267,907	0.0
南投縣	541,292	0.36	台南市	745,081	7.18
雲林縣	742,797	0.0	福建省	67,696	22.86
嘉義縣	562,394	2.8	金門縣	58,933	16.01
台南縣	1,107,583	0.0	連江縣	8,763	67.12
高雄縣	1,233,395	4.22	合　計	22,520,776	13.77

表三：第三期建設計畫修正案經費來源概估

經費來源＼年度			92	93	94	95	96	97	92-97合計
政府自辦與民間參與	中央款	模式一	55.376	57.250	99.341	112.880	105.380	112.860	543.087
		模式二	55.376	57.250	99.341	117.950	120.890	136.030	586.837
	地方款	模式一	49.366	40.576	42.021	46.401	47.313	51.432	277.109
		模式二	49.366	40.576	42.021	46.551	47.873	52.132	278.519
	民間投資	模式一	0.000	4.150	13.660	84.120	165.940	283.220	551.090
		模式二	0.000	4.150	13.660	78.910	149.320	257.060	503.100
	總經費	模式一	104.742	101.976	155.022	243.401	318.633	447.512	1,371.286
		模式二	104.742	101.976	155.022	243.411	318.083	445.222	1,368.456

備註：模式一為污水處理廠、主、次幹管、分支管網及用戶接管均由民間投資興建，政府不負擔建設經費；模式二為政府參與並負擔部份建設經費，其出資上限以政府興建分支管網及用戶接管，民間則興建污水處理廠及主、次幹管為原則。

表四：污水下水道第三期建設修正計畫與原計畫對照表

項目	原計畫	修正計畫
計畫期程	92~97年度	92~97年度
計畫目標	1.用戶接管率：22.1% 2.污水處理率：32.0% 若含新十大建設特別預算，計畫目標為： 1.用戶接管率：27.3% 2.污水處理率：37.1%	1.用戶接管率：18.2% 2.污水處理率：29.5%
政府自辦系統	62處（含台北市）	53處（含台北市）
民間參與系統	11處	36處
計畫經費（92~97年度）	政府自辦： 1.中央款：658.438億元 2.地方款：168.932億元 （含新十大建設特別預算）	政府自辦： 1.中央款：458.507億元 2.地方款：274.439億元 （地方款調高係因台北市所提自籌款增加109.681億元）
	民間參與： 1.中央款：176.61億元 2.地方款：19.94億元 3.民間參與：267.16億元	民間參與： 1.中央款：90.22（133.97）億元 2.地方款：2.66（4.07）億元 3.民間參與：551.09（503.1）億元
	政府自辦及民間參與合計： 1.中央款：834.978億元 2.地方款：188.872億元 3.民間參與：267.16億元 4.合計：1,291.01億元	政府自辦及民間參與合計： 1.中央款：543.087（586.837)億元 2.地方款：277.109（278.519）億元 3.民間參與：551.090（503.1）億元 4.合計：1,371.286（1,368.456）億元

備註：修正計畫中民間參與部份採模式一方式計算；（）內採模式二方式計算。

表五：93年度主要縣市用戶接管戶數

93年度	預定接管戶數	截至七月實際接管戶數
高雄市	37,000	7,000
台北縣	81,000	10,600
台中市	16,250	0
台南市	9,800	0

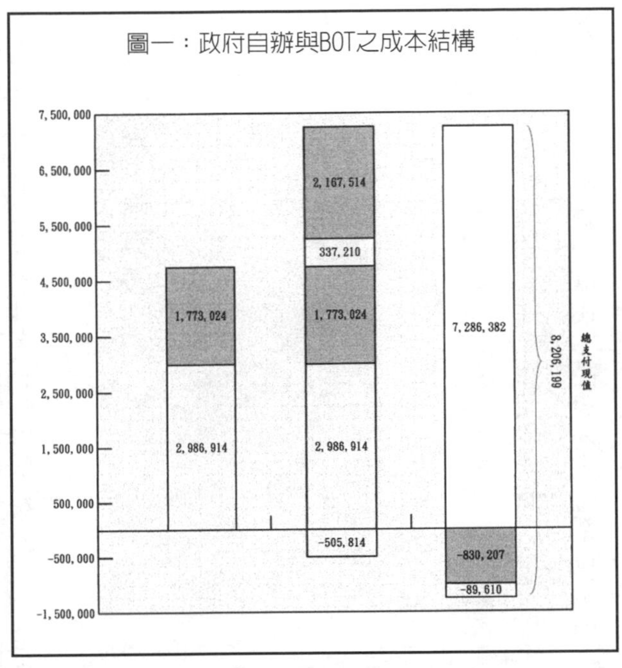
圖一：政府自辦與BOT之成本結構
7,500,000
6,500,000
5,500,000
4,500,000
3,500,000
2,500,000
1,500,000
500,000
-500,000
-1,500,000
1,773,024
2,986,914
2,167,514
337,210
1,773,024
2,986,914
-505,814
7,286,382
-830,207
-89,610
8,206,199
總支付現值

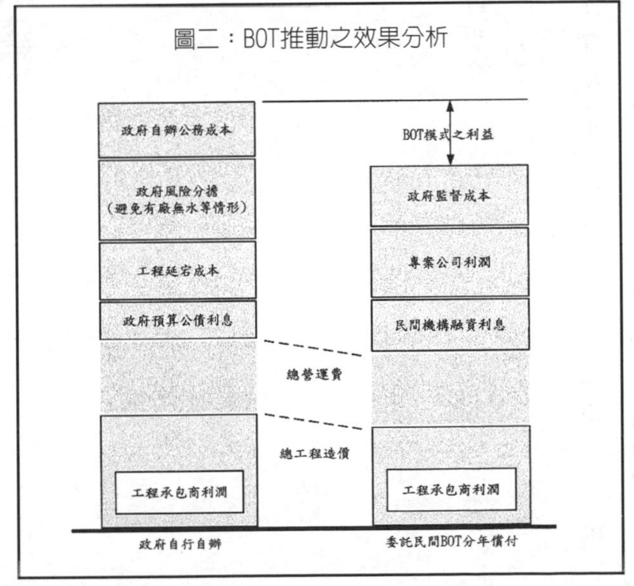
圖二：BOT推動之效果分析
政府自辦公務成本
政府風險分擔
（避免有廠無水等情形）
工程延宕成本
政府預算公債利息
總營運費
總工程造價
工程承包商利潤
政府自行自辦
BOT模式之利益
政府監督成本
專案公司利潤
民間機構融資利息
工程承包商利潤
委託民間BOT分年償付

《發表》

河川水質管理與國土計畫

⊙溫清光、何東波

前言

水是眾生賴以維生的基本元素。水為國家的重要資源，是民生、社會、經濟等活動與發展均不可或缺的要件，然而台灣河川水質被破壞的狀況卻是眾所皆知。河川水質問題涉及生活環境品質、飲用水品質、生態系統循環、水岸遊憩場所選擇機會等，事實上，被破壞的水源與水質會逐漸瓦解經濟發展與人民生計。由於水質水量的保護有賴於河川集水區良好管理體制的建構，因此日前行政院甫方通過，刻正由立法院審議中的國土計畫法草案，亦即提供了一個極佳機會，希望藉由國土計畫法推展過程，能有效改善台灣河川水質的問題。

台灣河川水質管理現況與課題

一、河川水質管理的本質

討論河川水質管理先要瞭解水循環系統對水質的影響。水質是一種程度問題，從純水到極度污染的水，中間存在不同程度的水質，不同水質適合於不同的使用目的，飲用水、工業用水、灌溉用水及休閒遊憩用水對水質的需求並不相同。水量水質決定於水循環的供應過程，譬如飲用水所需的水質標準當然高過親水遊憩設施的水質，也高於灌溉用水的水質。由於家庭或企業所需水源之供應絕大部分來自於地面水，其係經由集水區逕流進入河川或湖泊，或經由人工水庫，再經水場處理後，提供各種活動所需之水。水質決定於水循環供應系統中水流過程中所受到污染程度而定，譬如雨水沖刷過空氣，也會將空氣中的污染物夾帶到地面形成酸雨。倘若水循環系統中的各個環節均能確保近乎無污染，流到淨水場的水質經簡易處理即可使用；倘若水循環系統中某些環節存在污染問題，則必然會混雜在一起而難以辨別責任，最後淨水場的處理成本就很高昂了，也就是所有水流過程中的污染成本均轉嫁到淨水場或使用者來負擔了。

換言之，水質管理在本質上是一種外部性（externality）問題。外部性問題的產生源自於個人主義，個人會傾向於利已或投機，就機構而言，就是本位主義。因而外部性問題涉及個人或機構之間的合作，故也是一種綜合性事務，我們不能將一條河川切割成上中下游，或者是左右上下兩側分別由不同行政轄區主管。因為一旦切割開後，上游排放的廢棄物流到中下游就沒有上游主管單位的事了，所以上游主管單位就傾向於讓中下游自己去處理那些廢棄物，而下游主管單位則會將處理那些廢棄物的責任推給中游，中游則想盡辦法推給上游，上游單位也會設法撇清，一旦遇到事故，卻形成相互推諉無人負責的普遍現象。這種現象是外部性問題的必然結果，世界各國均同。因為各個主管單位各有所司，而水質不佳是這是制度建構不良的必然結果。不但是整條流域不能分段歸責於不同單位處理河川管理事物，我們也不能由不同事務的主管單位分開處理河川之管理。因為，河川水源絕大部分來自於河川集水區的逕流，當雨水降到地面，小部分由土壤或植物吸收，大部分卻可能透過逕流流入河川。當雨水流經地面時，通常會將地面鬆散的物質夾帶流入河川；當地面水流經工廠附近，會將工廠排放的污染物帶入河川，若流經畜牧場，也會將牲畜糞便帶入河川中，因此河川集水區的環境狀況影響到河川水質甚大。當河川集水區的土地利用管理鬆散，就會造成的嚴重污染的外部性問題，河川水質也就令人堪慮了。

二、台灣河川水質管理的現況與課題

（一）集水區土地管理不當，用水成本節節高升

台灣先天環境特殊，地形與地質不良，山高坡陡，雨季短而雨量大，河水水流甚急。這反映著台灣水資源極為有限，以及雨水逕流沖刷力大。隨著台灣國民所得提升，河川水質管理問題並未獲得舒緩，卻反而更為嚴重。土地資源又極為有限，各種活動或產業發展所需用地的成本相對高昂，公路開發的結果，造成各種活動向都市之外的偏遠地區蔓延。過去河川集水區的上游及中游人煙稀少的地區，越來越遭遇到開發與使用的壓力。各種產業的廢棄物質、污染物質夾雜著土地開發後鬆軟的泥砂，被雨水逕流帶入河川以至於水庫中，這已造成各個河川及水庫水質極嚴重的破壞，也造成水庫的淤積和高度優養化。水庫

壽命縮減，淨水成本加高，台灣民生、社會、經濟等活動用水成本均將因而節節上升。

（二）河川水質管理權責分散，協調不易

上述河川水質保護的問題涉及到河川集水區的諸多問題，包括到森林砍伐、坡地濫墾濫建、土地開發、高山農業施肥、畜牧排廢、工業廢水、家庭廢水等問題。這些攸關河川水質所涉及的問題，其事務權責分散在不同的行政主管機構。譬如水土保持法用於「保育水土資源，涵養水源，減免災害，促進土地合理利用」，其主管機關為農業主管單位；水污染防治法用於「防治水污染，確保水資源之清潔，以維護生態體系，改善生活環境，增進國民健康」，其主管機關為環保單位；環境影響評估法用於「預防及減輕開發行為對環境造成不良影響，藉以達成環境保護之目的」，其主管機關也是環保單位；水利法明文規定「水為天然資源，屬於國家所有，不因人民取得土地所有權而受影響」，其主管機關為水利單位；自來水法用於「促進自來水事業之合理發展，加強其營運之有效管理，以供應充裕而合於衛生之用水」，其主管機關也是水利單位。而涉及土地開發利用的問題則又區分都市地區與非都市地區，依都市計畫法與區域計畫法，分別由營建和地政機關主政。在河川水質管理權責分散狀況下，攸關人民生計的水質問題，常遭推諉卸責，協調不易。

（三）民粹傾向的政治環境，高瞻遠矚的政策難以形成

河川水質問題牽扯的機關是有夠繁雜。不僅如此，一條河川的上游與下游，北側與南側分別由不同縣市負責主管者，也比比皆是。我們可觀察到的是：平日事務官謹守著其主管的法規，並將其記得滾瓜爛熟，每逢遇到問題則必能氣定神閒的解釋其施政一切依法行事，如此自然容易撇清問題之責任。在這種各自為政的文化下，通常追究責任的結果是無人能負全責，因為真正的問題在缺乏有效率的部門整合。在台灣談到主管機關之間相互合作，絕對是個特大問題，這是社會文化問題，也是行政文化的問題。在有限的預算資源下，各單位平時彼此爭奪預算，各單位的本位主義絕非偶然。部會之間的合作是屬於政務官的政策問題。而台灣目前的政治傾向於民粹導向，很難有長遠前瞻的政策。少數人們短期利益往往凌駕於長期的自然保育和國土保安，土地被濫墾、濫建、不當及超限使用等普遍現象可為印證。水質只不過反映了這些社會、經濟及政治的現象罷了。民粹掛帥的最後結局是社會必須承擔所有水質污染的成本。實際的問題是受害者難以向肇事者求償。

（四）飲用水保護區之劃設阻力重重

根據二〇〇三年通過之飲用水保護條例規定，飲用水水源水質保護區內不得非法砍伐

林木或開墾土地等，共有十二項禁止行為，若土地被劃入保護區，土地的開發利用將被限制，但目前又沒有適當的補償辦法，以致在劃定保護區時常招受當地居民的抗爭，因此只能朝沒有抗爭的國有林班地、水利地等劃設，而真正容易產生污染的社區、水庫周邊的平地，都無法劃入保護區。

台灣河川水質管理、保護的願景

因為河川集水區為民生、社會、經濟等活動供水之所在，也因此惟有集水區的水質受到保護，才能讓水供應符合經濟、衛生、安全及價廉的目標。良好的水質管理必須確保大地永續之經營，水源及水質一旦被破壞或污染，其復育或復原的成本一向是非常高昂的。欲保護集水區的水質，最經濟有效的方法應是尊重自然天賦的水循環系統，而不要去破壞水循環系統。因此，要做好台灣河川水質保護與管理，絕不能僅著眼於水質本身的問題，而應著眼於整個集水區的管理問題，將影響水質的相關問題均一併納入考量。換言之，台灣河川水質管理應具有宏觀理想「願景」，不但要「維護大自然的生態平衡」、「河川水質清澈與水量豐沛」，以及「確保集水區良好水土保持與環境品質」，還應該提供「風景優美的親水性河川流域景觀」。

土地利用與河川水質間之關係

河川水質除了受天然地質的影響外主要還受人類活動的影響，而土地的利用影響人的活動，表一顯示各種土地利用產生之污染量。林地與天然草地是產生污染量最少的土地，但若開墾為農地，產生的污染量（以五日生化需氧量計）平均增加十三倍；相同面積之養豬場產生的污染量約為林地的十五萬倍，若廢水經過良好的處理，排出的污染量課降為七千六百倍。然而若以氮、磷營養鹽而論，農地產生的污染量對林地的倍數更大，以國內水源保護去內常種植的農作物如茶、水果、高冷蔬菜，每年公頃所施之氮肥多在四百公斤以上，磷肥在二百公斤以上，但作物只攝取十％、二十％而已，其餘大部分流出來，造成污染。表二是各種遊憩活動產生的污染量（以氮磷營養鹽計），若有良好的污染控制設施將可減少污染。一般台灣的河川從林地發源流經森林遊樂區、農業區，水質會受污染，但因污染量少，水質尚好。再流經養豬場、都市或工業區，再受污染，常因污染量大，水質非常壞。所以在國土規劃劃設水源保護區時，不應納入污染性大之土地利用，規劃風景區不設置污染性較大的野餐、烤肉餐飲、旅館、露營、釣魚等項目。

保護河川水質應有的國土計畫

為了保護河川水質，未來國土計畫建制過程中應考量下列幾點之建議：

一、將主要河川集水區域劃設為「特定區域」，並妥善管理土地利用

欲解決台灣河川水質管理的問題，可充分利用刻正推動中的國土計畫作為媒介。策略上應從河川流域整個集水區域的治理著手。「國土計畫」應將台灣主要河川集水區分別劃設為「特定區域」，並妥善管理其範圍內的土地利用。其治理目標在確保集水區的永續發展，包括維護集水區的自然生態，引進適合當地的產業類型，以及促進集水區域內部的社會和諧。為達到這些目標，每一「集水區特定區域」的規劃應根據各該集水區域範圍內特有的環境、社會、經濟等狀況，經過集思廣義的過程後，研議出適合該集水區的土地利用

與發展建設計畫。土地利用計畫在對集水區域的人口與產業活動區位做適當的規範，以避免或減輕對環境或水質的破壞。發展建設計畫在對集水區提供應有的土地保安之建設，以確保環境與水之品質。必要的公共建設通常是確保環境品質與促進產業發展的有效措施，但應防範不必要或不妥當的公共建設。

二、集水區域之土地使用管理應有系統架構

集水區域的土地使用管理目標最重要的就是在避免水質被破壞。舉凡任何可能破壞水源水質的土地利用之行為均應列入管理。土地使用管理方法可以採用諸如分級分區管制、開發許可、以及環境監測等。分級分區管制乃是依活動對環境可能破壞的程度分類，並劃設不同程度的管制區，譬如河川兩側五十公尺範圍內不得做污染程度較大的土地使用或活動。換言之，集水區域的土地使用計畫應考量水質高度敏感地區嚴格禁止具有污染或是破壞水土保持的活動，管理的方法就是對水質高度敏感地區僅允許造林、植栽等低污染量的土地使用，而有時也必須對極度環境敏感之地區禁止任何的地形地貌之變動。對於水質敏感中度之地區，可考慮允許環境衝擊較無顧慮的產業活動，諸如低污染量的農作、健行、划船等活動。再則，對於無環境敏感顧慮地區雖然允許做城鄉發展之各種活動，但仍須是

「有條件的」土地開發。所謂的「條件」係指「對具有污染顧慮的土地使用需有防治污染（或環境監測）設備」。

分級分區的土地使用管制比較適合於針對環境敏感較嚴重的活動與地區，而土地開發許制度可則適合用於環境敏感較低之地區。開發許可制度倘若經過良好設計，一方面可尊重市場機能，另一方面能促進集水區域內利害關係團體的對談與協商，甚至於有助於促進集水區域共同目標的達成。採用分級分區的土地使用分區管制相較於採用開發許可制度，可以有效的節省協商或是監督成本，目的在確保最起碼的環境保育目標之達成。而不論是分級分區的土地使用分區管制或開發許可制度，均無法確保土地使用者遵循環保相關規定，因此長期的作法是需要輔以環境監測。其用來檢視土地使用計畫與發展建設計畫執行的成效，並能對台灣普遍存在的違法與違規行為予以遏止。

三、集水區域的發展建設計畫應有跨行政轄區的協商機制

集水區域的發展建設計畫則是配合土地使用計畫的公私部門投資計畫。譬如集水區域內某些地區應加強水資源涵養及保育，或者是提供某些公共設施或建設等，而有些公共建設的設置區位應透過利害關係人或團體共同協商決定，以促進社會和諧。尤其某些建設的

經費局部應由大家共同分擔的時候，協商是不可避免的。也因此，「集水區特定區域計畫」之研擬過程應重視利害關係人或團體的共同參與，經由民眾參與過程讓大家瞭解到集水區域內的共同問題與目標，長期應會有助於促進社會之和諧或凝聚力。

四、建立公平合理且環保的補償制度

上述有關集水區域的土地使用管制勢必會遭遇到對既有權利傷害的問題，因而相對需有合理補償的建制。當對集水區域的高度水質敏感地區禁止高價值的土地利用時，對既存的禁止項目之私有財產所有人應有補償，其方式若欲達到公平合理需要妥善的設計。合理的補償是民主社會對私人生命財產保障應有的作為，但補償不應淪落為少數人生財之道。譬如當政府對主要河流河岸某一範圍禁止水質敏感的養豬時，其配套設施可以設置養豬專用區，以遷移方式安置養豬戶。這樣對養豬戶可以確保其工作權，另一方面也節省污染防治成本。因為養豬專業區在妥善的規劃與開發下，可以有效控制畜牧廢水。雖然過去農政單位因防疫問題反對養豬專業區，但以屏東大統畜殖場經營成功的例子來看，二十萬頭規模防疫的問題，可以控制得很好。遷移安置的方式也應被列為一種補償制度，而過去國家的重大建設均未重視到此一方法，僅重視採用金錢補償的制度，而該制度常常造成許多後遺症。譬如養豬戶接受金錢補償後，又自行遷移到另一未經妥善規劃的地區繼續養豬，對另一地區又造成污染，如此將造成惡性循環不已。所以拆遷補償制度也應有環保上的考量。

五、集水區域的開發行為，應進行「水質影響評估」

倘若集水區域內實有必要進行土地或建築開發，為避免開發行為影響集水區域的水質保護，則宜在環境影響評估中要求進行「水質影響評估」，通過水質影響評估之計畫方准予進行開發或使用。「水質影響評估」宜納入現行的「環境影響評估」體制中，以減少組織或執行成本。但為慎重起見，水質影響評估應由專業人員簽證，它可以由環境影響評估委員會額外聘請水質專業人員擔任審查者的角色。

六、集水區域應有專責的統籌管理機構

為加強上述建議事項的執行可行性與監督管理能力，集水區的經營管理應有統籌的專責管理機構。此一管理機構之組成不應落入現有機關或單位整併的思考，因為集水區域之水質管理問題起源於各個目的事業機構本位主義所造成，問題的本質在缺乏水質管理的協商與合作，因此專責管理機構的主要功能在建構集水區域的合作與協商機制。通常最有效

率的協商應由民間自行協商，取得民間具有共識的計畫再由政府據以執行。為籌組此一協商組織，此一管理機構宜充分運用社會的資源及內部的自主力量。政府可將集水區域內研擬土地使用計畫和發展建設計畫的權限，授予地方具有公益性質的團體，尤其是環保團體最佳，由其負責土地使用計畫及發展建設計畫的研擬。這些計畫所需的經費預算與執行，交由各個目的事業機構負責，計畫研擬過程中的規劃基本原則、審議、爭議處理仍宜由政府親自為之，而環境監督亦可由政府委託該專責管理機構執行。

換言之，河川集水區的水質保護的跨部門協商與合作，是透過專責協商機構研議出「集水區特定區域計畫」，其所提出的土地使用管理計畫及發展建設計畫則交回給各個目的事業主管機關執行。這樣的組織設計，結合民眾參與以及專業組織，一方面可減少政府與民間的衝突，另一方面可以開展地方的自主能力，形塑地方發展的共同目標。「集水區特定區域計畫」的推行，將集水區域水質保護從消極的事後補救，轉而邁向積極的事先防範，也就是整個河川流域的統籌河川管理機構可以考慮以公私合夥之治理型態。但此一機構並非將所有各個目的事業機構的權責移交過來，而是將其功能定位在協調各權責單位之上，引領各個相關的目的事業主管機構共同致力於維護河川水質。

結語

不同的土地利用會產生不同之污染量，對河川水質有深遠的影響，為了保護水資源，尤其飲用水水源，在做國土規劃時，重要河川集水區應劃設「特定區域」，區域內土地使用採用分級分區管制方法，由專責機構做有效之統籌管理。

參考文獻

1 溫清光（1995），「水的故鄉原始林的保護與水土保持——水源保護區永續利用與發展」，《水資源永續發展研討會論文集》，頁三〇〇，時報文教基金會。

2 林家正、溫清光（1992），「由水庫含容能力探討設施之容許量」，《第五屆環境規劃與管理研討會論文集》，頁二七七，中華民國環境工程學會。

表一：土地使用產生之單位污染量（1）

土地用途	產生污染量, 公斤/公頃/年	倍數	備註
林地、草地	2.4	1	
農地	32	13	
社區	3,022(453)＊1	1,260(189)	人口密度以207人/公頃計，每人每日產生40克污染量計。
工業區	8,760(1,314) ＊1	3,650(550)	綜合工業區廢水量以80噸/公頃計， 廢水濃度以300mg/L計。
養豬場	356,000(1,8250) ＊2	152,000(7,600)	每頭豬所需之空間以1平方公尺計，每頭豬每日產生100公克生化需氧量。

註：污染量以生化需氧量表示。＊1＝刮號內數值指污染量經過處理，去除85%所剩下來之污染量；＊2為去除95%所剩下來。

表二：遊憩活動產生之單位污染量與流達率（2）

活動項目	總磷	總氮
休憩及觀賞風景	12.6kg/ha/yr	84.1kg/ha/yr
健行	0.5kg/km/yr	2.0kg/km/yr
野餐、烤肉	34.0kg/ha/yr	226.6kg/ha/yr
餐飲、旅館	2.0g/人/yr	12.0g/人/yr
露營	29.1kg/ha/yr	194.1kg/ha/yr
釣魚	6.84kg/km/yr	171.8kg/km/yr
划船	2.5g/人/yr	10.0g/人/yr
遊艇	10 g/人/yr	25.0g/人/yr
遊樂園	8kg/ha/yr	40.0kg/ha/yr
公園	5.48kg/yr	18.25kg/yr

註：kg/ha/yr（公斤/公頃/年），g（公克）

《回應》

河川水質管理與污水下水道建設

⊙余範英

前言

台灣河川水質的破壞比比皆是，河川污染涉及自然環境，人文發展與生活品質，河川污染的比例，約為工業廢水佔二四．三%，家庭污水佔五〇．二%，畜牧廢水佔二五．五%，工業廢水與畜牧廢水需依靠污染管制，家庭污水必須藉由污水下水道加速興建，方有河清之日。上游山林保護、集水區管理，水源區保護，水庫優氧化的重視與工業、農業、家庭污水排放政策需依循河川流域系統全盤考量，方能解決台灣河川水質。國土規劃應以河川流域為系統，制定河川保育及維護計畫，依照各河川水體分類水質標準，尊重河川自然生態及其適用性，統籌水資源需求量，考核水資源用途，尊重永續發展指標。

污水下水道的建設管理是河川保護與水資源循環利用之一環，整密周全有秩序的推動與建設當可借重為今後國土規劃與生態平衡中建設性的基礎範例。

污水下水道建設的沿革與現況

台灣地區污水下水道普及率偏低為民眾所詬病是不爭的事實，究其原因包括執行策略過於浮誇、法令老舊不合時宜、建設經費編列偏低、缺乏足夠專業人力等，此一問題過去雖一再被提出檢討，但似乎難以撼動政府的觀點或既有的做法，政府上任後，頗為重視這項過去政府明知當然卻避諱不談的基礎公共建設，從歷任閣揆所提出的重要施政計畫，諸如「八一〇〇、台灣啟動」、「挑戰二〇〇八－國家重點發展計畫」到去年所提出的「新十大建設」，污水下水道建設是少數一再被提及的建設計畫。加速污水下水道建設已漸形成共識，於二〇〇三年核定污水下水道第三期計劃，訂定政府自建與民間單位以BOT參與兩部分。儘管污水下水道建設已經列為國家重要計畫，惟實施迄今仍無重大進展，進度嚴重落後，截至今年六月底污水下水道普及率僅十一．三％，讓政府無以向民眾提出執政成績。

行政院游錫堃院長乃於二〇〇四年五月十七日指示內政部儘速修正原本已核定執行中的「污水下水道建設第三期計畫」，檢討將原本採用BOT辦理之十一處污水下水道系統大幅增修到三十六處，政府自辦方式辦理者則由三十三處增修為五十二處，另包含台北市總計有八十九處系統，期望於二〇〇八年底前，政府及民間預定投資建設經費達一千二百億以上，普及率達成目標為二七．三％，計畫範圍涵蓋全國民眾超過一千五百萬人。計畫規模之大前所罕見，顯示政府全面推動之決心。

然在院長決心推動之下，中央政府為何推動不力？地方政府為何執行配合不彰？未做深入檢討，試圖在當前政府預算普遍沉重之下，大量藉助民間BOT方式推動。此重大改變，事先未經完善評估、通盤檢討，所增加的潛在風險與與時間延誤、機會損失及人民負擔猶待檢討。

政府多年推動不力的探究

台灣地區有計畫推動下水道建設迄今約有二十年，但初期的摸索及投資浪費卻讓這項建設計畫蒙上陰影，推動迄今普及率偏低最被詬病，誠如歐陽教授文中所說：歷任省主席、省長及各縣市首長未予重視之外，遠因近由諸多，特於此作重點的申述補充，其徵結原因首在中央地方權責不明、人力組織質量不足、執行績效不易彰顯三點。

一、中央地方權責不明

目前規範下水道建設業務權責的法令主要為地方制度法及下水道法，依據該兩法之規定下水道建設屬——地方政府權責。

但長期以來地方政府之財政狀況除台北市外，並無餘力辦理，有鑑於此，中央政府遂依據「中央對直轄市及縣市政府補助辦法」編列預算補助縣市政府辦理，目前有十七處縣市係採全額補助，僅台北縣等少數縣市須負擔五至一〇%配合款。

再中央除握有預算審核權之外，對於縣市實際執行情形，並無法直接命令指揮，建設計畫有賴縣市首長及地方議會的決策重點，易言之是「地方辦事，中央買單」，其做法或想法時與中央背道而馳，當中央關心用戶接管普及率遲遲未能提升，國家競爭力排行落後之際，縣市首長所關心的可能是地方縣市首長施政目標、選舉承諾或是經費遲遲未能撥付以解發放員工薪資的燃眉之急。

再如地方行政經驗不同與認知不同，台中市主計人員因對於「一次發包分年編列預算」的做法不予認同，導致連年標案設計完成卻遲遲未能發包，用戶接管難以推動．台南市亦因污水下水道應否納入共同管道之見解不同，迄今仍難以招標施工，用戶接管更因此延滯。

二、人力組織質量不足

依據資料顯示(營建署統計資料)，二〇〇三年底全國政府部門共有六九四人辦理或兼辦雨污水下水道業務，扣除中央單位及北高兩市人力，僅餘二二七人，再扣除台北縣六四人，其餘縣市合計僅一六三人，為中央目前每年五、六十億預算執行之主要承辦人員，大多不具有污水下水道工程經驗或專業背景之承辦人，流動性高且經驗技術都難以勝任.自中央單位的內政部營建署雖接收了原本省府人員，精省後資深人員離退眾多，人力經驗大不如前，升遷管道受阻士氣不振.目前中央政府組織再造之際，實應重新考量辦理這項業務之人力需求及組織配置，我國自來水公司全面興建辦理時亦有一萬餘人參與推動執行。即使未來採BOT或ROT方式推動可以減少公務人力，但光靠工程人員亦難以自辦，遑論推動及督辦BOT。首重補充具有財務分析及法律素養的公務人員，以調整工程單位的體質。

三、執行績效不易彰顯

多數縣市政府下水道單位尚無經驗及能力辦理這項工作，須仰賴中央主管單位協助，為配合全面兼顧之指示下，人力有限，時間嚴重分配不足，疲於奔命然難以成事。

又現階段台灣地區評量污水下水道建設績效，係採取用戶接管普及率為最直接的評比標準，即管線埋設且處理廠正常運轉，若無用戶接管之生活污水流入，事前的作業規劃、評估，進行中之疏導溝通等行政職責與功效皆不列入績效，考核標準無法鼓勵進度掌控，也無益於推展施政公權力，遑論施政抱負。

以上三點皆為行政制度在國家政策執行上急須補充之不足。

目前進行的案例——端看BOT之盲點與風險

觀諸世界自一九九〇年以後，有些開發中國家之公共建設有借助民間投資興建與參與經營之案例，台灣也以「民間能做的，政府不做」的新思維來推動，台灣高鐵建設即為利用此管道加速興建之大型公共建設，於是政府在二〇〇〇年訂定「促進民間參與公共建設法」（以下簡稱促參法）這種新穎的觀念及招標作業於近年來由國內知名智庫與國際金融顧問公司引進台灣，政府將其視為可降低政府初期建設投資、減輕政府人力負擔、引進民間資金與活力。故提升污水下水道普及率也比照此良方妙計，內政部營建署隨即於九十二年六月訂定「促進民間參與污水下水道系統建設推動方案」作為計畫藍本，目前已有高雄楠梓系統順利完成廠商議約作業，近日內可簽約定案，台北縣淡水案也正在準備招標中，第三期修正案後續將有三十五處陸續推出，但是國內關心污水下水道發展之各界，對於BOT是否能應用於污水下水道建設計畫，並加速提升用戶接管普及率之疑慮，並不因此而稍減。

一、高雄市楠梓污水下水道

楠梓污水下水道BOT案由中華顧問規劃，採結構式費率，力麒建設參與競標、得標，取得三十五年合約，預計興建一條一二五公里管線以及一座污水處理廠，設計處理污水量為每天七五〇〇〇噸，平均每噸興建費用為一九．五元，操作維護費用六．一六元，完工後政府每年需攤提約七億元，其中七五％由中央負擔，二五％由高雄市政府負擔，由於用戶接管由市府負責自辦，廠商無須保證用戶接管，初期BOT僅能採取截流典寶溪與後勁溪流，有助於河川污染整治，所費頗鉅。由政府負擔有廠無水風險，是一個成功的無風險性高回收之民間投資。未來政府將每年面對七億之預算支出，然目前尚未見推展用戶普及率。

二、台北縣淡水污水下水道

淡水污水下水道BOT案由台經院規畫，採單一費率，預計接管用戶三八〇〇〇戶，污水量為五五〇〇〇噸，完工後政府負擔每噸二九．八四元其中中央政府負擔九五％，地方政府負擔五％，當地民眾則必須繳交每噸五元操作維護費用，估計營運期間每年業者收入依污水量計算，最高可獲得約近六億元，目前正準備招標。

淡水BOT模式著重用戶接管率，業者有風險承擔，沒有接管就沒有污水可以處理.高雄楠梓模式，則業者並沒有這一方面的風險。（淡水BOT經三次說明會後，希望比照高雄楠梓模式辦理）。

就以上案例，試論：

（一）風險的歸屬與責任

污水下水道系統建設，因管線施工技術獨特，工程品質不易控管，污水處理廠池槽、設備眾多，為二十四小時持續運轉操作，具備獨占不易取代的特性，加上投資金額龐大，整體計畫風險顯較其他公共建設為高，單一污水處理系統BOT案初期投資動輒六、七十億，少者十幾億元，尚不包括後續操作費用，在講求風險分攤及財務控管的BOT計畫中，「風險評估」應是決定計畫推動辦理前的最重要的參考資訊，在時間緊迫下辦理可行性評估、先期規劃、招商公告及議約簽約等工作，如何期待資料完整詳實、規劃具體可行的報告出爐呢？長達三十五年的特許期間，可能遭遇的政策變化、融資風險、施工環境、工程延誤及潛在問題等風險項目，一旦招商簽約成功，立即需要地方公權力高度配合，民意協調溝通之處必多，雖短期內滿足政府展現政績及廠商攫取業績的各取所需，然進展中工程延誤是可預期之契約爭執，未來廠商若營運不善反而導致民眾的負擔加重，形成政府、民眾、廠商的三輸局面。

（二）財務支出負擔宜審慎評估

1、合理而精確的財務規劃報告是推動BOT計畫成功的首要條件，傳統BOT採自負盈虧的模式推動辦理污水下水道建設，因計畫自償性過低，並不具可行性，國內規劃團隊引用英國政府所提倡的公私合營（Public Private Partnership, PPP）的觀念及做法，前述南梓、淡水兩案，皆是採自PPP構想，由廠商初期先行投資建設，達到預定建設目標後再由政府按年攤還廠商，三期計畫修正版中三十六處BOT系統若於二〇〇四年至二〇〇八年間陸續完成簽約，所需經費經過估算後（詳如圖一），依據該圖顯示，民間廠商逐年投資，在二〇〇八年將金額高達二八三億元，至二〇四四、年特許期屆滿時，投資經費超過一五〇〇億元，惟印證國外的經驗－「BOT is not a free service」，政府自營運期開始，必須分年攤提費用予民間廠商，於二〇二八年時將達到一六三億元，至特許期屆滿，整體政府支出將超過四〇七二億元以上，地方政府僅須負擔約一三四億，餘全數由中央政府編列預算支應，另加計政府籌劃向用戶收取的污水處理費一七八五億元，這項BOT計畫的總經費高達五八五七億元，規模並不輸於高鐵計畫，行政院應正視這個問題。

另加計政府自辦之五十二處系統，二〇〇四年至二〇〇八年間共需四六一．五億元，地方配合款共需二七四・四億元，（詳如表一）計畫經費需求更為龐大，政府財政部門實應提出具體的財源分析報告，以佐證三期計畫之可行性而非憑空捏造。

2、課徵費用機制繁複不定：環保署水污染防治費尚未開徵，污水處理費收取亦僅止於縣市政府的承諾事項時，中央政府如何籌借財源？若大量執行民間BOT財務部應提出評估，是否有能力及決心每年編列龐大經費來支持這項計劃，未來下水道使用費及水污費的徵收問題，在今天水是民生必需品，現有的低水價政策平均一度水七・六元，迄今尚未調整時，高水價與高水污費可行性如何？水污費能否通過民意機關與地方政府嗎？民眾能否接受興建費不由政府預算與稅務中支出嗎？凡此種種尚待作觀念宣導、議會溝通以及民眾在公平原則下的接受度，都值得再詳加討論。

（三）促參法倉促、籠統而不週全

二〇〇〇年促參法訂定以來，各部會成立民間參與公共建設推動小組，以區區五十七條條文來涵蓋所有包括交通事業、共同管道、污水下水道、水利設施等十三類型民間參與投資公共建設之條例，以正面表列列訂總則、用地取得及開發融資與租稅優惠申請及審核及附則，各事業目的主管機關仍須訂定各自施行細則，此乃穿衣製衣改衣，母法不易週全，子法牽強附會。舉例而言，污水下水道建設最擔心的是BOT廠商因經營不善導致發生緊急事故或喪失污水收集及處理功能時之應變措施，促參法雖於第五十二條及五十三條有所規範，惟所稱「必要時，並得予強制接管營運」之時機為何？主辦機關如採行此舉，其與原本BOT特許公司之法律關係為何？又原公司董事會成員及股東職權如何認定及規範？目前皆未釐清，又第五十三條規定「其接管營運辦法，由中央目的事業主管機關於本法公佈後一年內訂定之」，在高雄楠梓系統即將簽約之際，此接管營運辦法仍未訂定適用，頗令人擔心。促參法主管機關有迫切需要儘速修訂、增訂或研訂較完善的促參法令，以符實需。

（四）政府部門體質未建全下BOT之挑戰

營建署累積以往公共工程幕僚機關的經驗傳承，多以扮演代辦縣府工程計畫之角色自居，對於污水下水道建設之計畫審核、預算核撥或工程設計監造尚能充分發揮所長，惟面臨集工程技術、財務分析及法律條文於一身的BOT案時，能否迅速吸收新知並重新建構工程計畫辦理模式係一大挑戰，尤其以往較缺乏成本概念而習於採最低價發包的工程技術人員，面對財務計畫各種試算參數及假設條件時，除難以理解箇中奧妙外，興建營運契約書中拗口難懂的商業條款，更將令毫無法律訓練背景的工程人員頗感頭痛，中央主管機關尚且如此，如何寄望主辦機關縣市政府下水道單位承辦人員能迅速應變以對。現有將規劃、設計、審查、監造、稽核等所有工作委託具專業技術、財務及法律人員等顧問團隊辦理之構想，但長期以往（未來三十至五十年間），政府部門將不再擁有具實務經驗的工程技術人力，此舉恐非國家發展及下水道建設所樂見。

（五）市場缺乏競爭形成少數壟斷

污水下水道BOT之問題點並不在於觀念的形成而在於計畫的落實，現有的爭議處在推動進行中，執行成果尚待檢驗，貿然大規模推動，所可能造成的市場機制失靈，對於原本問題已錯綜複雜、枝節叢生的污水下水道建設計畫，恐將雪上加霜，既有的工程單位將面臨更嚴峻的挑戰。短短四年內全面招商簽約，形成完全的乙方市場機制，政府部門將難以透過市場競爭，經由評選委員會選出價格合理、規劃嚴謹且具優秀執行能力的投資申請人，更妄談公權力與公務人員士氣，以三期建設計畫急速推出BOT之規模，市場供需失衡的問題迅即浮現，極易形成少數壟斷之市場。

外加台灣特殊的政治因素、工程生態及系統規模過小等因素，使國際大型公司卻步，曾有著名的法商公司的高雄楠梓案例最後卻鍛羽而歸。

結語

污水下水道建設是一項長期的基礎建設，從世界各主要國家的污水下水道發展的歷程來看，這項基礎建設是真正的百年大計，已發展出完善的產業環境及企業經營策略，不論是工程顧問公司、營造廠商、設備材料供應商及操作營運公司等，均可提供環工、土木、機械、電機等各領域人才發展，九〇年代日本經濟不景氣初期，日本政府為提振國內經濟景氣，曾以編列大量預算投入下水道建設這種內需型的產業，意圖帶動國內資金流通以活絡市場，形成獨特的產業生態鏈。

由國外經驗可知污水下水道建設絕非一蹴可及，亦非大量投資短期可成，值此關鍵時刻，政府確實有決心推展，院長亦為有始以來最認真及重視此問題之首長，然建立事權統一的中央專責單位，改善工程幕僚機關人力結構及體質，採行務實策略，縮減辦理BOT之規模，重點投入都會地區，採行公私合營的PPP有效管控次第推展及傳統政府自辦興建，雙軌併行全力推動，前者以靈活創新的手法帶動潮流，後者以重點突破優先達成目標，形成政府部門與民間公司績效的良性競爭，仍有待政府為推展台灣污水下水道的決心展現施政魄力。以上為補述歐陽教授論文精闢的評析，及自己近年來觀察解析之心得，僅供參考。

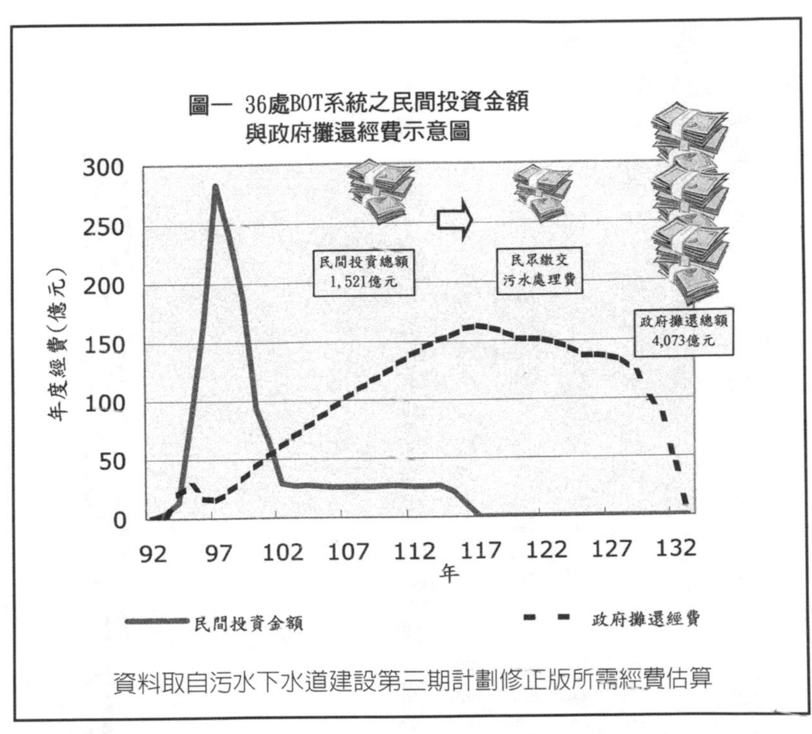

資料取自污水下水道建設第三期計劃修正版所需經費估算

表一 五十二處政府自辦系統經費需求表

年　度	91年度	92年度	93年度	94年度	95年度	96年度	97年度	92-97年度合計
中央款	45.946	55.246	54.420	79.291	85.14	89.36	98.01	461.467
地方款	52.385	49.366	40.529	41.681	45.741	46.553	50.572	274.439

資料取自污水下水道建設第三期計劃修正版

引入民間力量興建污水下水道才是長久之計

《回應》

⊙張景森

眾所周知，經建會的主要功能是政府公共工程預算的分配。記得二〇〇〇年時，政府編列於污水下水道建設經費約為五十多億元，相較於其他建設為低，因此我認為污水下水道的預算應該要增加；不過，非常出乎意料之外的是，在所有政府部門中，下水道系統的部門是唯一一個認為經建會經費給得太多，而它執行不了的單位，原因在於我國執行下水道的體制非常小，所以就算看到污水下水道普及率低，也想辦法多撥預算，它需要多少就儘量配合，但卻完全急不來，急也做不了。

以總量的概念來看，最近核定的污水下水道建設計畫，準備在平均六年之內，由中央政府、地方政府、民間投資廠商籌資超過一千三百億元以上，規模可以說是擴大了數十倍。但爭議的所在，是因其中新增的項目，現在大多要採BOT方式辦理，也因而引起兩種討論：一是BOT的大方向大家是否贊同？二是實際個案的執行是否妥當？

關於第一項爭議，游院長在今年五月時，曾親自召開會議，要求行政部門落實推動BOT，他希望原來內政部已經規劃好、但尚未發包的工程，儘量由民間接手，至於政府已經動工的部分，則繼續做完，這項基本的政策是把系統做了很大的調整。經過調整之後，我們看到辦理的方案數目增加，但可能無法表現在普及率的提高上，甚至比原有的計畫低，這是因為在污水下水道推展的初期，主要工作是主次幹管興建，沒有辦法看出普及率提升。相對而言，原本內政部的想法是以普及率提升為主要目標，而要達到目標最快的答案是政府自己趕快做，於是這裡便面臨到政策抉擇的關口：我們要提升污水下水道的普及率，擴大政府相關部門？還是我們寧可短期讓普及率有點犧牲，以能推動民間BOT案？最後政府的決定是要把新增投資交給民間，貫徹民間產業的工作，所以短期內，難免會損傷普及率。

但是，大家不要只看BOT短期的現象，就覺得灰心，應該要看到它長期的狀況。以國際前例來看，不管先進或落後國家，下水道BOT運作已經相當成熟，也有很多非常成功的案子。目前台灣是採雙軌制，一邊由政府自己做，一邊也由BOT做，我認為應該給BOT一個機會，也許剛開始無法盡如人意，但是長期下來，相信BOT可以用民間的效率帶動政府的效率。事實上，在台灣有限的BOT案中，已經可以看出成果，公共建設由民間來做，確實比政府做得有成本觀念及效率，或者大家看看台北污水下水道系統、八里污水廠的例子，也可以了解其中的差異。我個人在台中擔任副市長時，也觀察過類似的狀況，下水道的污水廠已經完工，但其他部分都還沒配合完成，使得不少系統空在那裡，根本無法營運，所以大家不要忽略，政府無效率帶來的浪費真是相當驚人。

另外談到政府資金的問題。短期民間的投入，可以減輕政府財政的困難，同時也可以擴大、帶動整個污水下水道產業。如果一直把污水下水道產業、環境工程事物，通通限制在政府部門之內，它絕對不可能變成台灣的產業。

台灣污水下水道普及率目前約為十．八七％，倘若全部交由政府負責，短期內也許可以拉高，但是再高也只是二十％左右，而且長期來看可能會非常不利。因為我們畢竟不是只要維持在二十％而已，後面的成長更重要，而欲突破這個部分，讓民間的力量進來是正確的。不過，就目前具體辦理的兩個個案來說，我也必須坦白，在審查時，個人對它BOT機制的設計並不是完全滿意，一如歐陽教授所言，利潤的部分可能太高，而估算過高可能造成以後的負擔，我們是在非常不得已的情況下，才做出核定，希望這只是初期的示範工作。我們要從裡面學習經驗，當然也希望主辦的內政部能從中再檢討，假如交給民間，目前兩案可謂之特案，並非長期持久的做法，還是要回歸常態。但我也相信，即使標案一開始需要時間較長，然而等到第二、第三個案子，速度一定會加快。

總結來說，現在政府採雙軌方式大量推動興建污水下水道，我們希望公部門做一部分，民間也來做一部分，長期來看這應該是正確的方向，短期的個案我們也願意檢討，希望讓BOT案做的更好。

《回應》

中央地方協力以締造污水下水道普及率

⊙胡兆康

污水下水道建設是都市重要基礎建設之一，如同巷弄道路、自來水、電力、電訊系統、瓦斯管線等民生建設同等重要，更為水資源保護及河川整治，不可或缺的一環。

台灣地區污水下水道普及率偏低的主要原因是：

(一) 全國民眾及政府當局對污水下水道的重要性認知上不足。

(二) 政府單位未能重視，所以沒有計畫的培養及教育污水下水道相關的技術人才。

(三) 地方政府也未成立污水下水道的專責機構來負責推動，到目前也只在某些相關單位下指定非專業人員二、三人充數，毫無效果。

（四）污水下水道是要長期持續性的建設工作，所需經費龐大，政府未能有長遠畫，編列適當的經費，予以配合。

目前政府既已重視此一污水下水道的基礎建設，並且也列於挑戰二〇〇八國家重點發展計畫中，並訂定有目標由目前全國普及率的十．八七%，提升至十八．二%，有期程至二〇〇八年，有初期經費為六百五十五億元，接下來就是要如何執行了。一個既已核定的政策計畫，不宜隨意改變，否則會造成執行者無所適從、裹足不前、疑慮不決，則浪費了經費、時間與人力。

就政府已訂定之第三期污水下水道建設計畫，自二〇〇三年至二〇〇八年為期，目標為普及率達十八．二%，其中有政府自辦部分（A類系統）及民間BOT參與部分（B類系統），以個人淺見，該目標普及率達十八．二%而言，民間BOT參與部分，在時間上已緩不濟急；因至二〇〇八年，只剩下四年，污水下水道是一個系統工程，必須要完成污水處理廠及污水收集系統之所有管線，如主幹管、次幹管、分支管網，最後還得完成家家戶戶的用戶連接管線，才可能發揮功能，也才有「普及率」的初期成果呈現，這個過程最少也要花費三、四年以上的時間。當然民間BOT參與污水下水道建設亦是推動的一部分，但仍應以審慎方式先試辦，建立典範及雙方均有利的合約與權責義務以及合理的收費標竿等，而再推廣。

至於政府自辦部分，就成了達到普及率十八．二％目標的主要工作。就執行來說，政府自辦有五十三處，應就五十三處全面檢討，了解各自之計畫內容，排定優先順序，列出每處的執行進度與工作內容及經費需求。以台北市與高雄市兩院轄市來說，一、二十年來已有專責單位並執行污水下水道建設已有一、二十年經驗，人員亦有了，整個污水下水道系統之規劃已完成，就應責成在未來四年內全面推動普及率，做成每季、每年的工作進度，只要能達到預期目標，經費不足時便由中央補助，甚至還可向銀行貸款，分十年或二十年，分年編列預算還款。目前是低利率時期，政府借款利息會更低，實值得考慮。其他縣市地方政府，因尚無污水下水道專責單位，人力不足，對污水下水道工程的了解不足，中央營建署應協助地方政府，聘請一有經驗、有人力的顧問公司為PCM，將該縣市政府轄內的鄉鎮市妥為規劃，亦排列優先順序，列出執行工作進度及達成四年內普及率目標，再投入需求之經費，再列管追蹤考核。

如果政府自辦部分，五十三處在四年內都有達到總目標普及率達十八．二％之工作內容進度期程表，在中央掌有補助經費與專業人才的情況下，做好全面督導，有問題有困難時協助縣市政府，協調各相關單位即時解決問題排除困難，隨時考核考評，嚴密掌握計畫執行進度，將經費有效運用，如此對污水下水道普及率的總目標應是很樂觀可達成。

蔡勳雄　發言：

從三位論文發表人和三位與談人的發言中，不難看出目前下水道建設對於河川整治的重要性，這是沒有爭議的。然而相關的質疑在於：（一）從預算資源分配、行政能力提升等各種方面深入來看，政府到底重不重視污水下水道的建設？（二）現在政府的組織結構與執行能力不足，所以即使中央規劃單位資源提供無虞，卻仍須仰賴民間參與，但民間參與涉及到下水道財務償還制度是否完整？似乎BOT的制度與運作，其中還有很多值得大家深思的地方。（三）最後一個問題是中央政府與地方政府責任分工的問題。很明顯的，絕大部分下水道的建設財務是由中央負責，但是未來會有小部分的建設成本由地方支付。不過在此過程中，隱含著行政管理如何掌控工程建設品質及效率的疑慮。以上整理，提供論文發表人、與談人及在座各位參考

歐陽嶠暉　回應：

知識密集產業已是未來經濟發展的主要方向，但要發展知識經濟，就要加速污水下水道建設，改善生活環境，才能吸引更多專業技術人才根留台灣，希望中央、各縣市政府及民眾都夠配合，我認為真正對台灣下水道有財務上的貢獻者是台北市的高玉樹和王昭明、高雄市的王玉雲，及在座的張景森副主委三位。原本五年五百億的經費規劃下，台灣下水道應該可以上軌道，但是現在不僅營建署人力不足，財源也節縮了。不過無論如何，我們能做到的，還是要盡其所能往前推動。至於一下子把三十六個大系統丟給未來性、可靠性、風險性完全未知的民間機構，這個政策需要檢討。以我參與淡水和高雄二案的親身經歷，先前提出的種種盲點恐怕很難解決。畢竟下水道是百年的大計，游院長希望加速，但是沒有透過政策環評，風險很大。此外，下水道建設所增加的財團利益，到頭來必然是用全民的稅金償還，但政府能否還得起？老百姓是否願意多負擔這二十一％的利潤給業主？這些都沒有考量。我們或許應該以十年為時點，計算一下可能的負擔。

余範英　回應：

BOT已經是既定政策，所以張副主委要做一點政策辯護，我完全理解，但仍要提醒幾句。談到財務，其實不單是籌措財源的問題，同時還有向民眾課徵費用的問題，目前這部分仍未確定；例如環保署水污染防治費迄今尚未開徵，污水處理費用僅止於縣市政府承諾事項，如果立刻由民間執行三十六個BOT案，那麼相對的，由民間自行徵收的可能性將是困難重重。此外，任何用戶的接管都需要大量公權力介入協助，因此可以想像的是，倘若三十六處一旦同時啟動，政府必定忙得團團轉，甚至造成欲速則不達的反效果；反而失去游院長希望加速推動的原意，又由於契約是和政府簽訂的，因此一旦工程延誤，政府還要擔負罰款的風險。事實上，我們並非完全反對BOT，但台灣BOT法令仍有不足，向民眾收費制度也未建立，大規模推動污水下水道BOT工作，是令人擔憂的。世界上有些國家進行BOT的成果也相當良好，但是這些國家是在法令、政府能力充足之下，始能創造雙贏。可見不管是政府自辦或是採用BOT，政府的能力仍是我們所仰賴的。

張景森 回應：

我的哲學其實很簡單：假如政府沒有能力辦BOT，它絕對沒有能力建污水下水道。這兩件事在我看來並不衝突。我剛剛說明過，目前推動的兩個個案，在財務安排方面或許還有爭議，而歐陽教授、余董事長的建議與提醒，也值得我們行政部門好好檢討，不過在新的計畫中，政府自辦的五十三處仍然持續進行，朝向提升污水下水道的目標前進，這部分沒有任何減少，至於民間的三十六處，雖然大家對於辦法是否周全、會否生出其他問題，不免有所擔心，但是在BOT這個大方向上，仍然希望大家支持。也許我們一開始沒有經驗，前面起頭難，等到辦過一、二個個案之後，狀況成熟，應該會有相當好的進展。

現場觀眾 發言：

下水道預算一三七一億，相對於政府動輒提出軍購預算六一〇八億、新十大建設預算五年五千億的情況，其實少了許多，財務籌措好像應該不算困難，所以政府是否應該重新考慮財務的分配？我相信污水下水道的興建，可能比另外兩個案子更能獲得民眾的高度共識。

劉小如　發言：

從水資源的角度來看，請問現在污水下水道處理的技術，在廢水處理回收部分，能夠回收的比率為何？

胡兆康　回應：

污水下水道回收再利用的水，目前差不多都是在污水處理廠自用。以台北為例，污水處裡廠內部清潔、花園澆花的水，以及上次旱災之際，消防、洗車、街道花樹澆灌的水，都是使用回收水。不過總體來說，現在用的並不多，等到政策制定後，回收水才會被推廣。

歐陽嶠暉　回應：

關於水的再利用，假設按照原來的計畫，二〇〇八年時，可以回收二十%作為灌溉，而原本灌溉用水則可轉移為工業與民生用水，這樣可以補充每年四億八千萬噸水。目前預估二〇二一年時，台灣用水量將不足二十億，但若納入回收水的使用，將可解決六分之一。不過，能否達成此一結果，除了現在處理廠已考慮到的再利用的空間與機制之外，仍需配合下水道的建設。

黃金山　發言：

依台灣現在技術，六十％水資源回收完全沒有問題，最保守的估計則是二十％，但是關鍵在於下列條件：（一）整個污水下水道系統能夠完成，（二）必須先完成污水的二級處理，才進行回收。舉個例子，目前以色列所有的廢水全部回收，提供灌溉用途，可見回收水的完全利用是有可能的。

綜合討論

前瞻與決斷

主持人

溫清光（成功大學環境工程研究所教授、計畫總主持人）

林聖芬（中國時報社長）

蘇嘉全（內政部部長）

張景森（行政院經濟建設發展委員會副主任委員）

國土規劃

綜合討論

溫清光　發言：

蘇部長、林社長、張副主委以及各位嘉賓，非常感謝各位堅持到最後一分鐘。從昨天到今天總共進行了四個議題：第一個議題是「與世界接軌——國土規劃與永續發展願景」，第二個議題是「國土規劃體系檢討」，第三個議題是「草根行動——國土規劃與民眾參與」，第四個議題是「水水台灣」。經過兩天的討論，大家有很多的意見，討論非常熱烈，接下來我們開始進行綜合討論。

林聖芬　發言：

我想各位都留在這裡，一定是意猶未盡，希望能深入討論，尤其蘇部長與張副主委在座，相信可以獲得直接的溝通，而我們的總召集人溫教授也可以把兩天討論以來，有共識的部分做一個整理，有爭議、需要進一步深思之處，同樣做一個說明。我們時間寶貴，建議大家可以把意見寫下來，交給工作人員遞到台前；未來我們也會出版專書，記錄研討會的過程和相關意見，作為公部門施政的參考，因為這是民眾參與很重要的過程，能做的我們會盡力而為。

與會者　發言：

各位好，今天下午兩場議題「水資源組織再造」和「污水下水道與河川整治」都非常精采，我想提的意見則剛好和環境資源部有關，也和交通及建設部有關。之前提到污水下水道的規劃及興建，有人才不足的困難，但在交通建設方面，目前卻是人太多了，也因為人多，所以一直爭取交通的工作去執行。由於工程性質專業能力的轉換尚屬容易，因此我建議在政府組織改造時，考量人力的重新配置；譬如一些從事交通建設公共工程的人員，應該可以來參與污水下水道的工作，無論是書面規劃或是就過去推動交通工程BOT的經驗，提供水資源部門參考，相信都會有所助益。簡言之，我建議將原本要併入環境資源部的公共工程人力，也就是現在經濟部水利署、內政部營建署之內的公共工程人才切割出來，併入交通與建設部中，亦即重新對整個執行公共工程人力進行整合，如此始能達到人力精簡及經驗累積之效。

舉例來說，環保署自己在做焚化爐，這使得一個原本在做環保監測管理的單位，變成要去稽核自己做出來的焚化爐會否產生戴奧辛。同樣的，內政部掌理污水下水道工程，也會遭遇類似狀況。事實上，這些部會的工作應該是政策擬定、法令規範，或提出需求交由執行單位跟進，如此才不會每一推動新工作時，便發生專業人力不夠、必須特別再找一批人加入的問題，況且在這樣的過程中，還要花很多時間培養他們、訓練他們，以維工程品質。倘若組織再造時，能考慮人力整合的層面，對推動污水下水道的工作，以及其他公共建設項目如蓋機場、建校舍等，應該會比較有效率，甚至也會減低組織再造過程的阻力。

此外，關於BOT好，還是政府執行好，我想只要做得好，不論誰做都好。但是，真正好壞需要時間證明。目前台灣所有的BOT案，迄今還沒有一件是會讓大家豎起拇指的，譬如高鐵只在動工建設階段，便已風風雨雨，不知道開始運作之後，包括維護、管理等，是否還有其他突發狀況。有些案子可能一開始就犯下很大的錯誤，這些問題未來也會留給子孫沉重風險，屆時技術該怎麼解決？財務該怎麼籌措？責任該怎麼分攤？民間的活力當然很可貴，國外也有不少成功的例子，但是公共建設BOT在台灣仍是新嘗試，合作內容與權責仍應審慎、前瞻、整體的思考。

與會者　發言：

研討會的引題是「前瞻與決斷」，前瞻要看下一代，決斷則是今天政府官員的任務。從時序上來看，這是很困擾的，幸好現在大家都知道國土規劃必須以生態為重，如果有時代落差的問題，希望嚴重性不致太高。或許其實更嚴重的是「官民落差」，譬如夏禹九教授提到Panarchy的理念，下一代的學生會從課堂、研討會學到，但是我們的官員或決策者，總是忙忙碌碌，每個會場坐一下就走了，不知道有沒有機會去學習。這是我疑惑的事情：決斷者是這一代，而「永續」與否的結果發生在下一代，我們怎麼教育現代的決斷者？

與會者　發言：

我認為「前瞻」應該也是政府官員、學者專家必須承擔的責任，亦即任何規劃皆須提供一個未來的願景，而不是只看眼前，或頭痛醫頭、腳痛醫腳，尤其像都市計畫、容積率的實施等，至少須有確切的五年或十年規劃。如果沒有前瞻性，很多事情可能會有錯誤的政策，這比貪污更嚴重，也會造成整個社會經濟的動盪、社會資源的錯誤分配。

其次，我們今天大部分是講技術層面，然而所謂「後發先至」，必須先由典章制度著手改良；倘若我們只看重技術層面，就會變成「後發後至」，以後很快就會落伍了。政府組織改造是台灣未來發展重要的基礎之一，所以我建議國土建設部門必須考量職、能、權整合的概念，然後再區分為綜合政策、國土計畫、交通、建設（包括營建、公共工程、地政）、住宅、土地及資源、河川（水土保持、河川、下水道）、海洋、航空、港灣十項工作目標。

第三，經濟學家熊彼特提出「創造性的破壞」，對永續發展而言，它是一個很重要的概念，重點在於靠著創新的做法、思維與科技，來打破過去根深蒂固及妨礙進步的陋習。然而在創造性破壞的同時，我們也應該注意彼得杜拉克所言「未來的問題不是經濟問題，而是社會問題。」這是什麼意思呢？我認為就是要打破專業者的傲慢與偏見，提醒專業者要從習慣領域之外看專業及整個社會情境的問題，這樣才能化解深度不夠、本位主義、官僚作風等批評。

與會者　發言：

中醫說望、聞、問、切，我也從這四方面提出個人的疑問。第一個是「望」：我在會場走廊上，看到高鐵新市鎮地圖，不知它是象徵示意圖或是實際縮小比例圖？圖中高鐵新市鎮的面積是否畫得過大？因為高鐵站將來是採區段徵收，區段徵收需要四十％的取得，換句話說，如果一個計畫有五十公頃的需求，四十％的取得會變成二十公頃。由此來看，現在都市計畫的面積，已經超過實際人口七百萬，多出三萬多公頃；假設將來國土計畫草案的農業區有一千多公頃，將來變成七十多萬公頃；而保育區將來會有一部分會流到城鄉發展區。原先的比例是六十三、二十五、十二，現在據我估算的結果，會變成五十五、二十四、二十一，城鄉發展部分增加九％，多了五萬公頃。這樣over plan area會造成公共設施的浪費，大家都忘了自己的土地都被劃分為開發區，怎麼辦呢？加上我們計畫的時間是二十五年，比日本多出十年，也是問題所在。

第二個是「聞」：請問國土復育計畫是否劃歸為國土計畫的一支？我認為將來可以把它當作行政計畫的一種，整個行政程序、公告程序完全依照國土計畫法進行，相信可以節省很多。第三個是「問」：大陸法系、英美法系兩個不同的理念，如何在同一個法裡面呈現？這是一個方向的混淆。最後一個是「切」，也就是財源的問題：現在很多法都用基金會的模式做後續執行，但公共設施已經有九兆需要發放給民間處理，將來基金會的基金是否會造成問題？

與會者　發言：

從事國土規劃應先建立國土資訊，這個課題非常重要。事實上，行政院國土計畫法草案第四十七條、第五十條，及目前研擬的國土復育條例草案第十七條，均有談及此事，條文內約大約是「主管機關必須建立國土資訊系統，定期從事國土資源的調查及土地利用的監測，其實施方式以辦法定之」。然而「其實施方式以辦法定之」，我認為層級太低。黃書禮教授與談時提到，有關國土資訊系統的建立，或國土基本資料庫的建立，各部會已經按照各自執掌實施，比如土地、水資源、公共管線、地震斷層帶、特別水土保持區等資料，都在經營掌握中，但是整合相當困難。既然說國土資訊很重要，那麼針對目前已經知道的狀況，未來立法就不應只「以辦法定之」，而是要「以法律定之」，這樣才會有效整合。以日本為例，他們在三十年前立法實施國土利用調查，之後每十年做定期調查，也是用法律規範，並非用辦法規範，如此始能達到政策效果。

另一方面，關於土地的利用監測，和定期進行國土資源調查是不同的目的。前者是動態、隨時的監測，以達成事先防止國土違規使用的目的。俄羅斯很早就開始使用先進的衛星從事動態的土地利用監測，成效良好，所以我建議台灣可以利用現有的華衛二號，擔任相關工作，以先進科技收事半功倍之效。

與會者　發言：

台灣水庫建設前後，生態到底是變得比較好，還是比較差？據我所知，翡翠水庫興建完成之後，形成一個廣大的湖泊，魚類、鳥類、兩棲類、昆蟲類的種類和數量，反而變得非常多。如果水庫及其周邊的生態，並未因水庫而變得荒竭，那麼主張「興建水庫會造成無以復加的毀滅」一說，其立論基礎是否需要重新檢驗？

此外，高鐵真的能帶給台灣人口重新分布的機會，減低台北市人口壓力嗎？我認為不一定。譬如像高雄是嚴重的缺水區，現在負擔一百萬人口都已經捉襟見肘，是否還有能力再接收更多的住民？如果水資源沒有改善，勉強吸收的人口會否造成系統性的危機？

最後我想提一個概念。整體而言，工程經費高低能否視為環保成本的指標？亦即，功能相同的兩種工程，如果甲案比乙案需要動用更多的預算、資源，是否代表甲案更容易造成污染問題？比方說，有關水資源的保護，開鑿人工湖需要大量開發、運送土石，不僅有蒸發的問題，其集水區也大，反而會在城鎮的下方造成污染；要阻止這個污染，自來水需要投入大量的藥劑去淨化，動用的總資源會不會反而比興建水庫多呢？如此一來，它還會比較環保嗎？抑或是興建水庫比較環保？

與會者　發言：

作為與會者，我的心情很感動，不過也很沉重。首先回應一下研討會的主題「政策環評與民眾參與」。前者是說政策之制定必須先有完整的資訊，並且必須符合公平正義原則；後者是說民眾能否取得充足的資訊、是否具有溝通機會，可否促進更多的認知、關心及參與。所以我在這裡建議相關部會考量幾件事：（一）建議基礎研究、跨領域研究、調查、資料庫等軟體建設儘速成立，並且無論政權如何輪替，都要優先、持續辦理，以維護永續發展。（二）希望主事機關能將年度、五年、十年的長期工作計畫，以及年度績效指標，每年定期公布、說明，邀請全民參與檢驗、監督。這項作法一方面是資訊透明化，另一方面則是全民教育，因為唯有激發起民眾參與的興趣與使命感，才能促成真正的民主社會或公民社會。（三）專業型的計畫其實需要很多專業訓練，它應該要成立民間監督團體，進行階段性的研習訓練。澳洲及其他先進國家會為增進民間參與會辦work shop，此外，除了公布計畫、進行說明，還會階段性的績效公布，從事深入且高品質的互動；這些作為可能會間接促使政府相關部門的有效合作與互動，再者因為必須公布部門合作的成果，對組織再造的議題也會有正面助益。

張景森 回應：

天災後，大家自然會怪罪「國土計畫非常糟糕」，但若以身為國土規劃專業者的角度來看，我覺得台灣並不是沒有國土規劃，而是幾十年來，國土規劃沒有運作，或沒有達到良好的作用。更仔細地談，台灣過去雖然沒有國家層次的國土規劃，但區域計畫和都市計畫已有近半世紀的經驗，如果發生天災以後，大家只想趕快通過國土計畫法，恐怕是把問題偏狹化了。真正的問題是，我們發展的高峰期已經過去，事實上台灣已經被破壞，所以我們的工作不是一個未發展前、預做規劃，再按照計畫發展的事情，而是如何復育的問題。學都市計畫的人都很清楚，全世界很少見到台灣這種地景，從飛機上從北到南一看，平原上有如天花盛行，到處都是房子，這是計畫層次無法解決的情形，所以才有國土復育。基本上，復育觀念的出現，顯示台灣已經生病了，現在是要動手術的階段，但這並不與國土計畫衝突。而對台灣這塊已經被破壞的土地進行復育手術，一定會痛，千萬不要存有太美好的幻想，不可能有不痛的手術。另一方面，這也涉及組織再造，各界有創意的意見應該可以放入。

目前幾個政府部門，對於未來國土與自然環境管理制度必須徹底改變，已經有所關注。現在的問題是事權分散，不夠一致，譬如針對中高海拔地區，將來可能把國家公園、林務局、觀光局、水保局等單位統合起來，再按照自然的生態區域，重新劃分管理單位；因為中高海拔的主要國土任務功能就是保育，所以保育的事權應歸為單一機構，不要多頭馬車。至於低海拔或下游地區，土、林整合可以理解，但是水單位可能必須獨立；以性質來說，水在上游的部分是保育，交給保育管理，下游著重防災，這部分就是建設問題，或應由都市發展的專業進行規劃管理，如此區分比較合理。至於污水下水道與水利建設，究應放在建設部或環境部？我個人傾向放在建設部，不過這個部分的觀點比較歧異，目前如何安排尚不清楚。我想，在院的層次，有些部會大致的功能都已經確定，但其他也還可以再討論。總而言之，我很難想像將來環境資源部是動物學家、鳥類專家來指揮救災，這很奇怪，所以不太可能；也就是說，將來的政府組織改造，有關高海拔、中海拔的保育側重地區，政府機構必須重新整合，事權統一，下游部分則應講求建設的專業和效率。

其餘如國土資訊的調查、建立，我們也相當努力，最近幾個部會都在研擬這個問題，無論是法制化或技術創新，政府都要加緊協調，才會有效率。舉例而言，我們在這次救災中，發現政府部門其實有很好的科技資訊，但是它的流通和規範卻不夠完善；像華衛二號提供的資訊非常好，但卻無法即時使用，殊為可惜。此外，最近討論到國土復育時，我曾問過農委會現在高山農業的面積大小？各種產值數字多少？農委會回覆了一個一九九六年的統計資料，之後沒有再更新；農委會指出，其實我們有新的衛星資料，可是還沒有進行系統的分析，因此無法提供進一步、即時的資訊。這個過程顯示建立國土資訊、單位協調的重要性與迫切性，希望未來能更有效率。

最後，官員這麼忙，到底有沒有機會多讀書？我個人的回答是：有的，我每天都在讀書。但是如何提升政府官員的整體素質，我想行政院成立永續會之後，第一步已經發揮很大的影響，自院長以下，各部會都非常重視永續發展的議題。像我們最近完成的永續指標和地方永續發展計畫、國家層級永續發展策略和願景建構，可以看出國家在重要的建設和政策上，也許還不如人意，但是並非未從永續的觀點切入，來做評量和評估，也不是大家在這個問題的認識上有落差，而是國家作為一個機器，如何轉換方向、需要多久才能轉成的問題。請大家瞭解，我們現在正處於調節階段，機器愈大啟動愈慢，這個部分需要一點耐性。行政院成立永續會，由院長兼任永續會的主任委員，就是希望把永續的想法放進政府部門，此亦涉及到capacity building。在談永續時，capacity building是最重要的一個字眼，如果無法達成，則機器沒有辦法動起來，所以我們一定會加強來努力。

蘇嘉全　回應：

剛才談到官員是否有時間再教育、接受新刺激，張景森副主委說「有」，但我感覺是

「不太有」。因為以政務官來說，一年有十個月的時間需要待在立法院，禮拜一、三、四是委員會，禮拜二、五是總質詢。無論任何議題，最後都是政治出線，譬如在審國土計畫法時，立委會問你三一九槍擊案，或者根本是不遵照議程內容，當天報紙登什麼，他就問什麼。所以，如果要審國土計畫法，最好所有的媒體都能登國土計畫法相關新聞，這樣可能立委就會質詢。我很坦承地說，目前整個制度使政府官沒有機會接受教育，尤其內政部包山包海，從內政、地政、戶政、民政、警政、消防到營建，倘若內政部長每個環節都要學習、都要成為專家，那麼我真的可以當上帝了。

換句話說，我們一定要有事務官，事務官必須提供並統合各方面專家的意見，之後決策者再下決策。一個好的領導者不一定是專家，他是能夠下決策的人。所以這兩天的研討會，我雖然沒有在現場，但都委請與這些議題有關的地政司長、營建副署長，及部長辦公室秘書到場，派專人守在這裡整理大家的意見。因為我們要跑婚喪喜慶，如果不去的話，選民就認為你看不起他，下次就不選你，你無法執政，自然也無法推動理想。總之，現在的制度限制了很多政務官學習的時間，而我們身為決策者，雖然不必是萬事通，但必須信任事務官、專家學者，從中選擇優質的、對這塊土地與人民有幫助的規劃，並且負起責任。無論如何，我們還是會想辦法自我提升、努力學習，但是我們也需要仰賴更多的專家學者一起討論研究。

另一方面，針對國土發展計畫法，我稍微做個說明。國土法在二〇〇一年即已送進立法院，但是立委認為整個國土計畫必須將海域包括在內，所以撤回重擬，之後我們用兩年的時間，重新研擬整個方向。這幾年，由於大小天災陸續發生，所以國土法相關議題是在林盛豐政務委員的主持下，由營建署主導，通過了這個法案。我則是在法通過之後才到內政部服務，因此這幾個月來，也一直加緊腳步了解它的內涵。

基本上，現在整個國土的使用，主要是區域計畫法與都市計畫法支撐，當中有不少委員會，例如在中央有都市計畫委員會、區域計畫委員會，內政部還有國家公園委員會，而國土計畫法未來會把這些部會逐年整合成一個國土計畫委員會。我手上有一個書面的提問，指國土計畫法中，地質敏感地區歸屬中央負責，為什麼不敢交給地方？因為我自己也在縣市待過，縣長選舉的壓力比部長還大，所以把這些敏感地區，或歸定高度以上的山坡地交給縣市長，非常不保險，可能地方議會、利益糾葛帶來的麻煩更多，所以這方面我們會再研究，不過大體上朝中央處理比較妥當。

至於高鐵新市鎮的土地取得，是利用區段徵收的程序，即使主要考量在於商業的發展，但現在已有這個法令，不能任意阻擋，此一部分也不在國土計畫的規範之中。今後，我們希望縣市也能有國土計畫委員會，負責該縣的規劃，而縣級國土計畫通過後，需要報給中央國土計畫委員會審議，亦即是整合成二級制；至於敏感地區或跨縣市地區則由中央負責，報行政院核定。如此一來，比較能避免在現階段區域計畫法與都市計畫法中，一些比較不嚴謹的、容易引起對土地發展的限制。

另有與會者提到，國土資訊及資源的調查，最好以法律、而非辦法定之，我認為這是非常理想的，不過別忘了，想在立法院通過一個法律是很困難的，現在國土計畫法的推動，要花很大的力量，需要民間一起努力，才有辦法向前走。如果國土計畫法的立法尚且如此艱苦，而我們還要針對國土資訊系統的建置再訂一個法律，實在會緩不濟急。因此，是不是我們儘量匯集更周全的意見，然後就在辦法裡面擬定，反而更快能實施？畢竟這不涉及政治的意識型態，由政府來訂，讓更多的專業提供更好的意見，說不定會更快、更有效率。這樣的觀點提供大家參考。

最後有關基礎研究、跨領域研究、調查、資料庫等軟體建設儘速成立的建議，我覺得也是非常重要。尤其我也非常認同國土計畫政策，應該讓全民參與討論。我想，只要行政院核可計畫，內政部會儘量在上網公布，希望大家共同參與。政策不能怕民眾知道，全民支持、參與，才是我們修正方向的最好來源。

張景森　回應：

這裡有些書面提問，我綜合答覆一下。有一個問題是說，政府以BOT案從事污水下水道工程，會不會延誤時效？台灣河川污染嚴重，會不會又拖了好幾年？事實上，台灣目前的污水下水道屬於原始階段，假如說我們只想在短期間內增多比例，有計畫趕快推，有錢趕快做，直到無法繼續下去為止，那麼在五年之內，台灣污水下水道應會提高二%的普及率。但是就長期的發展來看，將來台灣變成先進國家時，污水下水道不可能只要二十%的普及率，所以現在政府採取雙軌並進，引進BOT。也許單看數字會覺得只有二%，加上把政府已經做得很順手的部分轉到民間去，民間的前期規劃又需要適應期，似乎時間有些拉長，可是如果眼光放遠，經過幾個案子熟悉以後，民間參與度會大量推動，我想對長期污水下水道建設，應該是比較有效率的做法。同時，我們也可能會扶植起強大的民間污水下水道產業，將來不論是國內、外，都是相當好的產業，大家或可拭目以待。

另一個是很多人關心的八色鳥問題，其實它背後主要還是針對雲林縣水資源發問。雲林縣的地層下陷已經往中部移動，但現在並不是以前說「沿海地區地層下陷」的狀況了，真正原因是雲林縣農業水源缺乏，嚴重超抽地下水的問題，現在除了興建水庫，似乎沒有其他更好的良方，即使把十萬口的井關掉，也沒辦法解決，仍然需要其他替代性的地面水源提供。對此，過去政府規劃了福山水庫，後來則規劃了雲林大湖，我們也知道環保團體對於這兩個案子都非常有意見。在福山水庫方面，主要的意見是希望保護八色鳥，我想水利單位和農委會也都在做這樣的努力，政府一定會重視整體的問題。

林聖芬　發言：

謝謝張副主委的補充說明，我們時間也差不多了，最後請總召集人溫清光教授總結。

溫清光　總結：

兩天來，經過大家熱烈的討論，我們最有共識的是國土資料目前非常零散，而且有很多不足，應該要加強國土資料的調查與整合，建立國土資料庫。這次會議中，非常多人提出這份關切，希望後續能有進展。因為時間已經超過非常多，也非常晚了，我想就到此結束，謝謝各位的參與。

時報文教基金會叢書㊵

前瞻與決斷

國土規劃——政策環評與民眾參與研討會

主辦單位：時報文教基金會、內政部、交通部、行政院經建會、行政院環保署、經濟部水利署

總策劃——余範英、林聖芬

策　劃——於幼華、陳鎮東、馬以工、夏鑄九、歐陽嶠暉、柳中明、李永展、李鴻源、黃金山、歐晉德

總編審——袁世敏

主　編——楊淑芬

美術編輯——布格設計

照片提供——中國時報系

出版者——財團法人時報文教基金會
（108）台北市大理街一三二號

專　線——（〇二）二三〇六五二九七

製版印刷——時報文化出版股份有限公司

初版一刷——二〇〇四年十二月

定　價——新台幣400元

國家圖書館出版品預行編目資料

前瞻與決斷：國土規劃「政策環評與民眾參與」研討會／內政部等主辦.-- 初版.--台北市：時報文教基金會，〔民93〕
面；　公分. --（時報文教基金會叢書；40）

ISBN 986-80727-4-3（平裝）

1.國土規劃-論文，講詞等 2.土地利用-論文，講詞等 3.水資源-台灣-論文，講詞等
553.1107　　93022108

Printed in Taiwan